中华射艺

张波　主编

华东师范大学出版社
上海

图书在版编目(CIP)数据

中华射艺/张波主编.—上海:华东师范大学出版社,2021

ISBN 978 - 7 - 5760 - 0454 - 0

Ⅰ.①中…　Ⅱ.①张…　Ⅲ.①中国式射箭-介绍
Ⅳ.①G852.9

中国版本图书馆 CIP 数据核字(2021)第 081294 号

中华射艺

主　　编　张　波
责任编辑　朱妙津
责任校对　时东明
装帧设计　刘怡霖

出版发行　华东师范大学出版社
社　　址　上海市中山北路 3663 号　邮编 200062
网　　址　www.ecnupress.com.cn
电　　话　021 - 60821666　行政传真 021 - 62572105
客服电话　021 - 62865537　门市(邮购)电话 021 - 62869887
地　　址　上海市中山北路 3663 号华东师范大学校内先锋路口
网　　店　http://hdsdcbs.tmall.com

印 刷 者　上海昌鑫龙印务有限公司
开　　本　787×1092　16 开
印　　张　17.25
字　　数　305 千字
版　　次　2021 年 5 月第 1 版
印　　次　2025 年 7 月第 5 次
书　　号　ISBN 978 - 7 - 5760 - 0454 - 0
定　　价　68.00 元

出 版 人　王　焰

(如发现本版图书有印订质量问题,请寄回本社客服中心调换或电话 021 - 62865537 联系)

编 委 会

前　言

　　射箭在中国的历史已有近三万年之久,可谓最为古老的体育活动。我们祖先将射与礼融合,创造出君子"六艺"之射,也有近三千年。遗憾的是,这一文化创造在我华夏大地出现了断层!近年,如徐开才、李淑兰前辈这样的仁人志士,致力于恢复与传承中华射艺,令我辈倍感激励,并深感将之传承的使命感与责任感。2015年至今,我们开设课程、指导训练、承接竞赛、举办培训、会议研讨、学术研究,忙得不亦乐乎,却又乐此不疲。接踵而来的各种活动,满足也不断激发着我们对中华射艺的兴致。所幸前期做了一些基础性的研究工作,支撑着我们缓步前行。在这期间遇到的前辈、同侪、后进,给我们带来同道之人的温情和鼓励,激励着我们不断开拓探索。

　　初开射艺课程之时,欲寻一份教案竟无处可得。深知其中滋味,于是摸索出一份射艺教学大纲、教案后,便与大家共享。现在回看,慨叹当时真是勇气可嘉。好在2015年末,徐开才先生的《射艺》出版,全面系统地介绍了射艺技术,大大提升了课堂教学和课外训练的效果。随后,彭林和韩冰雪主编的《礼射初阶》出版,系统介绍了礼射的文化、器物、技法和竞赛内容。编者有幸参与其中,完成了竞赛部分的内容。这两本教材为中断已久的中华射艺的当代传承做出了重要贡献。

　　近年校园射艺蓬勃开展,虽起步较晚,但起势强劲。短短五年内,已达百余所的规模,无论在大学,还是在中小学,均呈爆发式增长。在学校体育课程中,射艺课程不仅迅速普及,而且很受学生欢迎。作为中华优秀传统体育文化项目之一,其"立德树人"的教育价值得到了广泛的认可。为了从体育课程角度,系统介绍中华射艺项目,深入挖掘其历史文化价值、教学教法特点,更好地在校园内传承与发展,本书在现有基础上,力争全景式地呈现中华射艺,服务于该项目的教学、训练和竞赛工作。

　　本书第一章为理论知识。首先梳理了射艺的历史起源以及其在不同历史阶段的开展情况,进而在不同文化背景中凝练其文化特点,然后回顾了其在近代的发展。其次,从古典文献中选取二十处经典语段进行解读,搜集整理了相关的诗词成语。最后介绍了器具和安全事项。第二章为基本技法。主要围绕热身运动、上下弓弦、技术动作和进退礼仪展开。根据体育教学规律,技术动作教学以基本技术、提高技术要点分析,重难点介绍,易犯错误及练习方法示范进行,最后配以典籍介绍。第三章为基础教学。围绕课堂教学的硬件保障,基本规范,课程的目标、内容、方法、形式和考核展开,并给出了教学大纲、教案示例。第四章为训练提高。主要围绕射艺训练的基本原理分析、训练规律探索、训练方法举例、体能和心理训练的原理与方法进行，并提供了训练计划和社团管理办法的示例。第五章为竞赛实践，主要围绕如何开展射艺竞赛活动，以大学生射艺竞赛的规则为例，介绍了如何组织实施和竞赛规则，并提供了品位等级制度的管理与评定方法。附录为射艺知识库，以作参考。

本书的编写得到了徐开才、李淑兰、郭蓓、彭林、谢素方、马明达、罗时铭、崔乐泉等专家前辈的点拨和支持，在此表示感谢。编者在参加国际箭联教练员培训师（一级）培训班时，得到了Pascal和Terriss两位教员的指导，改进了本书第二章内容，在此表示感谢。本教材第一章资料由朱墨菲、昂彦妤、杨倩琪、叶雅婷、杨静、迪丽娜孜、常文轩、李瑶瑶、郭杰、曾婉婷、张丽娟等协助搜集与整理，共同的爱好将这些不同专业的优秀学子汇聚在一起。第二章动作示范为张波、李培金，易犯错误及练习方法示范为陈计羽、徐静颖。本书图片由才艺德俱佳的徐静颖、陈计羽绘制、拍摄、整理。部分图片来自网络，因无法与作者取得联系，贸然使用，请相关图片作者看到后与本社联系，再版时将注明出处。本书为上海对外经贸大学一流本科建设引领计划系列教材，由上海对外经贸大学课程思政教育教学改革建设项目资助出版。

本书编写耗时两年，虽竭尽全力，但水平所限，难免诸多疏漏，恳请批评指正！

张　波

2020 年 6 月 1 日

目　录

第一章　理论知识

第一节　历史介绍

中国传统射箭项目是如何发展成现在规则明晰、文化底蕴丰富的大众运动项目的呢？在久远的过去，弓箭对于古人来说有着什么不一样的意义吗？让我们开始第一节的学习，一起去了解中华射艺的发展历史吧！

一、弓箭起源

弓箭的发展，伴随着人类文明的演进，是人类发展史上的重要创造。世界上几乎每个民族都有制造和使用弓箭的历史。远古时期，弓箭的发明、制作与使用，可谓对人类生存和生活质量起到决定性作用。如恩格斯所言："弓箭对于蒙昧时代，正如铁剑对于野蛮时代和火器对于文明时代一样，乃是决定性的武器。"[①]

我国弓箭的发明与使用由来已久，关于弓箭的史料记载，颇为丰富。《太平御览》中《古史考》载："柘树枝长而乌集，将飞，枝弹乌，乌乃号呼，以柘为弓，因名曰乌号。"[②]也就是说，柘桑的木质强劲坚韧，乌鸦停留在枝条上，当飞起时，枝条弹击乌鸦，使之鸣叫。古人由此受到启发，用柘木做弓，命名为"乌号"。

从器物层面来看，"镞"的历史，可追溯至原始社会旧石器时代。人们把石片、骨或贝壳磨制成尖利的形状，安装在矢杆一端，便有了石镞、骨镞或贝镞的矢了。由于远古竹、木材料制成的箭杆难以保存至今，所以出土实物中往往仅留下箭镞。1963年在我国山西省旧石器晚期峙峪文化遗址中发现的石镞，经鉴定距今约三万年之久。（见图1-1-1）

图1-1-1　山西峙峪石箭镞
（山西博物院藏）

---

① 马克思恩格斯选集(第4卷)[M].北京：人民出版社,1995：20.
② 国家体育总局文史工作委员会,中国射箭协会编.中国射箭运动历史[M].武汉：武汉出版社,2006：1—2.

就中国历史文化中弓箭起源与发展而言,可以从两方面进行解释:

(一) 狩猎防御,生存所需

远古时期,人类以使用打制石器为主要工具,进行最初的生产劳动和生存防御,而"劳动是从创造工具开始的"[①]。人类在生产实践中,根据自身经验,将工具不断改善与革新,大大提升了生产效率,更好地服务于自身生存。弓箭正是在此社会背景下孕育而生。弓箭的产生对于远古时期人类而言具有革命性价值和划时代意义,它将人类本体能量巧妙地利用弓矢转换成更高效能的力量,正如恩格斯所言:"弓、弦、箭已经是很复杂的工具,发明这些工具需要有长期积累的经验和较发达的智力。"弓箭所具有的杀伤力迅速提升了人类生产实践过程中的狩猎效率和防御能力。

(二) 巫术载体,精神需求

原始社会的弓箭不仅是生活技艺的需求,还是自然崇拜的载体。在原始社会,自然现象的变化,尤其是那些能够直接影响人类生存的自然变化,被看成了有人性的、有意志的实体,从而激起人类对自然的崇拜,这也是巫术的缘起。

在原始社会时期,由于弓箭在人类社会生活中扮演了重要角色,很多大型巫术仪式的实施,都将弓箭作为载体,并展现出了各种意义。在弓箭巫术文化中,主要有三种意义表达:第一,利用弓箭巫术进行示威天下。长沙马王堆三号西汉墓出土的《老子》乙本,在其《十六经·正乱》篇中有一段记载:"黄帝身禺(遇)之(蚩)尤,因而擒之,剥其口革以为干侯。使人射之,多中者赏。"[②]该记载体现了借助蚩尤战神的身份,以"弓箭射侯"的巫术仪式来达到示威天下的目的。第二,借助弓箭巫术进行诅咒敌人。《大戴礼记·祭侯辞》:"嗟尔不宁侯,为尔不朝于王所,故亢而射女(汝)。"此举"射不宁侯"的仪式形态,正是借助弓箭巫术诅咒叛逆的诸侯。第三,依托弓箭巫术,蕴含祈福纳吉等文化形态和仪式内涵。《礼记·内则》载:"国君世子生,射人以桑弧蓬矢六,射天地四方。"这种蕴含祈福意义的射箭形式,用以祝福世子将来成为志在四方的圣君。

二、先秦时期

中国文化有史可考的最早朝代是商朝。商代之前,射箭的主要功能和性质没有超出狩猎和军事的范畴。商代之射仍以狩猎、军事和巫术意义上的射箭为主,但也出现了其他性质和形式的射箭活动。后来盛行的礼射竞赛,其各种竞赛要素,在商代已经做好了储备。

---

① 恩格斯. 劳动在从猿到人的转变中的作用[M]. 北京:人民出版社,1971.
② 罗时铭. 传统射箭史话[M]. 北京:社会科学文献出版社,2016.

（一）竞赛雏形，起于殷商

在诸多学射及习射活动中，商代并未出现真正意义上的射箭竞赛，但在竞赛的构成要素方面，殷商时期的射箭活动中均有发现。因此，从当前所掌握的史料来看，对于这一时期的射艺历史介绍，主要从竞赛要素储备的意义上来展开。

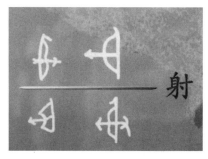

图 1-1-2

1. 竞赛者来源储备

最早的竞赛者来自贵族及其子弟。早期的射箭因为在狩猎中的广泛应用，所以相对较为普遍。但是，能够参加射礼或者竞射的人，需要有一定的闲暇时间，因而，其身份多为贵族及其子弟。

2. 竞赛器具的完备

弓与箭的出现极早，在中国最早的箭镞可追溯至旧石器晚期。由于弓的制作材料多为木与竹，很难保存下来。虽然没有考古的实物为证，但从文献记载来看，应是早已出现。因而，在商代之前，弓矢的储备早已完成。

3. 竞赛场地的完善

早在西周便出现了辟雍、泽宫、射宫、射庐等射箭设施与场所，而商代也有它们的原始雏形。如卜辞中记载，商代的射礼先后在"麗、汫、瀼"三个不同的地点进行射箭，最后返回到麗。其中汫、瀼两地点在近水泽处。由此说明，商代已具备较为完善的专用射箭场所。

4. 竞赛方式的雏形

商代射艺由于历史久远，没有直接的文字记载。但是在宋镇豪先生所举出的《殷墟花园庄东地甲骨》中的卜辞记载，我们找到了当时开展射箭活动的雏形。其中完整地记载了射艺活动的流程，自甲午经戊戌、己亥、乙巳、丙午、戊申、癸丑至乙卯，历时二十余天。更重要的是，在卜辞中不仅提及"子其射"，而且还提到射箭时所用的迟彝弓、丙弓、疾弓。这是三种竞射的方式，分别是慢射、常规射、快射三种射法。这三种不同的竞射方式，可能是射艺最早的竞赛开展方式。

5. 竞赛专用语出现

在卜辞中出现了"获"字，意思是"射中"；另一个词"不䖒"意思是说无废矢。"获"字在卜辞中多次出现，成为一种表达射中的专有名词。而且在后来的射礼赛会中，"获"字也确实用来报告比赛的结果。因而，"获"字作为专用的裁判用语，其最早的雏形出现于商代。

6. 习射学练的场所

从文献记载中我们可知，商代已有学校，且学射御为当时的内容之一。如《孟子·滕文公上》云:"设为庠序学校以教之:庠者,养也;校者,教也;序者,射也。夏曰校,殷曰序,周曰庠,学则三代共之,皆所以明人伦也。"①因而,专门的教学与训练的场所,使得射箭竞技的出现成为可能。而且在文献记载中,我们也可以看到"序者,射也"的说法,这也表明射艺的开展是有专门场所的。

7. 社会条件的形成

商朝统一天下后,出现了相对和平的历史时期。这为射艺军事意义的消减,竞技意义的萌生奠定了社会基础。商代之所以能够出现体育竞赛的雏形,还在于祭祀的中介作用,"射"是祭祀的一个环节。由于商代祭祀的发达,"射"被保存到了文字中,而且超出了个体的射猎或者比射,进入到社会层面。在商朝时期,先射后祭成为一种固定的模式。随着祭祀的发展,射礼竞赛开始走上历史舞台。

注释:鼋背上的铭文是一位名叫"作册般"的贵族和商王在河边见到一只大鼋,商王射一箭,作册般射三箭,全部命中。商王把大鼋赏赐给作册般,作册般做了这件青铜器纪念此事。(商周文献称,某些类型的射礼要求必须射四支箭,而这支青铜鼋造型完全符合这一记载。)

图1-1-3 作册般青铜鼋(国家博物馆藏)

(二) 射礼竞赛,兴于西周

西周时期所留下的历史资料主要集中在青铜器上,这种文字被称为金文,较之甲骨文稍晚。据袁俊杰博士的统计,涉及西周射艺的金文资料共有十四例,分别为成康时期二例,昭穆王时期八例,共懿王时期三例,厉王时期一例。属于文献材料的共有五例,分别为武王时期三例,成王时期一例,幽王时期一例。②将这些资料结合东周时期的书籍资料,可以进一步梳理出射礼竞赛的发展演变。

1. 举办地点显著增多

随着周王朝的建立,祖先祭祀与政治统治的关系越来越紧密。在祭祀这种大型社会活动中,政治意义的"射"逐渐扮演着更为重要的角色。表现在举办地点上便是各种大射礼的举办地点显著增多。如大射礼举办地点有"周即镐京、鲁、周都镐京的泽、周都的射宫、郊"等

---

① 朱熹. 四书章句集注[M]. 中华书局,2012:258.
② 袁俊杰. 两周射礼研究[D]. 河南大学,2010:217.

地;燕射礼举办地点有"耤田礼的现场謀田、南征返回途中的坯地、周都镐京的祖庙、寝"等地;宾射礼举办地点有"荽京的辟雍大池、穆王行宫下減居、朝"等地。①

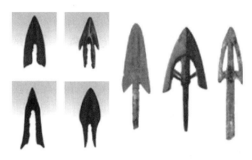

图 1-1-4 西周时期各式青铜箭镞

2. 场地规模逐步扩大

《礼记·射义》中有"天子将祭,必先习射于泽……而后射于射宫"②。射宫是专门建于都城之中的场所,君王与群臣以及国子专门在这里进行射箭活动。特别是由王所举行的大射礼,更要在专门的射宫里进行。从场地情况可以看出,从最初的室外近水泽处射箭,逐渐扩展为在都城地区人工建造的辟雍大池和射庐等地方。

3. 参赛人员稳步增加

与商代时期的参赛人员类似,西周的射艺中仍然以贵族及其子弟为主,但留下的记载越来越多。如柞伯簋铭文中提到的有王子弟得爵之士、王臣、柞伯。再如噩侯鼎铭文的"驭方卿王射"。"卿",读为伉,是匹合的意思,即驭方和王两人匹配竞射。在义盉盖铭文中,除了周王之外,参射的还有异族邦国国君、受周王分封的诸侯国国君、周王的属官和掌事官员等四种身份的人。③

4. 其他人员逐渐丰富

静簋铭文中记载"王命静司射学宫"。"静"的身份是小臣,"司"为掌管,古代有职官专司其事。"司射"是静的职务,即主持教习射箭,掌管射箭事务。射艺竞赛中的司射之职官当是由此而来。司射是一种较为综合的身份,这也是早期尚未分化的表现。在后来的礼书中,司射的角色相对较为清楚了,更像是现代意义上的裁判。

5. 竞赛目的趋向多元

西周的射艺竞赛仍然延续有商代祭祀的特性。同时,在祭祀的过程中,也有选择助祭者的目的在里面,而且择士的意味也越来越浓。除了择士之外,同时也还有考察贵族的忠诚度以及个人道德的意味。从商代的祭祀环节到西周的政治功能,射艺完成了从神话向世俗的转换过程,这也是与中国文化理性化进程相匹配的。进入社会政治生活之后,竞赛的意义与目的也更为多元化。

① 袁俊杰. 两周射礼研究[D]. 河南大学,2010:216.
② 阮元校刻. 十三经注疏·礼记正义[M]. 北京:中华书局,2009:3667.
③ 袁俊杰. 两周射礼研究[D]. 河南大学,2010:219.

6. 竞赛组织明显提升

西周时期的射艺开始出现赛会的特点。竞赛的组织越来越完善,程序性越来越高。综合西周青铜器中所刻金文,即可管窥当时的竞赛流程。

案例一:据柞伯簋铭文记载,共计六项。具体过程有竞射队员入场;摆放奖品;周王致命辞;开始比射;宣布结果;颁奖赏赐。

案例二:据义盉盖铭文记载,共计四项。即召集参射人员;匹合射耦;开始比射;赏赐,包括奖赏执事人员。

案例三:据噩侯鼎铭文记载,共计七项。先行勤见礼;噩侯驭方献酒于周王;次行燕礼,王裸驭方;驭方醉王再行射礼;驭方卿王射;宣布上下耦的比射结果;饮罚酒;最后是赏赐,王亲赐驭方。

案例四:据令鼎铭文记载,共计七项。即周王先行籍田礼;王飨宴臣下;王举行射礼;掌事官员与军事长官;贵族子弟匹耦卿射;王令人与马车竞跑,包括周王宣布竞跑奖励和兑奖。

案例五:据长甶盉铭文记载,共计四项,即邢伯到下减居觐见穆王;穆王举行飨醴宴会又举行射礼;通过比射以考察邢伯是否恭敬不伪;周王夸赞属下。

综合以上各铭文的记载,西周时期的射艺赛会竞赛程序依次可以分为:入场式、行燕礼或者飨食礼、比射开始、公布竞赛结果、比赛奖励。由此可见,西周射艺赛会的组织化程度较高。

7. 竞赛规则趋于规范

西周时期的金文记载中,“获”和“无废矢”仍然是表明比赛规则的专用词语。据袁俊杰博士统计,“获”在金文射礼文辞中出现五次;“无废矢”在金文射礼文辞出现两次。但是与商代略有不同的是,在柞伯簋铭文出现“敬又叚(音虔)”的竞射准则,意思是在射箭之前要恭恭敬敬,然后射中的才能算数,否则无效。但是没有浪费的箭还是最高的评判规则。因而“无废矢”成为总的评比竞射优胜的标准。

8. 奖惩方式非功利性

西周射艺的奖励方式有两种:一是实物性的,如十钣红铜(柞伯簋铭文,见图1-1-5);二是象征性的,如饮罚酒(噩侯鼎铭文)。实物性的奖励古已有之,在王择士的时候,射中者得与于祭,还可得封地。西周的实物奖励是对早期的延续。但是饮罚酒的措施,却是首次出现,可以说是西周的创造,这种饮罚酒的方式,作为一种非实用性的象征性奖罚,更加体现了西周射艺作为体育竞赛的人文特性。

注释：这件柞伯簋内底的铭文，记载了贵族柞伯在周天子举办的射礼赛会上，连射十箭，无一流矢，得到周王赏赐十钣红铜。

图1-1-5　柞伯簋及其铭文（西周）

9. 竞赛性质明显加重

西周早期的"射"注重射术，即重在宣扬射技武功，从早期柞伯簋铭文和写于成王初年的《行苇》诗等可以明显地看出来。西周中期的"射"开始出现礼制化，即礼仪化和制度化，也可说是程式化，从前面所讲竞赛程序的复杂性上可以看出。到了西周晚期，礼制化开始进入更大的阶层范围，开始影响早期像"儒"一类的知识分子，正因此，后来留存下来的礼书中才会出现极为完备的射艺竞赛。

（三）礼射赛会，春秋完备

至春秋时期，天下已乱，诸侯争霸，周天子名存实亡。因而，在西周早期所兴盛的最高形式的"大射礼"，只能在一些诸侯君长内展开，其规格大大下降，无法与西周金文中所反映的大射礼相提并论。尽管大射礼的规格有所下降，但是，乡射礼却开始登上历史的舞台。据《仪礼》《周礼》等礼书记载来看，礼射赛会已经发展到了极为完备的地步。

1. 赛会人员的完备与全面

从礼书的记载来看，除了参加射箭的运动员之外，还具备了主持人员、裁判人员、工作人员、后勤人员和辅助人员。

主持人员有公、卿、乡大夫、州长、摈者、司正和司马正。

图1-1-6　春秋战国时期青铜箭镞

裁判人员设有主裁判、副裁判和助理裁判员,整个裁判团的人数不少于七人。

工作人员有服不氏,负责张设箭靶;射鸟氏,负责取回射出的箭;量人,负责测量堂到箭靶的距离;巾车,负责将折叠着的靶子即"侯"张开;工人士,负责划场地,即射手们站立的射位。

后勤人员有宰夫,负责提醒射期将临并通知参射者;司弓矢,负责弓矢;缮人,负责国君所用的弓矢;弓人,负责制作弓;矢人,负责制作箭;司裘,负责制作箭靶,即侯;梓人,负责制作饮器;车仆,负责供给报靶人蔽身所用的"三乏";司常,负责供应唱获所用的旌旗;掌次,负责张设比赛人员休息的帐篷。牛人,负责供应膳食所需的牛。

辅助人员主要是负责提供射礼时所需要的音乐,包括大司乐、乐师、大师、小师、钟师、笙师等。

从以上的各类人员来看,其涉及的人员全面,分工极为细致,组织的严密程度极高,与现代的体育赛会毫无二致。

2. 竞赛场地器具的专门化

竞赛场地方面:据礼书记载,司马(主持射礼的官员)首先命令量人测量发射处至射布的距离。要求用狸步来量,有熊饰的射布距离要在九十步;有豹、麋装饰的射布距离要在七十步;有犴装饰的射布距离要在五十步。在距离各射布的西边十步,北边十步的地方设躲避箭矢的地方。接着命令量人、巾车张挂三张射布,有熊饰射布的高度,在有豹、麋饰射布的上缘可看到中心的鹄;有豹、麋饰射布的高度,在犴饰射布的上缘可以看到中心的鹄;有犴饰的射布离地一尺二寸,不到地面,不系左下边的绳。射箭的位置在堂上两楹之间。射手所立处画十字标记,纵长一箭杆(三尺),上射与下射的位置相距一弓(六尺)长,十字标记的横长约一足(一尺二寸)。

竞赛器具方面:首先要有皮侯,即用兽皮制成的射靶。还有一种说法是侯为布制,但以各种动物之皮作为侯侧的装饰,并以皮为侯中,也称为皮侯。其他辅助器材也出现了专门化的特点。有专门的楅(装箭的袋子)、旌旗、靶子(画有各种不同的动物形象)、鹿中(放筹筹的盒子)、筹筹(计算射中的筹码)。由上可见,当时的赛会设施设备是如何地细致与规范。

3. 竞赛仪程的严密与规范

《仪礼》中专门有《乡射礼》篇。其中记载乡射礼分为主宾两队进行比赛,共有三轮竞赛,即"三番射",每轮每人射四支箭。从乡射礼的记载来看,春秋时期射艺竞赛的程序极为复杂,整个竞赛的组织化程度非常高,完全可以用现代意义的"赛会"来称谓。其仪程有三十二项之多,我们将其归纳为九个阶段,射艺竞赛的礼仪特色尽显其中。

第一阶段：邀请和准备工作

(1)邀请,(2)布置场地。

第二阶段：开幕式

(3)宾入场,(4)行燕礼,(5)运动员就位、主裁判(司射)入场。

第三阶段：赛前准备

(6)器具准备,(7)主持人(司马)入场,(8)运动员就位,(9)主裁判诱射。

第四阶段：热身赛

(10)第一轮射者就位,(11)主裁判宣布注意事项,(12)热身赛开始,(13)助理裁判报告结果但不计分,(14)第二、三轮射者依次比射。

第五阶段：正赛准备工作。

(15)裁判准备,(16)射者入场,(17)主裁判宣布规则。

第六阶段：正赛。

(18)正赛开始,(19)裁判计算结果,主裁判现场监督,(20)宣布比赛结果,(21)饮罚酒,(22)答谢助理裁判。

第七阶段：配合音乐的比射。

(23)第三番射,(24)宣布规则,(25)比射,(26)计算结果,(27)宣布结果,(28)饮罚酒。

第八阶段：竞赛结束,收拾器材。

(29)收拾比赛用具,(30)收拾场地器材。

第九阶段：宴饮。

(31)酬酒,(32)互敬酒。

整个赛会有始有终,过程仪节极为复杂,竞赛性质非常明显。竞赛规则极为细致,设有专用器具计数。不仅有公开的结果宣告,而且对参射者还有仪容方面的要求,乃至精神道德层面的规范。通过竞赛程序的完备,可以看到中国古代最早体育赛会的盛况。

4. 竞赛规则的细化与公平

礼书中所记载的射礼赛会,其竞赛规则已经非常细化。第一番射时,射中的时候只由获者高声报获,而不释算筹计数。第二番射时,没有射中或者射中而没有贯穿箭靶的不计数。如果射中,则释获人释筹,每射中一矢即放一枝算筹在地以计数。上射的算筹放在右边;下射的算筹放在左边。计数方式是固定而统一的,而且是在主裁判的监督之下进行。第三番射,凡不与鼓节相应者,即使射中目标也不计数。如此细致的规则要求,保证了竞赛活动的开展。

从体育竞赛的角度看,射礼赛会有明确且相对公平的竞赛规则。如乡射礼中,参射者虽等级身份有别,但同一等级内部比射时只有一个标准就是中与不中,而且同一等级所射距离是一样的,都是三番四矢,十二支箭。裁判宣布结果时也是高声唱获,且有主裁判监督计数,整个过程是公开的,保证了竞赛的公平性。

5. 竞赛结果的公开与透明

礼书中所记载的射礼竞赛,已经开始由专门的人员来宣告竞赛结果。即我们前面所提到的"获者",这个人是专门高声喊出是否射中的。然后"释获者"计算成绩,如右胜,则说:"右贤于左。"如左胜,则说:"左贤于右。"如果左右射成平局,则说:"左右均。"这种报告竞赛结果的方式,保证了比赛的公平性。而且表述的语言非常清楚,谁胜谁负,或者是平局,都有专门的说法。在计算竞赛结果的时候,主裁判"司射"还会在一旁监督,也保证了不会出现徇私舞弊的情况。这在当时的历史条件下,是保障竞赛能够存在的重要环节。

6. 奖惩方式完全去功利化

后期的射礼竞赛已经很少有物质性奖励,更多以纯粹的饮酒以示奖惩。这也是出于"礼"的要求,以显示精神层面的纯粹性。主裁判"司射"在竞赛结果产生之后,会说:"胜者一方皆袒左臂,套扳指,着臂衣,手持上弦之弓。"[①]不胜一方都要穿好衣服,脱去扳指(护指)和臂衣(护臂),右手把解弦之弓仰放于左手上,左手向上横弓握把,然后右手亦握弓把。司射命饮酒者上堂饮酒。胜者先上堂,稍靠右边一些。不胜者前行至丰(古代盛酒器的托盘)前,面朝北坐下,取丰上之觯在手,站起,稍稍退后,站着饮酒。这种奖惩方式其实质是一种授予荣誉的奖励方式,是一种荣耀,是一种德性修为的成就,这也是体育竞赛最大的人文价值所在。

三、 汉唐时期

(一) 竞技转向,始于秦汉

"六王毕,四海一"之后,秦王朝及至汉朝推行的是集权统治。集权的统治要求与诸子百家的思想争鸣不能共存,"争"的现象更被视为不可容忍。射礼赛会失去了生存的土壤,射艺活动开始出现了两大分化。主力的"射"重回军事化,即以射显武,更多侧重于射箭的功力。而主礼的"射"则走向娱乐化,即以娱乐性质为主的"射",最终发展出纯粹娱乐性质的"投壶"项目。

---

① 阮元校刻. 十三经注疏·仪礼注疏[M]. 北京:中华书局,2009:2167.

图 1-1-7　骑射砖画（汉）礼射射士浮雕（汉）

1. 主"力"之射回归军事化

乡射礼中第二番射"不贯不释"，也强调射箭的力量和命中目标，这是射箭活动的基本属性。所不同在于，军中武射只强调力量和命中。春秋时期的军中武射是比较流行的，而且习射者惯以穿透力度相炫耀。《左传》中所记载的楚人潘党、养由基有"蹲甲而射之，彻七札焉"[①]的故事。这充分表明春秋时期存在以穿透力度来衡量的"贯革之射"。《诗·大雅·行苇》的注疏中也有"礼射有三，大夫射礼有五，并把主皮之射与大射、宾射、燕射、乡射并列"[②]。《礼记·射义》也重复表达了同样的意思。主力之射，强调的是军事实用性，虽仍有竞技的成分，但其意义表达不是精神层面的追求。在中国社会政治文化变迁中，纯粹竞力的体育竞赛再次走回到了军事应用中，弓箭重回其武器的属性。

两汉时期，步射和骑射在军队中流行，都是出于军事的需要。这一时期的很多武将都以善射而闻名，这其中最为家喻户晓的故事是汉将李广的"夜射饮羽"。另外，骑射的军事地位得到凸显。在楚汉相争的年代，项羽的楚军，以骑射见长，在早期的交战中占尽优势。后来西汉与匈奴的战争，继续强化了骑射在军事中的应用价值，从而得到王朝的重视。

2. 主"礼"之射走向娱乐化

《春秋谷梁传》中的《昭公八年》篇记载："射而中，田不得禽则得禽；田得禽而射不中，则不得禽。是以知古之贵仁义而贱勇力也。"强调精神层面合礼而射的文人之射，讲究的是"其容比於礼，其节比於乐。"这种礼射在这一时期的观念中，已经明显地与纯粹的竞力之射相区分。主礼之射的要求和目标不在于结果，而在于过程性的价值；不在于勇力的比拼，而在于精神层面的追求。《孟子·万章下》篇中也有："射于百步之外也，其至，尔力也；其中，非尔力

---

① 阮元校刻. 十三经注疏·春秋左传正义[M].北京：中华书局，2009：1918.
② 阮元校刻. 十三经注疏·毛诗正义[M].北京：中华书局，2009：535.

图 1-1-8 投壶图

也。"①孟子的解释也将"竞力"与礼射竞赛中追求的精神层面的价值进行了区分。

遗憾的是,这种礼射竞赛的价值追求,随着春秋战国的礼崩乐坏,其要求和规格在走下坡路。另一方面,娱乐性更强的投壶礼频频出现于各类记载中。《礼记》中记载:"顺投为入。比投不释,胜饮不胜者。"②其规格较之射礼远远不如,而且大多数是伴随着饮酒和娱乐进行,其胜负的意义不大,游戏娱乐的性质较为突出。郑玄在注疏《礼记》时也指出:"投壶,射之细也。"③《史记》中将其与六博放在一起。《东观汉记》和《后汉书》中都有"对酒设乐,必雅歌投壶"的记载。④ 可见,投壶虽然也是一种竞技的形式,但是饭后娱乐的意义更浓。射艺竞赛弱化为投壶游戏,转向于民间娱乐之中。

秦汉时期,礼射虽然退出高层的历史舞台,但在皇室贵族中仍有娱乐性质的射箭活动出现。射箭活动强大的实用性特点,使其在社会的各个阶层中均有存在。作为实用性的狩猎之射,成为皇室贵族休闲娱乐,同时保持武备的活动。这种射猎活动,据《汉书》和《后汉书》记载,多在冬季进行,地点在上林苑中进行。⑤ 这种射箭有狩猎的性质,同时也是贵族的娱乐活动。射猎性质的娱乐活动,延续的时间跟军事性质的射箭活动大致相同。休闲娱乐性质的射猎活动,不仅存在的历史时期长,而且参与的群体比较广。

(二) 文武兼修,盛于隋唐

隋唐是自秦汉以来的又一次全国大一统。尤其是唐朝可谓中国历史上最为强盛的朝代之一,其影响力放置全世界也可占据一席之地。隋唐盛世经济繁荣、国力昌盛,人民安居乐业,这也为射箭活动的繁荣发展奠定了一定的社会基础,从而形成了相对多元、文武兼修的特点。隋唐射艺的繁荣景象主要体现于三个方面:一是为了军事人才选拔举行的"武举制";二是蕴含礼仪教化作用的"大射礼";三是具有娱乐属性的射箭活动。

1. 选拔军事人才的"武举制"

在中国古代,"以武选士"最早可以追溯到先秦时期,后魏晋沿袭汉制。至唐朝武则天时期,建立较为完备的选拔制度。据《新唐书·选举志》载"武举,盖起于武后之时。长安二年

---

① 阮元校刻. 十三经注疏·孟子注疏[M]. 北京:中华书局,2009:5962.
② 阮元校刻. 十三经注疏·礼记正义[M]. 北京:中华书局,2009:3614.
③ 阮元校刻. 十三经注疏·礼记正义[M]. 北京:中华书局,2009:3617.
④ 范晔. 后汉书[M]. 北京:中华书局,2007:222.
⑤ 罗时铭. 传统射箭史话[M]. 北京:社会科学文献出版社,2016:91.

（公元 702 年），始制武举，其制有长垛、马射、步射、平射、筒射，又有马枪、翘关、负重、身材之选。"多种方式的射箭被纳入"武举制"，且占据九项考核内容中的五项。可见，射箭在"武举制"中占据着重要地位。

（1）长垛，即坐射，是一种远距离射箭。据《通典·选举三》载："画帛为五规（内规广六尺，橛广六尺；余四规，每规内两边各广三尺，悬高以三十尺为限），置之于垛，去之百有五步，列坐引射，名曰长垛。"[1]要求考生"用一石（约 55 千克）力之弓，射六钱（约 22.38 克）之箭，每人可射三十支"[2]。

（2）马射，即骑马射箭。《通典》载："穿土为埒（读作 liè，即矮墙），其长与垛同，缀皮为两鹿（鹿长五寸，高三寸，弓用七斗以上力），历置其上，驰马射之，名曰马射。"[3]意思是将两个鹿形皮靶并立放置于矮墙之上，骑马射之，两靶并中为"上"，中一靶为"次上"，不中为"次"。

（3）步射，即徒步射箭。《唐六典·卷五》载："步射，射草人，中者为次上，虽中而不法，虽法而不中者为次。"其中"法"是指射箭的基本方法（包括动作要领、身形技巧等），步射重在考察射箭者的基本功。

由上述记载可见，射箭在"武举制"测试项目中，所占比重较大。当时人们可以通过精湛的射箭技术取得功名，如唐诗有"须凭弓箭得功名"的诗句，这无疑会推动射艺在当时的快速发展。

2. 礼仪教化作用的"大射礼"

隋唐时期不仅重视选拔军事人才的武技之射，而且也很看重育人价值的礼仪教化之射。其中最有影响力的，当属"大射礼"。相对于隋朝时期举行的"大射礼"活动而言，唐朝时期的"大射礼"仪式更为隆重，程序更为繁杂。

《新唐书·军礼》载："射，前一日，太乐令设宫县之乐，鼓吹令设十二案于射殿之庭……避射位。张熊侯去殿九十步，设乏于侯西十步、北十步。设五楅（读作 bī，插箭的器具）庭前，少西。……侍射者弓矢俟于西门外。陈赏物于东阶下，少东。"[4]在举行大射礼的前一天，放置十二张桌子于台阶的东西两侧。乐器类器物摆放在中间，但要避开射箭的位置。印有

图 1-1-9 射士仪仗图（唐代）

① 杜佑. 通典·选举三[M]. 北京：中华书局，1988：354.
② 罗时铭. 传统射箭史话[M]. 北京：社会科学文献出版社，2016：129.
③ 国家体育总局文史工作委员会，中国射箭协会编. 中国射箭运动史[M]. 武汉：武汉出版社，2006：50.
④ 王银婷. 唐宋时期射箭运动研究[D]. 苏州大学，2014：16—17.

熊图案的箭靶放置在距离宫殿九十步的地方,避箭的屏障设于箭靶的西、北两侧各十步的距离。将插箭的器具放置于庭院前方偏西的方位。后面是讲述"报靶员"和侍候射箭人员的位置站立,以及奖赏物品和酒器相关物品的摆放位置。

"其日质明,皇帝服武弁(读作 biàn,武将所戴之冠),文武官俱公服,典谒引入见,乐作,如元会之仪。酒二徧(读作 biàn,同遍),侍中一人奏称:(有司谨具,请射。)侍中一人前承制,退称:(制曰可。)王、公以下皆降。文官立于东阶下,西面北上。武官立于西阶下,于射乏后,东面北上。……牛将军以矢行奏,中曰'获',下曰'留',上曰'扬',左曰'左方',右曰'右方'。"大射礼的当天,皇帝穿着武服和武帽,携文武大臣来到射殿,并伴随奏乐。酒喝过两遍,侍候人员发出开始的口令。文官在东边,武官在西边,在避箭的屏障后方。……牛将军根据射箭者所射位置进行通报,正中箭靶,就是"获",射在箭靶下方,就是"留",射在箭靶上方,就是"扬",射在了箭靶的左边或右边,分别通报为"左方"或"右方"。

由上可知,无论在举行"大射礼"前一天的筹备工作,还是举行"大射礼"当天的仪式流程,抑或是参与人数(文武官、侍候人员等),都与先秦时期的"射礼"如出一辙,反映出隋唐时期对射礼的重视程度。

3. 休闲娱乐功能的射箭活动

盛唐时期,射艺功能不再局限于战场射敌的军事之用,而是衍生出了一些娱乐性极强的射箭活动项目。其中具有代表性的当属皇帝及王公大臣们的"狩田"(即冬季打猎),另外还有宫廷内的射粉团等。

"狩田"之射,是属于贵族的射箭活动。《新唐书·皇帝狩田之礼》记载,狩田的前一天,所有的将帅士兵都集合在旗帜下面,等皇帝及王公大臣进入围场的时候,鼓箫响起。同时还有驱赶禽兽进入围猎圈,并阻止禽兽逃脱的人员。皇帝进入围场时,后面有举大旗的人跟随。其他王公大臣自己骑马带着弓矢。皇帝射猎,举大旗,其他王公大臣举小旗,直到驱逆之骑没有禽兽再可以驱使停止,然后百姓狩猎。

图 1-1-10　射粉团

宫廷之射,指宫内女子参与的射箭活动,典型的活动有"射粉团"(见图 1-1-10)、"射鸭"。据《开元天宝遗事》载:"唐宫中,每到端午节,造粉团、角黍,贮于金盘中,以小角造弓子,纤妙可爱,架箭射盘中粉团,中者得食。"[①]盛唐之时,思想有所解放,允许女

---

① 王仁裕等撰,丁如明辑校.开元天宝遗事十种[M].上海:上海古籍出版社,1985:83.

子参与此类娱乐活动。当时射箭活动颇受宫廷女子喜爱，如唐代诗人杜甫《哀江头》曰："辇前才人带弓箭，白马嚼啮黄金勒，翻身向天仰射云，一箭正坠双飞翼。"这些诗词生动形象地描绘出了唐代宫女跟随君王打猎，且射术精湛的事实。

四、宋元时期

（一）多元发展，延续于宋

为了平复"五代十国"遗漏下来的政权纷争格局，以及与同时期辽、金等国不断对抗，宋朝伊始便极为重视培养武技人才，促使射艺得到进一步发展与提升。武举制被重新起用，来择取贤能之士。宋代在重视武技人才的同时，也注重射箭对人们的礼仪教化功效。此外，民间的射箭活动也得到充分发展，出现了民间射箭组织。这些射箭活动的出现构成了宋朝时期射艺的多元化格局。

1. 武举制度的择贤之射

在宋仁宗时期，出于抵御周边国家侵扰的需要，恢复了武举制，并进行了完善。由"唐朝政府组织的地方性考试和中央组织的省试两级考试改变为比试、解试、省试、殿试"[①]。北宋时期的武举制取消了负重、翘关等项目，保留了骑射和马上技艺，并且增添了军事理论考核。据《宋史·武举·武选》载："仁宗天圣八年（1030年），亲试武举十二人，先阅其骑射而试之，以策为去留，弓马为高下。"可见当时考核重点项目依然是骑射，如若骑射不能通过，可能直接就被淘汰了。

在神宗元丰元年（1078年），立大小使臣试弓马艺业出官法："第一等，步射一石，矢十发三中，马射七斗，马上武艺五种……时务边防策五道文理优长……第二等，步射八斗，矢十发二中，马射六斗，马上武艺三种……律令义十通五，第三等，步射六斗，矢十发一中，马射五斗，马上武艺二种……律令义十通三。"[②]由上述记载可知，宋朝武举制的内容不仅重视射艺技能的测试，还注重军事理论和兵法策略的考核。这促使习武之人理论知识的丰富与提升，达到文韬武略、文武兼备的效果。

2. 教化育人的礼仪之射

宋代也对"大射礼"进行了复兴，名为"大射仪"。据《宋史·大射仪》载："大射之礼，废于五季，太宗始命有司草定仪注。其群臣朝谒如元会……皇帝改服武弁，布七埒于殿下，王、公以次射，开乐县东西厢，设熊虎等侯。"史料中有详细记载"大射仪"举行的详细内容和具体流

① 孙会文，澹台丽红.宋代武举制发展考论[J].搏击·武术科学，2010(08)：25—26.
② 国家体育总局文史工作委员会，中国射箭协会编.中国射箭运动史[M].武汉：武汉出版社，2006：61.

程,在"大射仪"举行之前,皇帝先宴请百官,并赐予射箭时候所穿衣物,酒过三轮,将要进行射箭的官员都手执弓箭,射箭比赛的官员在左,不比赛的官员依照坐位顺序分立。

据记载,皇帝是举行"大射仪"中第一位开始射箭的人,且如果皇帝射中,仪式流程将会变得繁琐很多,从文武百官至禁卫、报靶等侍奉人员,会依次轮番向皇帝跪拜祝贺,而百官射中,也会有相应礼节,但只需向皇帝行跪拜礼即可,比皇帝射中的祝贺流程简易许多。而且"大射仪"还赏罚分明,如"陈赏物于东阶,以赉(读作 lài,赐予之意)能者;设丰爵于西阶,以罚否者。"由上述内容分析可见,宋代"大射仪"的举行,不仅具有寓射于娱的性质,而且是射艺技能的体现,但更为重要的是其具有礼仪教化之功效,这也是统治者重视此活动的目的所在。

3. 弓箭社团与文人之射

北宋时期,据《宋史·兵志》载:"神宗熙宁三年十二月(公元 1070 年),知定州藤甫言:河北州县近山谷处,民间各有弓箭社及猎射人……并令募诸色公人及城郭乡村百姓有武勇愿习弓箭者,自为之社。……北人劲悍,缓急可用,从之。"① 由此可见,弓箭社的成立目的是抵御侵略,保家卫国之用。据时任定州知事的苏轼调查,仅"定、保两州,安肃、广信、顺安三军,边面七县一寨内管自来团结弓箭社五百八十八村、六百五十一伙,共计三万一千四百一十一人"②。苏轼本人也是一位射箭爱好者,从苏轼《江城子·密州出猎》中的"会挽雕弓如满月,西北望,射天狼",可以看出,他借助弓箭载体,以诗词的形式,表达出他欲杀敌救国的伟大抱负和爱国情怀。

南宋时期,也出现较多与弓箭相关的民间社团组织,如"锦标社""川弩射弓社""射弓踏弩社"等,这些弓箭社的成立更多是以强身健体、休闲娱乐为主要目的,这与北宋时期"弓箭社"以习武御敌为目的截然不同。

图 1-1-11 九射格

此外,作为唐宋八大家之一的欧阳修,其不仅在文学造诣上流传千古,同时也是一位射手,且创设了"九射格"(见图 1-1-11)。据宋朝赵与时在《宾退录》载:"本朝欧阳文忠公作九射格,独不别胜负,饮酒者皆出于适然。其说云'九射之格,其物九,为一大侯,而寓以八侯。熊当中,虎居上,鹿居下,雕、雉、猿居右,雁、兔、鱼居左。而物各有筹。射中其物,则视筹所在而饮之……'此所以欢

① 国家体委武术研究院编纂. 中国武术史[M].北京:人民体育出版社,1996:203.
② 国家体育总局文史工作委员会,中国射箭协会编. 中国射箭运动史[M].武汉:武汉出版社,2006:64.

然为乐而不厌也。"据记载"九射格"还设置了游戏规则,主要是通过"箭靶""酒筹""探筹"和"饮酒"等环节来体现①。"九射格"实质为娱乐而创设,正如《宾退录》最后一句话所言"此所以欢然为乐而不厌也"。

(二) 全民骑射,遍行于元

由蒙古族所建立的元朝之所以能够一统天下,其骑兵可谓立下汗马功劳。由于地域条件和生活习性的缘故,造就了蒙古人皆善射。特别是马上射术堪称精湛,常以骑射称霸各方,达到"人不驰弓,马不解勒"的生活状态。

1. 全民参与的骑射制度

管窥蒙古族社会历史,可发现无论是日常狩猎,还是战争军事所需,弓马骑射都伴随他们的一生。作为蒙古族人的生存技能和沿袭传统,使得每个人都谙于骑射。因而善于骑射也成为蒙古人的一种身份标识。蒙古军队实行兵民合一的政策,"家中男子,凡十五岁以上,七十岁以下,不管有几个,皆签为兵"②。射箭、摔跤、骑马作为蒙古男子必习的三项基本技能,直至今日的"那达慕大会"依然以此三项为主要竞赛活动,也被称为"男儿三艺"。

2. 社会习射的禁令制度

在元灭宋统一全国之后,为了巩固其统治地位和稳固政权,禁止民间习武、私藏武器,据《元史·刑法·禁令》载:"弓箭私有十付者(一付含弓一,箭三十),处死;五付以上者,杖九十七、徒三年……"以及实行民族等级制度,各族人民分为四等,将汉人和南人列为地位低等。据相关史料记载,从元世祖到元顺帝期间,更是禁止汉人持有弓箭,禁止汉人打猎等禁令。如元世祖时期,"至元十六年(公元 1279 年),禁止汉人行围打猎,禁止军队中的汉人手持军器,而对其他等级蒙古人……则没有这方面的禁令"③。同时还严禁与军属相关的论著等,这些禁令的实施,使得元朝时期民间的射箭活动处于低谷,也阻碍了这一时期民间射箭活动的开展。

五、 明清时期

(一) 射礼复兴,重塑于明

明朝建立初期,明太祖朱元璋倡导"文武兼备"的人才培养理念,主张"敬德尊礼"的社会管理制度,目的是为了更好地巩固其统治。这也直接推动了射艺在军事、教育等领域的发展,尤其是对于西周射礼的复兴,力度较之唐宋更大。此外,明朝还注重对人的德育培养,主

---

① 沈贵庆. 欧阳修与九射格活动考述[J]. 兰台世界,2011(9):32—33.
② 国家体育总局文史工作委员会,中国射箭协会编. 中国射箭运动史[M]. 武汉:武汉出版社,2006:68.
③ 陈高华点校. 元典章兵二,典章三五《禁断军器弓箭》[M]. 天津:天津古籍出版社,2011:1221.

要体现在学校教育和复兴射礼两个方面。

1. 武举选拔与习射育人

明朝统治者对人才的要求需"文通武备",曾明确要求"武职子弟,悉令其习读武经七书"。此外,还规定科举考试中增添武试内容,如《明史·选举制》载:"中试十日后,复以骑、射、书、算、律五事试之。"这些都是明朝统治者对人才全面发展需求的体现。在明初时期,军事中的射箭训练制度具有明确的要求,据《明史》记载:"明初洪武六年命中书省、大都督府、御史台、六部议教练军士律:骑卒必善驰射枪刀,步兵必善弓弩枪。射以十二矢之半,远可到,近可中为程。远可到,将弁百六十步、军士百二十步;近可中,五十步。"①据记载,当训练要求达标后,需由官员带领士兵到京城接受皇帝的检阅,检验合格者,对检验士兵及所属管辖官员均有相应奖励,如达不到标准,则对所属管辖官员进行罚俸、降级处理。这种相应的奖赏和惩罚措施,使得明朝军队射箭技能得到极大提高。

明朝统治者不仅重视军事所需的骑射、步射习练,而且还注重育人功能的习射教育。明初时期,统治者在"崇儒尚学"的治国思想下,对学校教育格外重视。为了达到"武将知礼仪,文士懂武功"的教育目的,培养文武兼备的人才。明朝逐步恢复了西周时期的"六艺"教育,学习内容为"生员专治一经,以礼、乐、射、御、书、数设科分教"②。只是根据实际情况将"经义、四书代替礼、乐;用骑射代替射、御"③。这些政策的实施为全面培养人才奠定了坚实基础,也直接推动了射箭活动在学校领域的开展。

2. 国家大射与地方乡射

明太祖朱元璋受到理学思想影响,对源于西周时期"射礼"活动中的进退、揖让之礼较为

图 1-1-12　投壶（明《宣宗行乐图》）

---

① （清）张廷玉撰,杨家骆主编.明史[M].台北:鼎文书局,1981:2258.
② （清）张廷玉撰,杨家骆主编.明史[M].台北:鼎文书局,1981:1686.
③ 刘丹婷.元明清射箭文化研究[D].苏州大学,2015:26.

推崇。出于其政治统治目的，主张复兴具有"寓射于礼"的射礼活动。据《明史》记载："太祖又以先王射礼久废，弧矢之事专习于武夫，而文士多未解。乃诏国学及郡县生员皆令习射，颁仪式于天下……略仿大射之式而杀其礼。"[1]按照地域和等级划分，主要可分为"国家大射礼""地方乡射礼"两种。明朝时期的"大射礼"，仪式流程非常严格。如举行射礼前，需先选出"司正、副司正、司射、司器、请射、举爵、收矢、执旗、树鹄"[2]等角色。每个角色各司其职，其中有负责器材、负责报靶、负责检验射者品位尊卑、负责赏罚酒等具体工作任务。这相当于当今比赛的裁判员和工作人员，都有明确的任务分工和角色担当。这与西周射礼极为相似。

除国家大射礼之外，地方也有"乡射礼"。明洪武三年（1370年），朱元璋要求"与儒学后设一射圃，教学生习射，朔望要试过。其有司官闲暇时，与学官一体习射。"此后，各地儒学先后建立射圃，以便进行习射教育和举行乡射礼。据当代学者赵克生[3]研究，在各地射圃举行的地方礼，从兴始之处重"射"轻"礼"的军事目的，到后期更加注重进退周还的礼节仪式流程，彰显了射礼不仅可以"观德"，而且可以"养德"的礼仪教化功能。除"乡射礼"外，民间还流行娱乐性更强的"射柳""投壶"等活动。

（二）弓马骑射，盛行于清

清朝以精锐的铁骑和弓马骑射得天下。因此，清朝前期统治者都非常重视军事武艺，特别是军事中的骑射技能。在清朝时期，武举制的测试内容仍然以骑射为主要考核项目。此外，民间射箭活动的开展也较为兴盛，但都偏向于娱乐性质的游戏活动。

1. 军事选拔的武技之射

清代武举考试分四个等级，依次为"童试、乡试、会试、殿试"。"第一，童试，在县、府进行，考中者为武秀才；第二，乡试，在省城进行，考中者为武举人；第三，会试，在京城进行，考中者为武进士；第四，殿试（一般由皇帝亲自主持），已取得武进士资格，通过殿试分出前三甲（武状元、武榜眼、武探花）。"[4]"乡试"分为三场进行，其中第一、二场为外场，第三场为内场。第一场测试"马射"。九发中三为合格，不合格者不能参加第二场；第二场考核"步射"和"技勇"。"步射"，九发中三为合格，"技勇"分为"拉硬弓、舞大刀、拿石锁"三项；第三场考"程文"和"策略"，相当于现在的文化课考试。童试考试办法与考核内容与乡试相近，只是要求降低一些，如马射、步射九发二中为合格。据记载，不同时期，对于射箭距离和中的数量有所不同。由此可见，清时期武举依然以弓马骑射为主要测试项目和首要考核标准。无论马射、步

① （清）张廷玉撰，杨家骆主编.明史[M].台北：鼎文书局，1981：1441.
② 国家体育总局文史工作委员会，中国射箭协会编.中国射箭运动史[M].武汉：武汉出版社，2006：70.
③ 赵克生.国家礼制的地方回应——明代乡射礼的嬗变与兴废[J].求是学刊，2007，34（06）：144—149.
④ 马廉祯.武学——中国传统射箭专辑（第二辑）[M].广州：广东人民出版社 2016：143.

图1-1-13 乾隆骑射图

射等项目,基本都是围绕射箭活动展开的。清朝武举制直至光绪二十七年(1901年),在火器的影响下,退出历史舞台。

武举制的目的是为选拔军事将才而设立,以弓马骑射为主要测试项目。除此之外,还有一项射箭活动也与军事训练相关,并兼具娱乐性质,便是清朝的"木兰秋狝"。大概意思是"秋天狩猎"。据史料记载:"康熙、乾隆、嘉庆年间分别举行木兰秋狝大典四十次、三十九次、十一次。"[①]这种骑射狩猎的活动方式,目的是延续八旗子弟的作战能力,防止八旗子弟荒废骑射之技。

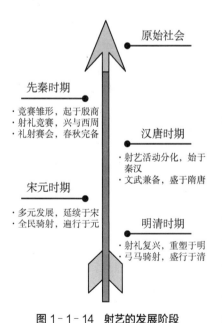

原始社会

先秦时期
·竞赛雏形,起于殷商
·射礼竞赛,兴与西周
·礼射赛会,春秋完备

汉唐时期
·射艺活动分化,始于秦汉
·文武兼备,盛于隋唐

宋元时期
·多元发展,延续于宋
·全民骑射,遍行于元

明清时期
·射礼复兴,重塑于明
·弓马骑射,盛行于清

图1-1-14 射艺的发展阶段

2. 民间活动的娱乐之射

清朝时期,由于受武举制的择士制度和统治者的亲身影响,使得射箭活动不仅成为考取功名、进身之阶的载体,也成为了强健体魄、娱乐交友的手段,这也促进了射箭活动在民间的普及与推广。其中有"射鹄子、射花兰、射月子、射香火、射绸、较射、滑射"等具有娱乐性质的射箭活动。

上述与射箭相关的娱乐项目,基本都对射准有精确的要求。如"射鹄子",载:"高悬栖皮,送以响箭。鹄之层不一名,最小者名羊眼。"最小的目标仅与羊眼一样大小,由此可见,对射准的要求非常高。"射香火",据《啸亭杂录》载:"于暮夜悬香火于空中而射……然皆巧也,非力也。"这种非静止的目标,对射

① 李伟.清代木兰秋狝研究——兼论清前期对蒙古政策[D].辽宁师范大学,2012:47—78.

准的要求更高。其中"滑射",要求在快速滑行过程中引弓射箭,可谓一项集娱乐性和技巧性于一体的射箭活动,要求参与者不仅具有较好的射箭技艺,同时还需拥有脚下滑行的技巧,让射箭活动变得更加具有趣味性和观赏性。

第二节　文化底蕴

中华射艺作为一种文化现象,需要从中国的原始文化中去理解其文化底蕴。在华夏漫长的历史里,这项古老的活动见证了中华文明的发展和演变。本节将从原始文化中的巫术、神话、祭祀等方面入手,让我们一起回到文明起点,一起感受中华射艺那藏在文化深处的魅力。

一、巫射四方

故男子生,桑弧蓬矢六,以射天地四方。天地四方者,男子之所有事也。

——《礼记·射义》[①]

袁俊杰博士在《两周射礼研究》中提到巫射的概念:"即巫术性射礼,是一种以祝诅伤害巫术和偶像伤害巫术为手段的射箭仪式。"[②]这种巫术性质的射箭仪式确实存在于中国古代的历史中。作为一种集体性或者社会性仪式,也是射艺赛会的雏形。

《礼记》中《内则》篇载:"国君世子生,告于君,接以大牢,宰掌具。三日,……射人以桑弧蓬矢六。射天地四方,保受乃负之,……使食子。"[③]从中可以看到一种明确的社会性仪式,即早期人们将空间认知与神秘的巫术(自然)力量相结合,来建立一种整体性的社会认知,这种社会认知构成了一种极具特色的文化心理结构。同样的故事也被记载到了汉代的著作中。如东汉班固所著《白虎通德论》中《姓名》篇也载:"以桑弧蓬矢六射者何也? 此男子之事也,故先表其事,然后食其禄。必桑弧何? 桑者,相逢接之道也。"

---

① 阮元校刻. 十三经注疏·礼记正义[M]. 北京:中华书局,2009:3667.
② 袁俊杰. 两周射礼研究[D]. 河南大学,2010:1.
③ 阮元校刻. 十三经注疏·礼记正义[M]. 北京:中华书局,2009:3182.

以上所记载的"射",是典型的巫术性射箭。尤其是记载的国君生子,或者叫天子的出生要行这种礼仪。在这种"巫的理性化"(李泽厚语)背景中,射箭被赋予了一种特殊的意义。一种身体活动开始有了朦胧的、模糊的精神表达。

(一) 驱邪避灾,凝聚氏族

在中国早期的观念中,用桃木制的弓和用棘枝制的箭是可以辟邪的。《左传》中《昭公四年》云:"桃弧棘矢,以除其灾。"注曰:"桃弓棘箭,所以禳除凶邪,将御至尊故。"桃弓、棘箭是具有巫术效应的,射箭本身也被赋予了巫术的魔力。巫术的出现,将弓箭从实用性的工具和兵器中发展出了一种新的非实用意义,即令人敬畏的、具有神威的灵物。弓矢不仅可以威震天下,还可以射妖除怪。

射箭在巫术观念中被"神化"。后来,巫术仪式的实施被逐渐社会化、集体化,从而深入到人们的社会生活之中。如李泽厚先生所言:"巫术的主观目的是沟通天人,和合祖先,降福氏族;其客观效果则是凝聚氏族,保持秩序,巩固群体,维系生存。"[①]巫术之所以能有凝聚氏族,保持秩序的效果,概因其仪式的效力。由卜辞可知,中国古代发展出了一整套繁复的仪文礼节,巫术的实施,必须借助这种形式化的仪式才能达到效果,至少当时的人们是这样认为的。实施巫术是原始社会最重要的社会集体活动,通过巫术中仪式化的行为方式,射箭作为集体活动有了一种特定的规范与形式,从而超出了狩猎和军事之用。

(二) 维稳秩序,牢固疆土

"巫射"的文化意义不仅具有祈福避灾的社会功能,还有对社会秩序的美好预期。射天地主要是沟通神界,求人世的平安;射四方则是通过射箭的"魔力",在巫术意义上实现对四方的控制。这一点从后世文献中可以看出,如《诗·齐风·猗嗟》曰:"射则贯兮,四矢反兮。以御乱兮。"笺云:"礼射三而止。每射四矢皆得其故处,此之谓复射。必四矢者,象其能御四方之乱也。""射"在御四方之乱的寓意中,获得一种极高的政治意义。仅仅通过射箭就可以"御四方之乱",虽然有些神幻色彩,但却充分表达了人们对于社会秩序的美好期盼。由此可知,射箭不再仅仅是狩猎和战争的工具,而是成为一种希冀社会和谐有序的文化象征。这种带有迷信色彩的文化象征意义,对于后世射礼文化意义的产生具有重要作用。

---

① 李泽厚. 新版中国古代思想史论[M]. 天津:天津社会科学院出版社,2008:287.

二、 后羿射日

逮至尧之时,十日并出,焦禾稼,杀草木,而民无所食。猰貐、凿齿、九婴、大风、封豨、修蛇皆为民害。尧乃使羿诛凿齿于畴华之野,杀九婴于凶水之上,缴大风于青丘之泽,上射十日而下杀猰貐,断修蛇于洞庭,禽封豨于桑林,万民皆喜,置尧以为天子。

——《淮南子·本经训》①

后羿射日的故事可谓家喻户晓,"羿"是中国神话传说中的英雄人物。丁山先生在《古代神话与民族》中认为,"要其(羿)善射之名,见于孔、孟语录,谓为中国古代射神,可无疑也"②。羿的神话叙事蕴含着当时真实的社会观念。弓箭在早期人类眼中的威力,塑造了"羿"的神话原型。

图1-2-1 后羿射日图

(一) 挽弓而射,男性之力

弓箭的使用,使得原始时期的社会生产力大大提高,尤其是使用弓箭的男性在社会中获得较高的地位。弓箭与社会的形成发展早有渊源。在原始的意识与思维中,无法通过自身的理性建立起对弓箭威力的认识,而是通过神话思维的方式,将弓箭的威力意象化为一种具体的形象和可以理解的故事。男性之力与弓箭之力被神化为一位男性弓手——羿,并演化出种种降魔除害的故事。正如《淮南子·本经训》和《山海经·海外南经》都记载后羿"射杀百怪"的神话场景,无不淋漓尽致地展现了男性之力与弓箭之力在羿身上的升华,这同时也是早期人们在艰难环境中凿山开道的一种反映。

(二) 弓箭传说,自然之力

羿除了诛凿齿、杀九婴、缴大风之外,还有上射十日的著名故事。这些故事今天看来都是神话,并非真实历史,但从原始先民的角度看,这些都是真实发生过的事件。丁山先生说:"《庄子·齐物论》云:'昔者十日并出,万物皆照。'《海外东经》云:'黑齿国,下有汤谷。汤谷上有扶桑,十日所浴。九日居下枝,一日居上枝。'郭注引《归藏郑母经》亦云:'昔者翼善射,

---

① 陈广忠译注. 淮南子[M]. 北京:中华书局,2012:393.
② 丁山. 古代神话与民族[M]. 北京:商务印书馆,2005:241.

弹十日,果毕之.'是翼所射者,桑下枝所藏之九日,中土所不见也。"①后羿射日的故事明显带有我们前面所分析的巫射印记。巫射天地早已为射日提供了理论的可能性。后羿射日的故事是巫射仪式的口头表达,经过口口相传,被演绎为神话传说。通过射日,弓箭之力与超自然力相结合,登上了社会观念的顶峰,为日后射箭进入君王的社会治理打下了基础。羿的种种业绩也实现了其英雄的地位,"羿除天下之害,死而为宗布"。②

三、宗庙之射

> 天子将祭,必先习射于泽。泽者,所以择士也。已射于泽,而后射于射宫。射中者得与于祭;不中者不得与于祭。不得与于祭者有让,削以地;得与于祭者有庆,益以地。进爵绌地是也。
>
> ——《礼记·射义》③

中国"祖先神"的发达使得中国文化很早便从巫术时代进入祭祀时代。巫术中的仪式和器具成为祭祀活动中的过程和用具。随着理性化的进程,祭祀中的仪式与用具演变为礼仪。通过"祭",巫术活动中的仪式成为一套确定的礼仪制度,它由上而下地支配着整个社会生活,成为人们必须遵守的制度规范。④ 从巫术活动到祭礼活动的另一重要意义在于:神秘性的规范约束变为理性的礼仪制度。这一文化转型,催生了射艺的文化表达,助推了中国古代体育的文化定型。

(一)祭祀活动,赛会雏形

《礼记·射义》载:"天子将祭,必先习射于泽。……射中者得与于祭;不中者不得与于祭。"⑤这段记载表明了"射"与"祭"的紧密关联。射中的人能够参与祭祀,而且能获得封地,表明当时射箭的社会地位之高。在古代社会中,"国之大事,在祀与戎"⑥。能够参与祭祀是一种身份的体现。"射"进入到祭祀系统,使其社会化进一步加强加深,同时也使得有组织的赛会成为可能。

---

① 丁山. 古代神话与民族[M]. 北京:商务印书馆,2005:242.
② 陈广忠译注. 淮南子[M]. 北京:中华书局,2012:784.
③ 阮元校刻. 十三经注疏·礼记正义[M]. 北京:中华书局,2009:3667.
④ 李泽厚. 新版中国古代思想史论[M]. 天津:天津社会科学出版社,2008:336.
⑤ 阮元校刻. 十三经注疏·礼记正义[M]. 北京:中华书局,2009:3667.
⑥ 阮元校刻. 十三经注疏·春秋左传正义[M]. 北京:中华书局,2009:4149.

《殷墟花园庄东地甲骨》中有一例卜辞记载,射礼的议程历时20余天,在三个不同的地点行射。其高潮是在甲午后的第12天,日出之时的"丙弓""迟彝弓"和第13日丙午"疾弓于之"。"丙弓""迟弓""疾弓",可能指常规射、慢射、快射三种不同的射仪,或三种不同弓的习射竞技。癸丑至乙卯之后便是开始祭祀了。射礼连天累日,最后还要祭祀。前述天子将祭,必先习射于泽,又说明了祭祀宗庙之前必先行射。祭祀是整个射艺赛会的最后仪程。祭祀前还要进行选牲、养牲、省牲,而且王还要亲自射牲,以示亲杀。正是因为祭祀的严肃性和重要性,射艺赛会才得以配备完善的组织系统,使得一项体育赛会成为可能。

(二) 祭祀之礼,礼射之源

《礼记·祭统》载:"夫祭者,非物自外至者也,自中出生于心也;心怵而奉之以礼。是故,唯贤者能尽祭之义。"[1]祭祀的人心理上是否纯净、虔诚,决定着祭祀成功与否。这种祭祀之礼先天地赋予了"礼"一种精神性的高度。在祭祀中举行射礼,对参射者的心理上有着不同于一般射箭的要求。于是,射者在射箭时,便不仅仅是技术上的专注,更有一种精神道德层面的提升。"射"也变为一种与祖先神沟通的手段,成为一种非常神圣的活动。配合一套规范的制度,中国的射艺赛会在宗庙之中获得了其独有的文化特色。

图 1-2-2　祭祀射猎牛骨刻辞（商）

祭祀中的礼仪,源自巫术仪式,但不同在于,巫术中的"神秘性"在这里变为可以理解的"神圣性"。这种"神圣性"的文化意义在于:人们进行射箭活动,不再是出于一种对不可知的神秘力量的盲从,而是出于一种对可理解的神圣力量的认可。祭礼在这一时期是过渡环节,随之而后的周礼,最终将"神圣性"进一步理性化为"道德性",从而将射箭从间接实用性转为非实用性的德性修炼。

四、礼射育人

子曰:"君子无所争,必也射乎! 揖让而升,下而饮,其争也君子。"

——《论语·八佾》[2]

---

① 阮元校刻.十三经注疏·礼记正义[M].北京:中华书局,2009:3478.
② 阮元校刻.十三经注疏·论语注疏[M].北京:中华书局,2009:5356.

射箭在晚商时期便已从田猎中逐渐脱离,出现了王子小臣弓矢竞射礼的学习与操练。至西周,随着周公的"制礼作乐",射礼趋于完备化,一种典型的体育赛会登上中国历史的舞台。在两周时期,上至大射礼,下至乡射礼,都有教育的意义,及至孔子等思想家眼中,射礼竞赛已成培育君子的良方。"礼"的社会制度,"德"的精神要求,勾画了中华射艺的精神起源。

（一）射纳入礼,始修德性

《礼记·祭统》开篇记载:"礼有五经,莫重于祭。"[①]礼是从巫术祭祀活动发展而来,可谓一脉相承。祭祀中的仪式规范,成为"礼"的礼仪规范,祭祀中的虔敬心理发展为"礼"的道德要求。到了西周时期,作为涵括社会、政治、道德等全方位的社会规范——"礼"得以确立。周礼对于祭祀之礼的超越在于世俗与神圣的融合。这种融合将精神性的道德要求灌输到制度性的人际礼仪之中。西周时期的"乡饮酒礼""乡射礼"等社会活动,明显带有将道德要求通过"礼"的实施来通达于整个社会的教育功用。

随着孔子等思想家对"礼"的道德重构,君子式的德性修养成为保障社会和谐的根本命题。因而,射礼之盛行,除了"礼"的社会要求外,道德教化是一个重要原因。史华慈曾指出,"在射箭比赛这样明显引导竞争和超过别人的场合下,为礼仪所约束的君子仍能保持君子的风度。即使是在射箭的时候,也只有道德上的胜利才是值得称赞的"[②]。出于"德性"的需要,"射"与"礼"实现了更为紧密的结合,在周朝进入和平时期后,这种保持战斗能力的练习习惯,保存下来并增加了另一种意义表达,即孟子所说的"发而不中,反求诸己"。射箭之争最终升华为道德修炼。整个社会的道德要求奠定了中国古代体育的精神之源。

图 1-2-3　学生竞赛中行礼

（二）以德引争,方为所求

如前所述,"礼"是中国文化用以在社会制度层面,第一次尝试化解"争"的重要手段,并促成了"射"纳入"礼",实现了第一次升华。但在当时的社会条件下,"礼"的实施,缺少制度性保障。"礼崩乐坏"的惨痛教训,让孔子等思想家意识到,外在规范需要实现内在认同,才能长久地发挥效力。伴随着孔子的"释礼归仁","德"开始通过将外在秩序"礼"的内化,实现对于"射"的第二次升华,将之引入精神层面。

由"礼"所规范(外化于行)、"德"所指引(内化于心)的射礼竞赛是中国古代最具积极意义的"争"。以射礼为代表的体育之争,

① 阮元校刻.十三经注疏·礼记正义[M].北京:中华书局,2009:3478.
② 史华慈.古代中国的思想世界[M].程钢,译.南京:江苏人民出版社,2003:86.

不仅超越了负面意义上的"争",而且创造出了"以德引争"的体育文化现象。"以德引争"是将原始意义上争夺的概念,约束为规范有序的竞争,将其对象从物质利益层面引导到精神道德层面。此种"争",不产生"乱",反而会融入社会秩序的建构中。出于此,孔子将射纳入"六艺",成为教育贵族子弟的重要手段。在中国文化"崇礼尚德"的背景下,"以德引争"成为中华射艺特有的文化内涵。这种体育哲学思想,表达了一种对于理想社会秩序的构建与追求。

第三节　近代发展

中华射艺文化历史悠久,但随着冷兵器时代的结束,传统射箭的普及率大大降低。传统射箭项目是如何一步步发展成现在的风貌呢?

一、民国时期

民国时期,射艺被列为"国术"的主要训练课程,各地成立骑射会,将"骑射"作为发扬国术的一种手段,以激励民风,塑勇武之志。在1933年和1935年两届全运会上设立射箭比赛,射箭和弹弓都是当时"国术"的重要构成部分。下面将民国时期与射箭相关的赛事组织和理论注解进行梳理。[①]

(一) 民间组织,开展活跃

20世纪20年代中期,清末四川文状元骆成骧和他的朋友一起筹建了四川省"射德会",以发扬良好的体育道德为宗旨。后在广元、自贡等地都有分会,会员人数众多。1934年9月,湖南省民众国术俱乐部在长沙成立,开辟射箭场,备有弓箭器械并专人负责管理。还举办了市级竞赛,并在全国比赛中斩获佳绩。1934年,北平市国术馆俱乐部成立,在年度大纲中曾提出举办射箭研究班的计划。北平市每届全国运动会都派队伍参加,也取得了不俗的成绩。1935年,在海兰芬等人的积极倡议下,"郑州国术、射箭研究会"成立,专门聘请教师,还招收百名学生进行训练,并组织省内的竞赛活动。

(二) 学术研究,保持进行

李恭撰写的《学射录》有提及射法及射经部分;上海大东书局发行的《马步图说》讨论了

---

① 国家体育总局文史工作委员会,中国射箭协会编. 中国射箭运动史[M]. 武汉:武汉出版社,2006:85—91.

步射、马射的射技图解。1934年，张唯中先生的《弓箭学大纲》内容全面而细致，很有参考价值；同年，唐豪在《国术统一月刊》第三至六期上连载射史弁言。1936年，张唯中在《勤奋体育月报》第四卷第二期上发表了《初级射箭教学法》的文章。1937年，金警钟在《勤奋体育月报》第六期上发表了《射箭法说明》。1938年，在《体育月刊》上刊载了金毓彭的《射箭术》、郭金锡的《弓论要诀》、王周输的《射箭指归》等文章。

（三）全国竞赛，首次举办

1933年10月，民国第五届全国运动会在南京召开，第一次在全国性运动会上增加射箭项目，参加的省市和队员相对较少。1935年10月，民国第六届全国运动会在上海召开，此次规模和参赛运动员都有所增加。本届射箭比赛设有详细的规则，比赛走向正式化、标准化。由于战争的影响，直到1948年5月，民国第七届全国运动会才在上海举行。射箭比赛的参加人员锐减，只有两个队伍八名运动员参加。除了全国竞赛之外，1935年2月，湖南省民众国术俱乐部举办了长沙市第一届射箭比赛大会。1936年，第六届华中运动会在长沙举行。1938年，成都"射德会"举办第十五届校射会，参观者达到上千人，是"射德会"举办规模最大的一次。

图 1-3-1　上海江湾体育场（民国全运会举办地）

二、　新中国成立初期

1949—1958年，新中国成立后开始组织全国性的射箭比赛。

1953年11月8—12日，全国民族形式体育表演及竞赛大会在天津举行，射箭项目进行了自新中国成立后的首次比赛，分为竞赛项目、表演项目、民间体育三大类。

1955年，北京体育学院武术专业课程中开设了射箭项目的选修课。

1956年，举办了全国射箭表演赛，比赛使用传统弓箭，采用传统比赛赛制。

1957年7月上旬，北京大学林启武教授跟随中国青年体育代表团在莫斯科参观了一场国际射箭比赛，这是我国第一位体育专家参观国际射箭比赛，这为后来我国制定国际规则奠定了基础,并将国际现代射箭运动介绍到了中国。

1958 年 4 月中旬,在北京先农坛体育场举行了第一期国际射箭技术讲座,林启武教授介绍了当时国际射箭情况。这是我国射箭运动史上第一次将国际射箭运动介绍到中国的讲座,为我国从 1959 年开始采用国际射准射箭竞赛规则,奠定了基础。

1958 年 4 月 13—14 日,在北京先农坛体育场举行了"十五单位射箭锦标赛",参加比赛的有来自北京、上海、天津、成都、河北、河南、山东、辽宁、新疆、内蒙古等地的 64 名运动员。比赛办法根据 1957 年国家体委制定的《中国步射规则》执行,总裁判长由林启武担任。

图 1-3-2 林启武教授

1959 年 5 月 23—26 日,为迎接第一届全运会,全国射箭锦标赛在北京官园体育场举行。比赛办法采用的是 1959 年国家体委审定的射箭规则,这是我国首次采用国际比赛规则。

1959 年 9 月 14—21 日,在北京官园体育场举行了第一届中华人民共和国全运会的射箭比赛。参加的有 14 个单位,135 名运动员,比赛办法采用国际射准射箭比赛规则,时间定为八天,虽未对射具射法作规定,但坚持用传统弓和传统射法的选手竞争力已大大下降了。

自此之后,我国开始按照国际射箭规则举办比赛,接受了与传统弓术不同的赛制和程序,接受了质地和制作方法完全不同于中国传统弓的国际弓箭。我们在接受和大力推广国际现代射箭的同时,淡化了对中华传统射箭的传承与研究。

三、 当代复兴[①]

十分遗憾的是,射箭作为一项历史悠久的中华传统体育项目,它退出国家体坛半个多世纪,没有了国家的支持,民间活动也随之销声匿迹,就连弓箭的制作也濒于绝绪。

2000 年,全国除新疆察布查尔县、布尔津县和青海乐都、尖扎县等少数地区之外,几乎没有了传统弓射手,能制作传统弓的工匠也仅有几人。

2000 年后,在徐开才、李淑兰等人的引领下,全国各地出现了一批传统射箭爱好者。开始自发研制传统弓箭,并建立北京、上海、黑龙江、安徽、青海、新疆等 12 个民间社团组织和以"中华弓会"为名的全国民间传统射箭组织。

2007 年,青海尖扎和乐都县组织全国和国际传统射箭比赛,有力地推动了中国传统射箭运动的发展。

---

① 此部分事件活动根据徐开才先生提供的讲稿进行整理。

图 1-3-3 徐开才先生（左）出席首届中国大学生射箭锦标赛与编者（右）合影

2009 年 5 月 16 日，李寅先生出资在北京怀柔举行了第一次民间传统射箭研讨会，还请来了中国香港地区的谢肃方先生和中国台湾地区张育华先生，也被称为"两岸三地传统射箭研讨会"。自那以后每年都会组织一次这类活动，对促进传统射箭在全国的开展起了很大作用。

2010 年，第二届传统弓研讨会在杭州市弓友们的筹备下举行。在这次研讨会上，不仅对当时传统射箭有关问题进行了研讨，还举行了射箭比赛、骑射表演。

2011 年，第三届传统射箭研讨会在哈尔滨召开，会议特邀国家体育总局射箭项目人员到场。同年，国家体育总局组织了自 1959 年后的第一次全国传统射箭比赛。

2012 年，新疆察布查尔县举办全国民族传统射箭比赛，并建立中国第一座以弓箭文化为主题的博物馆——中华弓箭文化博物馆，并举办全国弓箭文化学术研讨会。

2012 年，由中国射箭协会主办的全国传统射箭比赛在青海黄南州尖扎县举行，比赛单设了大学生传统弓组别，开启了高校传统射箭比赛的帷幕。

2014 年 8 月 19 日，在青海举行了中国射箭协会传统弓分会成立大会，开辟了中国传统射箭的新纪元。

四、高校传承

2013 年始，西南大学、西北大学、上海对外经贸大学、清华大学、西安交通大学、河北司法警官职业学院、江苏建筑职业技术学院等高校陆续开设了"射艺"课程。

2015 年 7 月，首届全国高校射艺师资培训班在西南大学举办，来自全国 30 所高校的教师参加。

2015 年 10 月，上海市大学生体育协会射箭分会在上海对外经贸大学成立，这是国内首个省市级的大学生体育协会射箭分会。

2015 年 12 月，首届中国大学生射箭（射艺）邀请赛在上海对外经贸大学举办，参赛队伍达到 42 支，参赛人员近三百人。比赛期间邀请了徐开才、马明达、郭蓓等专家学者作讲座。

2016 年 5 月，第二届全国高校射艺师资培训班在上海体育学院举办；10 月，第二届中国大学生射箭（射艺）邀请赛在上海对外经贸大学举行；11 月，中韩射艺交流会在华东政法大学举行。

2017 年 4 月，第一届礼射国际学术研讨会在江苏建筑职业技术学院举办，来自中、日、韩三国的专家学者进行了研讨；5 月，第三届全国高校射艺师资培训班在上海体育学院举办；9

月,中国高校射艺教练员、裁判员培训班在上海对外经贸大学举办。

图 1-3-4 第二届中国大学生射箭（射艺）锦标赛

2017 年 10 月 28 日,由中国大学生体育协会主办的首届中国大学生射箭(射艺)锦标赛,在上海对外经贸大学举办,来自全国 52 所学校的 400 余人参加了本次赛事。这是首次在教育系统内举办的最高级别的锦标赛,礼仪要求首次被写入竞赛规程。赛事还特设了中学组。

2018 年 6 月,由中国大学生体育协会和中国射箭协会联合主办的首届中国高校射箭裁判员培训班在上海对外经贸大学举办,培训了首批 40 余位高校射箭裁判员。

2019 年 6 月,由中国大学生体育协会主办的首届中国大学生射箭(射艺)教练员培训班在东北师范大学举办,培训了来自全国各地的 60 余位学员。

自 2017 年开始,中国大学生体育协会连续主办了锦标赛、裁判员培训和教练员培训,标志着中国大学生体育协会开始全面支持高校射艺的传承与发展。

第四节 经典解读

本小节从中国古代经典文献中挑选了二十处与射艺有关的典故、语段,每一则故事都讲述着这项运动蕴藏的深厚哲理。

一、君子之争

（一）原典出处

君子无所争,必也射乎。揖让而升,下而饮,其争也君子。

——《论语》

（二）解文释意

君子没什么事情好争的,如果要争的话,也只有射箭了。相互作揖行礼,升堂比射,输了之后,也不过是饮罚酒而已。这种竞争称得上是君子之争。

（三）引申寓意

1. 何谓君子？文质彬彬，而后君子。既能保持质朴的内在本性，又有礼节仪文的外在言行表现，内外兼修才是君子。君子在古代是一个高贵的概念，意味着人们努力去追求的道德境界。在今天的语境中，君子的高贵意义，似乎有些陌生。我们需要理解一种情景：当古人提及君子时，这个概念是很严肃而高贵的，那意味着一种很高的道德境界与追求。

2. 为何君子无所争？这里的"争"是争夺相杀的意思。因为"争"，社会就"乱"了。荀子指出"争则必乱，乱则穷矣"，"争则乱，乱则离，离则弱"。[1] 孔子所处的春秋战国是礼崩乐坏的时代，诸侯争霸，战乱不断。为了大家能够和谐地生活在一起，因而孔子认为君子不能"争"。

3. 既然君子不争，又为何射箭可以争？孔子自己马上做出了回答。因为射礼竞赛要求按照礼仪的规定进行比赛，要向对手行礼表示尊重；而且，更为关键的是，输了之后下来喝罚酒，赢的人没有物质利益，只有象征着德性修养的荣誉，这就是君子之争。连自己的竞争对手都能够充分尊重，这便是文明的表现。人类的争，不再像动物一样，是野蛮的杀戮和财物的争夺，而是转为文明的精神道德修养之争。这是中华体育文明最早的精神表达，其意义丝毫不输古希腊的奥林匹克竞技会。

4. 何谓君子之争？君子之争是精神层面德性修养的文明之争。千万不可小觑此种文明之争的意义。如果人类没有向此文明之争迈出这一步，我们可能还会停留在像动物一样的杀戮与争夺之中。人类也是动物，只不过我们彼此之间的"争"有更高一层的意义。君子之争将我们导向文明的德性修养之争。体育竞赛的意义在于通过规则的约束、精神的导引，参与到了文明社会的构建之中，这是体育原初的深意。

二、反求诸己

（一）原典出处

> 仁者如射，射者正己而后发。发而不中，不怨胜己者，反求诸己而已矣。
>
> ——《孟子》

（二）解文释意

一个人是否具备"仁"的品性，可以从射箭里面看出来。射箭的人首先摆正自我，身体正直，内心专注，然后再去射箭。如果没有射中目标，不会去埋怨战胜自己的人，只会从自身去

---

[1] 王先谦撰，沈啸寰，王星贤整理. 荀子集解[M]. 北京：中华书局，2012：163.

寻找失败的原因,自我反思而已。

(三) 引申寓意

1. "仁"意味着什么?樊迟问仁。子曰:"爱人。"孟子说:"恻隐之心,仁之端也。"仁是一种关爱他人的情感,是指向于他人的。仁是在二人关系中得以体现其价值,它在指向于他者的同时,也有对自我的要求和约束,克己复礼为仁。找准自己的定位,达成自我的要求,然后才能正确地对待他者,将仁的情感施于他人。所以说:"仁远乎哉?我欲仁,斯仁至矣。"仁意味着摆正自我,把自己做好,然后关爱他人,形成良好的人际关系。

2. 为何"射"能够反映一个人"仁"的品性?孟子的回答是射箭的人首先正己,然后再与他者比射、竞争,而且输了也不怨别人,反而激发了自我的反思。这种"训练"帮助人们学会更好地处理人际关系,也就是"仁"之所在了。在处理二人关系时,正己是第一位的,也是最重要的。中国文化中"人"是在社会关系中被定位和理解的,不同于西方将"人"作为独立的个体。在社会关系的处理中,我们应首先找准自己的定位,多去自我反思。如果人人都能如此,至少在情感层面,会形成一个和谐的社会。

3. 何谓正己之射?射箭时,首先要身平体正,这是正己的第一层意义和要求。更重要的是正心,设定目标,调整呼吸和心率,注意力高度集中。在技术动作达到一定水平后,主要是看正心,因为心态稍有波动,靶上成绩马上会反馈回来。这种锻炼,培养一个人把控自我、不断调整的能力,这是正己的最高追求。这种特点将射艺竞赛的结果导向于自我,而非对手和他人。只有不断地调整自我,反求诸己才能提升水平。这种价值引申到生活中,可以提升个人的自我修养,从而实现正己的教育功能。

三、 射以观德

(一) 原典出处

故射者,进退周还必中礼,内志正,外体直,然后持弓矢审固;持弓矢审固,然后可以言中,此可以观德行矣。

——《礼记》

(二) 解文释意

射箭的人,在射礼竞赛中,每一次的进退转向、往返来回,都能够按照礼仪的流程和要求进行。他们首先摆正自己的内心状态,做好身体的技术姿态,然后持弓搭箭,专注于自己的目标。只有当高度专注于目标，心无杂念的时候才谈得上能否中的。这种按照礼仪要求进行，内外兼修的活动，可以考察一个人德行的修为。

（三）引申寓意

1. 如何进退周还必中礼？《仪礼》一书中，有一篇《乡射礼》，详细记载了射礼竞赛的礼仪流程，仅司射诱射的出场环节，就有六次作揖。一场比赛下来对每个射手的每个环节都有礼仪的详细要求，按照这套礼仪流程进行射箭，同时也是对于礼的习得和修炼。这种在今天看来极其繁琐的复杂流程正是古人的教育方式，经过如此的修炼，可培养人的意志，并养成行为习惯。

2. 为何突出志正体直？原文中有内与外两个方面。中国文化对于人的认识，偏向于整体论，讲究内外兼修。很多时候，内与外也是紧密相连的，内在的认识和思想决定外在的行为表现，外在的行为也可以展现、甚至影响内在的认识和思想。射艺正是试图通过修炼人们外在的行为表现，从而实现对人内在思想的影响，这也正是"德"这个概念，本身具有的意义和内涵。因此，射可以观德行。

3. 射何以观德？射是一种实践，训练人们把控自己的内心。通过对于内心紧张的调控和集中专注力，可以培养一个人心性和德性。另一方面，德性也只有在实践中才能被检验，挂在嘴边的理论再好，也看不出一个人是否真的有德性。射艺活动有中礼的要求，还有志正、体直、专注等要求，这一过程是可以考察一个人德行的。观德是做好过程，射准是追求好结果。二者并不矛盾，反而相辅相成，做好过程，必有好结果。

四、射正何为

（一）原典出处

射正何为乎？曰：射义非一也。夫射者，执弓坚固，心平体正，然后中也。二人争胜，乐以德养也。胜负俱降，以宗礼让，可以选士。故射选士，大夫胜者。发近而制远也，其兵短而害长也，故可以戒难也。所以必因射助阳选士者，所以扶助微阳而抑其强，和调阴阳，戒不虞也。何以知为戒难也？《诗》曰："四矢反兮，以御乱兮。"因射习礼乐，射于堂上何？示从上制下也。

——《白虎通德论》

（二）解文释意

射箭正中目标是为了什么呢？射箭的内涵并非只有一个命中目标而已。射箭的人，首先要动作稳,内心平静,身体姿态正确,然后才能射中目标。两个人的竞赛,配合着音乐进入内心,可以培养德性。竞赛的胜负已经不是最重要的,礼让对手的精神更值得推崇。这种射礼竞赛,可以选拔贤才。在通过射礼竞赛来选拔人才的时候,那些贤才就能脱颖而出。射箭由近处发射,却可以命中远处的目标。作为兵器,虽短,威力却无比,所以可以抵御危难。因而必须通过射箭来使阳气通达万物和选拔人才,可以辅助阳气而又不至于过分强大,调合阴阳,以防不测。为何说能够抵御危难呢?《诗经》中讲:将四支箭射向四个方向,可以抵御四方之乱。为何要通过在堂庙之上的射礼竞赛,来修习礼乐呢?因为是从堂上向下射箭。是为了构建上下有序、各安其位的和谐社会。

(三) 引申寓意

1. 射正何为乎?可以有两层解释。正可能指的是靶心。古代箭靶叫做侯,侯的里面有鹄和正,也就是靶子的中心。如果正指的是靶心,那么问题便可翻译为射箭只是为了命中目标吗?或者说射箭活动只是为了射得准吗?射准是射箭活动所追求的唯一价值吗?答案显然不是的,射义非一也。如果正指的是志正或者体正的意思,那么问题可翻译为射箭时为何要正心正体呢?因为志正体直才能射中,在这种正心的过程中,可以选拔德才兼备的士。

2. 为何比赛争胜,却服务于养德?竞争是人类的本能,从儿童游戏到体育竞技,都要分个胜负。在面对输赢时,最能考验人的心态,也很能体现一个人的德性修养。射艺竞赛时,如果获胜后开始骄傲,则将是下次失败的开端;反之,如果输了之后能够反求诸己,则将是成功之始端。胜负并不对应成败。这种竞争,考验人对自我的反思和把控能力,因而可以养德。

五、 射己之鹄

(一) 原典出处

> 射之为言者绎也,或曰舍也。绎者,各绎己之志也。故心平体正,持弓矢审固;持弓矢审固,则射中矣。故曰:为人父者,以为父鹄;为人子者,以为子鹄;为人君者,以为君鹄;为人臣者,以为臣鹄。故射者各射己之鹄。
>
> ——《礼记》

(二) 解文释意

射,说的是陈己之志的意思,或者说舍的意思。绎,是各自抒陈自己的志向。人的志向和目标明确了,按照这个目标的要求做到内心平静、身体正直,持弓搭箭能够专注于自己的目标,能够专注于自己的目标,自然能够射中,实现自己的志向。所以说:"做父亲的,心中所射的靶子是做父亲的责任和要求;做儿子的,心中所射的靶子是儿子的责任和要求;做君王的,心中所射的靶子是君王的责任和要求;做臣下的,心中所射的靶子是臣属的责任和要求。"所以,射箭的人,都应有自己心目中的定位和要求。

(三) 引申寓意

1. 鹄是什么? 鹄最早是鸟,一种灵巧的鸟,难射。鹄和正都有这个意思。侯是靶子,鹄通常是作为侯靶的靶心。本文当中鹄也是目标的意思,引申来讲,可以是人生的目标,也可以是作为社会人所应有的定位和要求。

2. 君臣、父子在这里指的是什么? 君臣父子指的都是社会角色,中国传统文化对于人的认识通常是通过社会角色,而不是像西方一样通过独立的个体。中国古代社会角色是有等级的,每个人扮演好自己的社会角色,就是和谐的等级有序社会。射在中国古代是服务于这种等级有序体系的,不同的目标对应于不同的社会角色,处理好相互之间的关系,才能和谐相处。抛开社会角色的等级色彩,培养每个社会公民,做好自己的本职工作,扮演好自己的社会角色仍是有当代意义的。

3. 如何结合当代的价值观来认识射己之鹄? 首先要认识自己,给自己一个定位:我是一个什么样的人? 我要成为一个什么样的人? 这就是自己的目标,也就是己鹄。为人师者,以为师鹄;为人生者,以为生鹄。有了目标和定位,自然就得按照这个目标的要求来做,按照这个要求来做,就是射中了自己的目标。

六、孔子习射

(一) 原典出处

> 孔子射于矍相之圃,盖观者如堵墙。射至于司马,使子路执弓矢,出延射曰:"贲军之将,亡国之大夫,与为人后者不入,其馀皆入。"盖去者半,入者半。又使公罔之裘、序点,扬觯而语,公罔之裘扬觯而语曰:"幼壮孝弟,耆耋好礼,不从流俗,修身以俟死,者不? 在此位也。"盖去者半,处者半。序点又扬觯而语曰:"好学不倦,好礼不变,旄期称道不乱,者不? 在此位也。"盖仅有存者。
>
> ——《礼记》

(二) 解文释意

孔子在矍相的一个菜园里进行礼射,围观的人多得像一面墙一样。射礼流程进行到司马主持的环节时,孔子命子路持弓箭,出来延请想参加射礼的人,说:"败军之将,亡国的谋士,做别人后嗣的人,不能进入,其他人可以进入。"有一半人离开了,剩余的一半进入。又命公罔之裘和序点,举起酒杯说:"年轻的时候孝敬尊长,年老了之后仍然遵从礼仪,不受流俗的影响,修身自律一直到死,诸位有这种德性吗?有的话就可以继续留下。"又走掉了一半,留下一半。序点又举起酒杯说:"好学不知疲倦,从礼不做改变,到很高的年龄还能遵从道义不乱的,可以继续留下来。"只有很少人能够留下了。

(三) 引申寓意

1. 这个故事的背景是什么?孔子所处的时代被称为礼崩乐坏。孔子一生最大的理想是构建一个和谐有序的社会,这跟古希腊柏拉图的理想国颇为相像。自周公制礼作乐确立了外在的社会秩序规范之后。孔子尝试释礼归仁,将外在的社会秩序内化为君子的德行修养。因此,孔子对于人的品性行为都有较高的道德要求。这是理解孔子再三赶走观众的背景,也反映了当时礼崩乐坏的状况。

2. 为何孔子要对"射"进行道德加工?如前所述,孔子对于社会秩序极为偏爱,尤其是构建等级有序的和谐社会,可以说是孔子的最高理想。当然,和谐有序也是人类所追求的终极目标之一。射箭作为当时较为大型的社会集体活动,是施展教育的最佳平台。古希腊的竞技场也是哲人们宣扬自己观点的教育场所。射礼不仅具备习礼修德的天然要素,而且可以服务于等级有序的构建。通过不同的目标、不同的要求,可以培养人民做好自己社会角色的意识和习惯,最终实现礼乐相合的社会状态。

七、 射以修心

(一) 原典出处

> 君子之于射也,内志正,外体直,持弓矢审固,而后可以言中,故古者射以观德。德也者,得之于其心者也。君子之学,求以得之于其心。故君子之于射,以存其心也。是故躁于其心者,其动妄;荡于其心者,其视浮;歉于其心者,其气馁;忽于其心者,其貌惰;傲于其心者,其色矜。五者,心之不存也。不存也者,不学也。君子之学于射,以存其心也。是故心端则体正,心敬则容肃,心平则气舒,心专则视审,心通故时而理,心纯故让而恪,心宏故胜而不张、负而不弛,七者备而君子之德成。君子无所不用其学也,于射见之矣。故曰:"为人君者以为君鹄,为人臣者以为臣鹄,为人父者以为父鹄,为人子者以为子鹄。"射也者,射己之鹄也。鹄也者,心也,各射己之心也,各得其心而已。故曰可以观德矣。作《观德亭记》。
>
> ——《王阳明全集》

（二）解文释意

君子在射箭时，内心端正，外体正直，持弓稳固，才能命中目标。因而古人提出射以观德。有德之人，表现为能够调整内心。君子求学，关键在于学习对内心的调控和把握能力。因而，君子习射，需要控制好自己的内心。心态浮躁的人，动作也会急；不专心的人，目光游离；没有自信心的人，底气不足；不重视在意的人，表情慵懒随意；骄傲的人，神色漂浮。这五种情况，是没有调控好内心的表现。心态调整不好，是修炼不到的表现。君子在学习射箭时，是为了修炼调控自己内心的能力。因而，心态端正，身体才正直；怀有敬意，面容自然肃穆；内心平和，呼吸便均匀；内心专注，目光就专注；内心通达，就能有条不紊；内心纯净，便能自谦尊人；内心宽宏，才能胜不骄，败不馁。具备这七个方面的修养，君子的德性就能修炼出来。君子能学以致用，从射箭中可以得见。所以说："君王有君王的靶，臣子有臣子的靶，父有父的靶，子有子的靶。"射箭，就是射向自己的靶子。靶，就是心中的目标，各自寻求自己内心的目标，便能够把控好自己的内心。因此说射箭可以考察一个人的德性。作《观德亭记》。

（三）引申寓意

1. "德"与"心"有何关联？"德"字最初的意思是视于途、择路而行。它的意思与人的行为有关。"德"在甲骨文中没有"心"部，"心"部是发展到金文那里才添加上的。心部的出现，是"德"的伦理内涵不断得到强化和提升的结果。[①] "德"是关乎人们内心的，表现为人的行为。"故德辉动于内，而民莫不承听。"[②] "德"由于能够激发人们内心的认同，为王阳明所推崇。

2. 射艺如何能够修心？射箭的训练和比赛，在技术达到一定水平后，主要是对自己内心控制能力的修炼。射箭与礼仪结合之后，更是将这种内心的修炼延伸到了生活的方方面面。日本弓道是一个典型的案例。射艺不仅追求射中目标，更追求在射准的过程中，不断提升自我的内在修养，能够控制自我的情绪，时常自我反思。这种内心的控制和修炼是一个人德性的外在表现形式，也是修心的过程。这便是观德的缘由！

---

① 孙熙国,肖雁德. 德的哲学抽象历程与中国古代哲学的发展[J]. 北大中国文化研究,2011(1)：33—52.
② 阮元校刻. 十三经注疏·礼记正义[M]. 北京：中华书局,2009：3347.

八、 四方之射

（一）原典出处

故男子生，桑弧蓬矢六，以射天地四方。天地四方者，男子之所有事也。故必先有志于其所有事，然后敢用谷也。饭食之谓也。

——《礼记》《说苑》《白虎通德论》《大戴礼记》等书中均有相关记载

（二）解文释意

生了男孩之后，用桑木做的弓，蓬梗做的箭六支，射向天地和四方。天地和四方，指祭祀和卫国，是男子发展事业，承担社会责任的地方。因而，必须先使孩子有志于承担男子应有的社会责任，然后才能用粮食喂孩子。这是让孩子吃饭的意义所在。

（三）引申寓意

1. 为何要射天地四方？这与人类早期神秘性的空间认知有关。射天地与祭祀有关，通过这种方式来沟通天人，祈福平安；射四方与战争有关，以期通过巫射来抵御外乱，捍卫家园。国之大事，唯祀与戎，这是当时社会中最主要的大事，也是当时社会主要成员（男子）的社会责任。中国俗语讲：好男儿志在四方，就是从巫射四方的典故中引申而来的。比喻人走上社会，要成就一番自己的事业。

2. 男子之事意味着什么？通过这样一种仪式，明确一种目标和任务。一个人自出生之日起，便肩负着使命，不能碌碌无为，要勇于担当责任，有事业心。这几支箭不仅是象征，更是要求，时刻提醒一个人：吃饭，或者说生存的意义和价值是什么？这是人之为人的要求和目标，自出生之日起，便已经明确了。今天亦然。

九、 射为诸侯

（一）原典出处

是故古者天子以射选诸侯、卿、大夫、士。射者，男子之事也，因而饰之以礼乐也。故事之尽礼乐，而可数为，以立德行者，莫若射，故圣王务焉。……天子将祭，必先习射于泽。泽者，所以择士也。已射于泽，而后射于射宫。射中者得与于祭；不中者不得与于祭。不得与于祭者有让，削以地；得与于祭者有庆，益以地。……故天子之大射谓之射侯；射侯者，射为诸侯也。射中则得为诸侯；射不中则不得为诸侯。

——《礼记》

（二）解文释意

因而,古代天子通过射礼来选拔诸侯、卿、大夫、士。射礼,是男子应该做的事情,因而以礼乐相配合。能够充分展现礼乐的精神,又能够反复进行,来修炼人的德行,非射礼莫属了。因而,圣明的君王都会推崇射礼。……天子要举行祭祀,必然先在泽宫举行射礼。泽,就是择士的意思。在泽宫习射之后,便在射宫举行射礼。射中的能参加祭祀,射不中的不能参加祭祀。不能参加祭祀的要受到责罚,削减封地;能够参加祭祀的要嘉奖,增加封地。……因此,天子的大射礼,称作射侯。射侯意味着,可以通过射礼来选拔诸侯。射中可成为诸侯,射不中不能成为诸侯。

（三）引申寓意

1. 为何通过射礼来选拔人才?因为射箭的过程中,有非常高的礼乐要求,可以培育一个人对于社会制度规范的遵守和认同。而且射箭本身作为一种静力性的项目,对于内心的要求很高,必须做到内外兼修,才能保持命中目标。尤其是对于心的修炼,尤为重要。这种内外兼修,又有礼仪要求的社会集体活动,在当时最适合用于选拔贤才。在"射"中可以体现出"礼"和"乐",如果能够反复这么去做,便是最好的德行训练,所以,君王大力推行,鼓励人们通过"射"来学习当时的社会规范"礼",并将之内化为"德"。这可类比于今天的高考,只是要求更高。

2. 祭祀为何要先去射箭?祭祀前射箭是为了能够选拔出参加祭祀的人。

十、 射不主皮

（一）原典出处

子曰:"射不主皮,为力不同科,古之道也。"

——《论语》

（二）解文释意

孔子说:"射艺竞赛不以穿透甲革的程度作为标准,因为每个人的力气不同,这是古人之道。"

（三）引申寓意

1. 何谓主皮之射?主皮之射与贯革之射相近,强调的是力量,主要用于军事和狩猎中能够形成杀伤力,是人类最早期射箭功能的主要表现形式。孔子指出射不主皮,意在表达射箭不再仅仅是强调力量和军事功能,而是有了其他方面的衍生属性。《礼记·乐记》记载:"散军而郊射,左射狸首,右射驺虞,而贯革之射息也。"射箭的军事功能被礼乐的教化功能所取代,是孔子想要的和平时期的理想状态,也是本篇的语出之意。

2. 力在当时的含义是什么?中国古代对于身体的力量并不推崇,这与古希腊截然相反。身体力量的动员和释放,会使人争于勇力,而不利于习礼和修德。中国古代存在过角力,但在后来的礼乐文化中,角力的地位大大降低。《盐铁论·崇礼》记载:"贤良曰:'王者崇礼施德,上仁义而贱怪力,故圣人绝而不言。'"人的力量大小本身是不同的,不可争于勇力。这是孔子的判断。今天身体力量的竞争,如果能够在规则的规范、德性的导引下趋于对人内在修养的提升,也并不与孔子的初衷相悖。

3. 射不主皮的历史价值何在?射箭需要力量和精准,这是其根本属性,但并不是唯一的价值所在。射艺竞赛的目的不是看谁的力量更大,而是看谁能够更好地把控自己外在的行为表现和调整内心的思想情绪状态。孔子早在两千多年前就看到了射艺的多样性价值,于今天仍有当代意义。

十一、 弋不射宿

(一) 原典出处

> 子钓而不纲,弋不射宿。
>
> ——《论语》

(二) 解文释意

孔子钓鱼,但不用绳网捕鱼;孔子射鸟,但不射栖宿巢里面的鸟。

(三) 引申寓意

1. 为何不射杀巢穴里面的鸟?人类早期狩猎是为了生存。但过度捕杀,导致物种灭绝,从长远看,反而会影响人类的生存。取物以节,不枉杀滥捕,是人类总结出的理性经验。这个道理放于当代仍有极强的现实意义。由于已经发生的过度捕杀,很多物种已经灭绝或濒危。现代生活需要从古人的理性经验中吸取教训。

2. 此段话的用意何在?除了理性经验之外,弋不射宿还有一种情感上的意义表达。根据李泽厚先生对于中国文化"情本体"的哲学认知,不射杀宿巢里的鸟,也有出于仁爱感情的原因。仁作为孔子所推崇的本性之一,表现在生活的细节和方方面面之中,也包含在捕鱼和射鸟这种看似野蛮和血腥的狩猎活动之中。

十二、德服其射

（一）原典出处

> 天子所以射熊何？示服猛，巧佞也。熊为兽猛巧者，非但当服猛也。示当服天下巧佞之臣也。诸侯射麋者，示达远迷惑人也。麋之言迷也。大夫射虎豹何？示服猛也。士射鹿、豕者？示除害也。各取德所能服也。
>
> ——《白虎通德论》

（二）解文释意

天子为何要射熊图案的侯靶？表示既能够降服勇猛，又能够降服灵巧机智。熊为动物中既勇猛，又灵巧的。表示不只是能够降服勇猛，而且能够降服天下机智多变的臣下。诸侯射麋鹿图案的侯靶，表示能够克制因远而被迷惑之意。麋鹿取其迷惑之意。大夫为何射虎豹图案的侯靶呢？表示能够降服勇猛。士为何射鹿、猪图案的靶子？表示能够除害。各取其德行要求所能降服的靶子图案来匹配。

（三）引申寓意

1. 为何不同社会身份要设置不同侯靶？射箭在中国古代是贵族项目，君王诸侯等贵族都有习射的要求。贵族内部有不同的社会分工，也就是不同的社会身份具备不同的社会职责要求。君王要管理国家，其社会要求是既威武，又聪慧，这样才能做好他的社会角色。诸侯要忠心于君王，不能因为离得远，而受到迷惑，产生二心。大夫的社会职责是维持国家的安全和稳定，其职业要求他们威猛。士是国家日常事务的管理者，对内要保持社会的和谐，惩治不良之徒。通过射箭来时刻提醒各种社会角色，要做好自己的本职工作。

2. 对社会角色赋予道德要求的当代意义是什么？中国传统文化是通过社会角色来定义个体的。任何个体首先要完成自身社会角色的使命。因而，个体的道德要求必须与社会角色的道德要求高度一致。作为君王，必须具备相应的能力和德性，才能匹配最高的权力。而且这种要求是比一般人要高的。射艺中可以体现：《礼》曰："宾主执弓请升，射于两楹之间。"天子射百二十步，诸侯九十步，大夫七十步，士五十步。明尊者所服远也，卑者所服近也。君王尊贵，各方面要求也都高于常人。将个体性道德与社会性道德相融合，也是当今社会和谐发展的重要需求之一。

十三、 执射执御

（一）原典出处

> 达巷党人曰："大哉孔子！博学而无所成名。"子闻之，谓门弟子曰："吾何执？执御乎？执射乎？吾执御矣。"
>
> ——《论语》

（二）解文释意

达巷这个地方有人说："孔子真是伟大啊！学问渊博，却没有什么能让自己成名的专长。"孔子听后，跟弟子们说："我靠什么来成名呢？御马还是射箭呢？我看还是御马吧。"

（三）引申寓意

孔子真的觉得自己要靠御马成名吗？当有人评价孔子博学但没有成名的专长时，孔子通过反讽来表达自己对于技术性活动和对于德性追求的认知。孔子更加看重的是对于人整体性的认知，不单单靠技术性的活动来定位。这段话里面，反映出孔子不仅会射箭，而且能驾车，但是在这里，孔子是把六艺作为技术性活动来定位的。从射箭的功能和意义上来讲，大体可分为实用性的射、技术性的射、修德性的射。

十四、 射不宁侯

（一）原典出处

> 侯者，以布为之何，用人事之始也。本正则末正矣。所以名为侯何？明诸侯有不朝者，则射之，故《礼射祝》曰："嗟尔不宁侯，尔不朝于王所，以故天下失业。亢而射尔。"所以不射正身何？君子重同类，不忍射之，故画兽而射之。
>
> ——《白虎通德论》

（二）解文释意

侯（靶子）为何用布来做呢？起于选用人才、威慑诸侯的原因。本正则余下的自然正。为何叫做侯呢？诸侯有不朝见于君王的，就射他们。《礼射祝》中说："大胆的不安分诸侯，你不朝见于君王，导致天下混乱，百姓失业。所以引弓射你。"为何不射你的正身？因为君子重同类，不忍心射杀你，所以画兽图来射之。

（三）引申寓意

侯最早指的是靶子，张布为侯。后来祭祀时，能够射中侯靶的人被封为诸侯（参见《射为诸侯》）。射不宁侯的记载有巫术意义上射箭的痕迹，可以结合四方之射来理解。通过射箭的方式，来威慑诸侯，也显示了君王的仁爱之心。画兽图更能说明这一点，诸侯所射的靶子图案为麋，也是取诸侯不要因为远离君王而被迷惑产生二心之意。

十五、六艺之射

（一）原典出处

以乡三物教万民而宾兴之：一曰六德，知、仁、圣、义、忠、和；二曰六行，孝、友、睦、姻、任、恤；三曰六艺，礼、乐、射、御、书、数。……退而以乡射之礼五物询众庶，一曰和，二曰容，三曰主皮，四曰和容，五曰兴舞。

——《周礼》

（二）解文释意

用三方面内容来教育万民，而荐举贤能者。一是六德：明白事理、爱人及物、通达而能预见、讲求道义、信念坚定、刚柔适度。二是六行：孝敬父母、友爱兄弟、和睦九族、亲爱姻戚、信任朋友、救济贫穷。三是六艺：五类礼义、六种歌舞、五种射法、五种驾车之法、六种造字法、九种数学计算法。

回来后，用有关乡射礼的五个方面询问众人：一是看是否做到了身体与心志相合；二是看仪容是否符合礼；三是看是否射穿目标；四是看是否既达到礼的要求，又能表现出虔敬的心态；五是看是否能够和乐而射，射箭节奏与音乐相匹配。这就叫做让人民自己推举有德行的人，使他们做人民的长官；让人民自己推举有才能的人，使他们治理人民。

（三）引申寓意

1. 如何看待古代教育？中国古代注重一个人的综合素养。首先是德，然后是与德相配合的行。要求德行兼备，内外兼修。作为知识、技术性的教育也为古人所重，但位居德行之后。作为技术教育层面的射艺，因为同时兼具德、礼等方面教育功能而为古代思想家所推崇。六艺教育与今天的现代教育颇为相像，但更加服务于一个人综合的德行修养。

2. 射的五个方面要求有何意义？射礼通过竞赛的形式，对于射手的礼仪和行为，以及由行为所展现的内心状态都有较高的要求。六艺之射，将这些要求提炼出来，作为育人的五个方面展开,充分结合了当时的社会制度状态和需求。既有对于力量和技术的基本要求,又有礼仪流程和仪态仪容的要求,展现射艺项目对于一个人整体的综合教育,在今天看来,历久弥新。

十六、射亦有道

(一)原典出处

逢蒙学射于羿,尽羿之道,思天下惟羿为愈己,于是杀羿。孟子曰:"是亦羿有罪焉。"公明仪曰:"宜若无罪焉。"曰:"薄乎云尔,恶得无罪?郑人使子濯孺子侵卫,卫使庾公之斯追之。子濯孺子曰:'今日我疾作,不可以执弓,吾死矣夫!'问其仆曰:'追我者谁也?'其仆曰:'庾公之斯也。'曰:'吾生矣。'其仆曰:'庾公之斯,卫之善射者也,夫子曰"吾生",何谓也?'曰:'庾公之斯学射于尹公之他,尹公之他学射于我。夫尹公之他,端人也,其取友必端矣。'庾公之斯至,曰:'夫子何为不执弓?'曰:'今日我疾作,不可以执弓。'曰:'小人学射于尹公之他,尹公之他学射于夫子。我不忍以夫子之道反害夫子。虽然,今日之事,君事也,我不敢废。'抽矢扣轮,去其金,发乘矢而后反。"

——《孟子》

(二)解文释意

逢蒙跟后羿学习射箭,掌握了后羿的射箭之道后,认为天下只有后羿超过自己,就杀害了后羿。孟子说:"后羿自己也有过错。"公明仪说:"好像羿没有什么过错啊。"孟子说:"过错不大,怎么说没有过错呢?郑国派子濯孺子去侵犯卫国,卫国派庾公之斯去追击他。子濯孺子说:'我今天疾病发作,不能开弓,我要死在此地了。'问他的驾车人:'追赶我们的是谁?'他的驾车人说:'是庾公之斯。'子濯孺子说:'我又能活了。'驾车人说:'庾公之斯,是卫国著名的神箭手,先生说又能活了,是为什么呢?'子濯孺子说:'庾公之斯是跟尹公之他学习射箭的,尹公之他又是跟我学习射箭的。尹公之他这个人,是个正直的人。他所选择交往的朋友必然也是正直的人。'庾公之斯追到,说:'先生为什么不拿弓?'子濯孺子说:'我今天疾病发作,不能开弓。'庾公之斯说:'我学习射箭于尹公之他,尹公之他是学习射箭于先生,我不忍心用先生的技法反过来伤害先生。然而,今天的事情,是奉君主之命,我不敢不做。'便取出箭敲击车轮,去掉箭头,射出四箭,然后返回。"

（三） 引申寓意

1. 后羿何罪之有？后羿教学生，反而死于不良学生之手，令人惋惜。这种无德的恶徒，当然需要谴责。但孟子却说后羿自身也有问题。公明仪不解。孟子举了一个例子，表达了他的道理。后羿的过错在于，只教人技术，但没有把这个人的德行给教育好。这再次让我们看到了古人的教育理念。任何一个"教书匠"，都不应是、不只是一个知识的传递者，同时更是一个心灵的塑造者、引导者。

2. 庾公之斯的案例说明了什么？中国古代的射箭活动，即使在战争中，也被赋予了基本的道德要求。庾公之斯宁可违背君主的命令，也不违背射艺之道，这种做法在你死我活的军事战争中，似乎不可理解。但这个案例恰恰说明了，展现于射艺之中的中国传统教育的成功和伟大之处。我们在最野蛮的地方实施教化，让人们将道义的追求提升到近乎宗教信仰的地位，从而超越了本能对于实用功利的追求。

十七、 管仲射钩

（一） 原典出处

管仲傅齐公子纠，鲍叔傅公子小白，齐公孙无知杀襄公，公子纠奔鲁，小白奔莒。齐人诛无知迎公子纠于鲁，公子纠与小白争入，管仲射小白，中其带钩，小白佯死，遂先入，是为齐桓公。公子纠死，管仲奔鲁，桓公立国定，使人迎管仲于鲁，遂立以为仲父，委国而听之，九合诸侯，一匡天下，为五伯长。

——《新序》

（二） 解文释意

管仲是齐国公子纠的师傅，鲍叔是公子小白的师傅。齐国的公孙无知谋杀了齐襄公。公子纠逃到了鲁国，小白逃到了莒国。齐国的人诛杀了公孙无知，到鲁国来迎接公子纠。公子纠与小白争相入齐。管仲半路截杀小白，射中了他的钩带，小白假装死了。先行进入了齐国，成为齐桓公。后来公子纠死后，管仲逃到了鲁国。齐桓公安定国家之后，派人到鲁国迎接管仲，并立管仲为相。在管仲的帮助下，齐桓公成就一番霸业，成为春秋五霸之一。

（三）引申寓意

这是一个极为著名的故事。"桓公置射钩而相管仲"，在《韩非子》《孔子家语》《吕氏春秋》《史记》《管子》《越绝书》《战国策》《后汉书》中都有记载。其引申寓意为不计前嫌，重用贤才。这是中国传统文化对于明君的道义要求和理想追求。从实用理性的角度来看，贤君无私怨，是符合整个国家的集体利益的。这个故事对于我们今天的管理者，乃至每个人的生活，都有非常高的指导意义。海纳百川，有容乃大！

十八、弓适善主
（一）原典出处

齐景公使人为弓，三年乃成，景公得弓而射，不穿三札，景公怒，将杀弓人。弓人之妻往见景公曰："蔡人之子，弓人之妻也。此弓者、太山之南，乌号之柘，骍牛之角，荆麋之筋，河鱼之胶也。四物、天下之练材也，不宜穿札之少如此。且妾闻：奚公之车，不能独走；莫邪虽利，不能独断；必有以动之。夫射之道：在手若附枝，掌若握卵，四指如断短杖，右手发之，左手不知，此盖射之道。"景公以为仪而射之，穿七札，蔡人之夫立出矣。

——《韩诗外传》

（二）解文释意

齐景公请弓人做弓，三年才造好。景公拿到弓就射，却不能穿透三块木片。景公大怒，要杀掉弓人。弓人的妻子晋见景公，说："我是蔡姓之女，弓人的妻子。这把弓，主体材料取自泰山之南，用燕牛之角、荆麋的筋，用河鱼做的胶水粘合。这四件材料，都是造弓最好的材料。不应该穿透木片如此之少。我听说：就算奚公做的车，也不可能自己会走。莫邪虽然尖利，不能独自断物。必须有会用的人才行。射箭的道理在于：后手要像附枝一样轻松，手掌里面像握蛋，前手四根手指要像握住短棍使其折断一样。后手发箭，前手不知，这是射箭的基本方法。"景公按照她的方法摆好姿势射箭，射穿了七块木片，于是她的丈夫立刻被释放。

十九、得善之射

（一）原典出处

梁君出猎，见白雁群，梁君下车，彀弓欲射之。道有行者，梁君谓行者止，行者不止，白雁群骇。梁君怒，欲射行者。其御公孙袭下车抚矢曰："君止。"梁君忿然作色而怒曰："袭不与其君，而顾与他人，何也？"公孙袭对曰："昔齐景公之时，天大旱三年，卜之曰：'必以人祠，乃雨。'景公下堂顿首曰：'凡吾所以求雨者，为吾民也，今必使吾以人祠乃且雨，寡人将自当之。'言未卒而天大雨方千里者，何也？为有德于天而惠于民也。今主君以白雁之故而欲射人，袭谓主君无异于虎狼。"梁君援其手与上车，归入庙门，呼万岁，曰："幸哉！今日也他人猎，皆得禽兽，吾猎得善言而归。"

——《新序》

（二）解文释意

梁君出去打猎，见到一群白雁。梁君下了车，拉满弓想射白雁。路上有个走路的人，梁君叫走路的人停下，那个人没停，白雁群受惊而飞。梁君发怒，想射那走路的人。他的车夫公孙袭下车，按着箭说："您别射。"梁君气愤得变了脸色生气地说："你不帮助你的主君反而帮助别人，为什么呢？"公孙袭回答说："过去齐景公的时候，天大旱三年，占卜时说'一定用人祭祀才下雨'。齐景公走下庭堂磕头说：'我求雨的原因，是为了人民。现在一定让我用人祭祀，才会下雨，我将自己充当祭品。'话没说完，天降大雨，为什么呢？因为齐景公对天有德对人民施恩惠，现在主君因白雁的缘故而想射人，我认为主君的行为跟虎狼没有什么不同。"梁君拉着公孙袭的手，和他上车回去。进了庙门，梁君喊"万岁"，说："今天真幸运啊！别人打猎都得到禽兽，我打猎得到善言回来了。"

（三）引申寓意

1. 举齐景公的案例是为了说明什么？君王作为一种社会角色，其本身除了具有至上的权力之外，还有德行方面的高要求。具备极高的德行修养，才能成为有德明君。齐景公的行为，因为爱民而有德于天，才成为君王这个社会角色的典范。

2. 听从善言、自我反思的意义和价值。人自身是有很多缺点，也会经常做出不适当的判断和错误的选择。人非圣贤，孰能无过！但能否做到听取善言、自我反思，是一个人是否明智的重要方面。尤其是作为君王，其判断和选择直接关系到国家的命运，更需要具备吸取多方面意见的智慧。于今日而言,任何层面的管理者或者团队当中的领导者,都需要具备自我反思、听取善言的智慧。得善之射的寓意,真实地反映了人的缺点,同时也展现了人的明智之处。

二十、 不射之射

(一) 原典出处

> 列御寇为伯昏无人射,引之盈贯,措杯水其肘上,发之,适矢复沓,方矢复寓。当是时,犹象人也。伯昏无人曰:"是射之射,非不射之射也。尝与汝登高山,履危石,临百仞之渊,若能射乎?"于是无人遂登高山,履危石,临百仞之渊,背逡巡,足二分垂在外,揖御寇而进之。御寇伏地,汗流至踵。伯昏无人曰:"夫至人者,上窥青天,下潜黄泉,挥斥八极,神气不变。今汝怵然有恂目之志,尔于中也殆矣夫!"
>
> ——《庄子》

(二) 解文释意

列御寇为伯昏无人射箭,他拉满弓,用一杯水放在他的手肘上,然后发箭,射出去的箭一支接着一支,刚射出一支箭又搭上一支箭。这个时候,他就像木偶人一样。伯昏无人说:"这是为了射箭而射箭,并非达到忘我的境界,能够随心所欲。假如跟你登上高山,踩着危石,站在百尺高的悬崖边上,你还能射中吗?"于是无人就登上高山,脚踏危石,面对百丈的深渊,背后是进退维艰的险境,脚有一半悬空在岩石外面,邀请列御寇上悬崖射箭。列御寇趴在地上,汗流到脚跟了。伯昏无人说:"如果真的是高手,上青天,下黄泉,纵横八方,神色不变。现在你露出了恐惧的神色,内心慌乱,是难以射中目标了!"

(三) 引申寓意

1. 何谓不射之射? 射箭技术的习得很困难,但只要有名师,自己肯努力,达到娴熟自如也并非难事。真正难以习得的是对内心的修炼。平静无事的时候,修炼内心也并非难事。就像平时练习时,很容易打出很好的成绩,但比赛时却很难。只有在遇到事情,尤其是遇到难事的时候,才真正考验一个人内心的修炼。人应该在具体的事情上磨炼自己,才能站得稳,才能静亦定、动亦定。真正的射不动心,是在遇到考验的时候,能否把持自己的内心,那才是不射之射!

2. 不射之射是一种怎样的境界? 不射之射需要超越于技术层面,进入道的层面,这才是最高境界。由术而道，关键在于心，心的修炼不是心理学层面的情绪、注意等，而是哲学层面的，涉及自我认知，人生观、价值观层面。心如何纯，心如何宏，心如何敬？将射艺的修炼，引申到生活中的具体事情上，将生活中的方方面面，都作为修心的锻炼，才能由射术入射道！

第五节　诗词成语

中华射艺历史久远，早已融入中华文明发展的文化基因之中，在成语典故、诗词歌赋中均有大量体现。据编者不完全统计，仅与射箭有关的成语就超过一百多个。

一、成语选摘

（一）"射"字成语

【成语】射鱼指天

【解释】向天射鱼。比喻虽劳而必无所获。向着天空去射河里的鱼。比喻办事一定落空。

【出处】汉·刘向《说苑·尊贤》："譬其若夏至之日而欲夜之长也，射鱼指天而欲发之当也。"《吕氏春秋·知度》："非其人而欲有国，譬之若夏至之日，而欲夜之长也；射鱼指天，而欲发之当也。舜禹犹若困，而况俗主乎？"

【成语】君射臣决

【解释】射：射箭。决：射箭用具，即扳指，用以钩弦。君主喜好射箭，臣下自然经常带着射箭用具。比喻上司的爱好，随从者自然极力效法。

【出处】《荀子·君首》："君射则臣决。楚庄王好细腰，故朝有饿人。"

【成语】射人先射马

【解释】比喻做事要抓住要害。

【出处】唐·杜甫《前出塞》诗之六："射人先射马，擒贼先擒王。"

【成语】一人善射，百夫决拾

【解释】古谚语，意思是为将者善战，其士卒亦必勇敢无前。亦比喻凡事为首者倡导于前，则其众必起而效之。

【出处】《国语·吴语》："夫申胥、华登简服吴国志士于甲兵，而未尝有所挫也。夫一人善射,百夫决拾,胜未可成也。"韦昭注:"决,勾弦扳指。拾,捍。言申胥、华登善用兵众必化之;犹一人善射,而百夫竞著决拾而效之。"

【成语】锦屏射雀

【解释】锦屏:画有孔雀的丝织门屏。指得选为女婿。

【出处】《旧唐书·高祖太穆皇后窦氏传》:"乃于门屏画二孔雀,诸公子有求婚者,辄与两箭射之,潜约中目者许之。前后数十辈莫能中。高祖后至,两发各中一目。毅大悦,遂归于我帝。"

【成语】胡服骑射

【解释】胡:古代指北方和西方的少数民族。指学习胡人的短打服饰,同时也学习他们的骑马、射箭等武艺。

【出处】《战国策·赵策二》:"今吾(赵武灵王)将胡服骑射以教百姓。"

【成语】羿射九日

【解释】形容为民除害的英勇行为。

【出处】西汉·刘安《淮南子》:"羿射九日。"

【成语】东风射马耳

【解释】射:射出。比喻把别人的话当作耳边风,充耳不闻,无动于衷。

【出处】唐·李白《答王十二寒夜独酌有怀》诗:"世人闻此皆掉头,有如东风射马耳。"

【成语】射石饮羽

【解释】饮:隐没。羽:箭尾的羽毛。箭射到石头里,隐没了箭尾的羽毛。原形容发箭的力量极强,后也形容武艺高强。

【出处】《吕氏春秋·精通》:"养由基射兕中石,矢乃饮羽,诚乎兕也。"

（二）"箭"字成语

【成语】暗箭难防

【解释】冷箭最难防范。比喻阴谋诡计难以预防。

【出处】宋·刘炎《迩言》卷六:"暗箭中人,其深次骨,人之怨之,亦必次骨,以其掩人所不备也。"

《左传·隐公十一年》记载:郑庄公在宫前检阅部队,发派兵车。一位老将军颍叔考和一位青年将军公孙子都,为了争夺兵车吵了起来。公孙子都因此怀恨在心。郑庄公派兵攻打许国时,颍叔考奋勇当先,杀敌无数,爬上了城头。公孙子都眼看颍叔考就要立下大功,心里更加忌妒起来,便抽出箭来对准颍叔考就是一箭,只见这位勇敢的老将军一个跟斗摔了下来。

【成语】草船借箭

【解释】运用智谋,凭借他人的人力或财力来达到自己的目的。

【出处】明·罗贯中《三国演义》第四十六回回目:"用奇谋孔明借箭,献密计黄盖受刑。"

【成语】东箭南金

【解释】东方的竹箭,南方的铜,古时都认为是上品。比喻宝贵的人才。

【出处】《尔雅·释地》:"东南之美者,有会稽之竹箭焉,西南之美者,有华山之金石焉。"

【成语】光阴似箭

【解释】光阴:时间。时间如箭,迅速流逝。形容时间过得极快。

【出处】唐·韦庄《关河道中》诗:"但见时光流似箭,岂知天道曲如弓。"宋·宋祁《浪淘沙近》:"少年不管,流光如箭,因循不觉韶光换。"

【成语】归心似箭

【解释】想回家的心情像射出的箭一样快。形容回家心切。

【出处】明·名教中人《好俅传》第十二回:"承长兄厚爱,本当领教,只奈归心似箭,今日立刻就要行了。"

【成语】箭拔弩张

【解释】比喻形势紧张,一触即发。

【出处】南朝·梁·袁昂《古今书评》:"韦诞书法如龙威虎震,箭拔弩张。"

【成语】箭无虚发

【解释】箭:弓箭。虚:空。箭射得准,每发必中。形容箭术高明。

【出处】汉·司马相如《上林赋》:"弓不虚发,应声而倒。"《晋书·陶侃传》:"朱伺与贼水战,左右三人上弩给伺,伺望敌射之,箭无虚发。"

【成语】箭在弦上

【解释】箭已搭在弦上。比喻为形势所迫,不得不采取某种行动。

【出处】三国·魏·陈琳《为袁绍檄豫州》注引《魏志》:"矢在弦上,不可不发。"

【成语】万箭穿心

【解释】犹万箭攒心。形容万分伤痛。

【出处】明·冯梦龙《醒世恒言》第二十卷:"见父亲倒在一个壁角边乱草之上……淹淹止存一息。二子一见,犹如乱箭攒心,放声号哭。"明·施耐庵《水浒全传》第九十八回:"琼英知了这个消息,如万箭攒心,日夜吞声饮泣,珠泪偷弹,思报父母之仇,时刻不忘。"

【成语】如箭离弦

【解释】像箭射出离开弓弦一样。形容奔向目标的动作神速。

【出处】元·纪君祥《赵氏孤儿》第一折："我着你去呵,似弩箭离弦;叫你回来呵,便似毡上拖毛。"明·冯梦龙《喻世明言》卷三十一:"亡命心如箭离弦,迷津指引始能前。"

【成语】一箭双雕

【解释】原指射箭技术高超,一箭射中两只雕。后比喻做一件事达到两个目的。

【出处】《北史·长孙晟传》:"尝有二雕飞而争肉,因以箭两只与晟,请射取之。晟驰往,遇雕相攫,遂一发双贯焉。"

【成语】一箭之地

【解释】古人用箭射出的长度做度量,每箭的距离约为一百三十步左右。相当于一箭射程的距离。比喻相距不远。

【出处】明·施耐庵《水浒全传》第九十回。宋江上得马来,前行的众头领,已去了一箭之地,见宋江和贯忠说话,都勒马伺候。

【成语】折箭为誓

【解释】折断箭以表示自己的决心和誓约。

【出处】《金史·杨仲武传》:"及仲武至,与其酋帅相见,责以负约,对曰:'边将苦我,今之来,求诉于上官耳。今幸见公,愿终身不复犯塞。'乃举酒酹天,折箭为誓。"明·施耐庵《水浒传》第五回:"智深道:'大丈夫作事,却休要翻悔。'周通折箭为誓。"

【成语】畏刀避箭

【解释】畏:害怕,畏惧。比喻遇战事退缩不前。

【出处】元·马致远《汉宫秋》第二折:"我养军千日,用军一时。空有满朝文武,那一个与我退的番兵? 都是些畏刀避箭的。"

（三）"弓"字成语

【成语】弓调马服

【解释】比喻办任何事情,应先做好准备工作。

【出处】《荀子·哀公》:"弓调而后求劲焉,马服而后求良焉。"

【成语】杯弓蛇影

【解释】把酒杯中的弓影当成了蛇。形容疑神疑鬼,自相惊扰。比喻因疑神疑鬼而引起恐惧。

【出处】汉·应劭《风俗通义·世间多有见怪》:"时北壁上有悬赤弩照于杯,形如蛇。宣畏恶之,然不敢不饮。"清·沈复《浮生六记·闺房记乐》:"一灯如豆,罗帐低垂,弓影杯蛇,惊神未定。"

【成语】楚弓复得

【解释】比喻失物复得。

【出处】清·俞樾《春在堂随笔》卷六："此图久已失去,乱后,里人于灰烬中得之,复归其家……楚弓复得,颇非偶然。"

【成语】良弓无改

【解释】指继承父祖的优良传统和事业。

【出处】语出《礼记·学记》："良弓无改,必学为箕。"

【成语】惊弓之鸟

【解释】被弓箭吓怕了的鸟不容易安定。比喻经过惊吓的人碰到一点动静就非常害怕。

【出处】《战国策·楚策四》;《晋书·苻生载记》："伤弓之鸟,落于虚发。"

【成语】鸟尽弓藏

【解释】比喻事情成功之后,把曾经出过力的人一脚踢开。

【出处】西汉·司马迁《史记·淮阴侯列传》："狡兔死,良狗烹;高鸟尽,良弓藏;敌国破,谋臣亡。"

【成语】跃马弯弓

【解释】驰马盘旋,张弓要射。形容摆开架势,准备作战。后比喻故作惊人的姿态,实际上并不立即行动。

【出处】唐·韩愈《雉带箭》诗："将军欲以巧伏人,盘马弯弓惜不发。"

【成语】弓马娴熟

【解释】十分熟练拉弓射箭与马术。指人善于骑射。

【出处】明·施耐庵《水浒传》第五十五回："若得此人,可以攻打贼巢。更兼他深通武艺,弓马娴熟。"

【成语】左右开弓

【解释】左右手都能射箭。比喻两只手轮流做同一动作或同时做几项工作。

【出处】元·白朴《梧桐雨》楔子："臣左右开弓,一十八般武艺,无有不会。"

【成语】强弓劲弩

【解释】强:强劲的,有力的。强有力的弓,坚硬的弩。形容武器精良。

【出处】《战国策·韩策一》："天下之强弓劲弩,皆出自韩。"

（四）"矢"字成语

【成语】躬蹈矢石

【解释】指将帅亲临前线,冒着敌人的箭矢垒石,不怕牺牲自己。

【出处】三国·魏·曹操《褒扬泰山太守吕虔令》："卿在郡以来,擒奸讨暴,百姓获安,躬蹈矢石,年征辄克。"

【成语】函矢相攻

【解释】指自相矛盾。

【出处】先秦·孟轲《孟子·公孙丑上》："矢人唯恐不伤人,函人唯恐伤人。"

【成语】锦囊还矢

【解释】指凯旋告捷。

【出处】《新五代史·伶官传序》："世言晋王之将终也,以三矢赐庄宗而告之曰:'梁,吾仇也;燕王吾所立,契丹与吾约为兄弟,而皆背晋以归梁,吾遗恨也。与尔三矢,尔其无忘乃父之志!'庄宗受而藏之于庙。其后用兵……盛以锦囊,……及凯旋而纳之。"

【成语】强弩末矢

【解释】比喻强大的力量已经衰弱,起不了什么作用。同"强弩之末"。

【出处】《旧唐书·李密传》："又强弩末矢,理无穿于鲁缟;冲风余力,讵能动于鸿毛。"

【成语】身当矢石

【解释】当:遮拦,阻挡。矢:箭。亲自阻挡敌人的箭、石。形容亲自抵挡敌人进攻。

【出处】《晋书·王鉴传》："昔汉高、光武二帝,征无远近,敌无大小,必手振金鼓,身当矢石,栉风沐雨,壶浆不赡,驰骛四方。"《北齐书·文宣帝纪》："每临行阵,亲当矢石。"

【成语】桑弧蓬矢

【解释】古代男子出生之后,用桑木做的弓、蓬条做的箭,射天地四方,表示有远大的志向。

【出处】《礼记·内则》："故男子生,桑弧蓬矢六,射天地四方。"

【成语】矢尽援绝

【解释】箭已用完,兵已打光。形容战斗到兵力丧尽,作战中箭矢都用完了,援兵断绝了。也比喻处境非常困难。

【出处】《周书·泉企传》："企拒守旬余,矢尽援绝,城乃陷焉。"

【成语】矢如雨下

【解释】箭像雨一样射来。极言其多。

【出处】《汉书·李陵传》："陵在谷中,虏在山上,四面射,矢如雨下。"

【成语】矢石之难

【解释】矢石:箭与石,作战的武器。指在战争中受到袭击。

【出处】《史记·晋世家》："辅我以行,卒以成立,此受此赏。矢石之难,汗马之劳,此复受次赏。"

（五）"的"字成语

【成语】 有的放矢

【解释】 的：箭靶的中心。矢：箭。放箭要对准靶子。比喻说话做事有针对性。

【出处】 宋·叶适《水心别集·十五·终论》："论立于此，若射之有的也，或百步之外，或五十步之外，的必先立，然后挟弓注矢以从之。"

【成语】 无的放矢

【解释】 没有目标乱射箭。比喻说话做事没有明确目的，或不切合实际。

【出处】 清·梁启超《中日交涉汇评》："吾深望西国当局者声明一言以解众惑，如是，则吾本篇所论纯为无的放矢，直拉杂摧烧之可耳。"

【成语】 众矢之的

【解释】 众箭所射的靶子。比喻大家攻击的对象、所指责的对象。

【出处】《左传·襄公二年》："郑成公疾，子驷请息肩于晋。公曰：'楚君以郑故，亲集矢于其目。'"

【成语】 一语中的

【解释】 比喻一句话就说到关键的地方，一句话就说中要害。

【出处】《晋书·王济传》："恺亦自恃其能，令济先射，一发破的。"

【成语】 移的就箭

【解释】 移动箭靶靠近箭。比喻曲意迁就。

【出处】 唐·刘知幾《史通·书志》："移的就箭，曲取相谐。"

（六）其他成语

【成语】 百步穿杨

【解释】 在一百步远以外射中杨柳的叶子。形容箭法十分高明。

【出处】 西汉·司马迁《史记·周本纪》："楚有养由基者，善射者也。去柳叶百步而射之，百发而百中之。左右观者数千人，皆曰善射。"

【成语】 百发百中

【解释】 形容射箭准确，每次都命中目标，比喻做事有充分把握。

【出处】 西汉·刘向《战国策·西周策》："夫射柳叶者，百发百中，而不以善息。"

【成语】 引而不发

【解释】 拉开弓却不把箭射出去。比喻善于启发引导。也比喻做好准备暂不行动，以待时机。

【出处】《孟子·尽心上》："君子引而不发，跃如也。中道而立，能者从之。"

【成语】左支右绌

【解释】原指射箭时左臂撑弓,右臂弯曲。指财力或能力不足,穷于应付。

【出处】西汉·刘向《战国策·西周策》:"我不能教子支左屈右。"

【成语】镞砺括羽

【解释】括羽,用羽毛装束箭尾。比喻人刻苦磨练,力求精进。

【出处】《孔子家语·子路初见》:"子路曰:'南山有竹,不柔自直,斩而用之,达于犀革。以此言之,何学之有?'孔子曰:'括而羽之,镞而砺之,其入之不亦深乎?'"

【成语】张弛有度

【解释】张是弓弦安装到弓上,弓绷紧的状态。弛是下掉弓弦,弓松弛的状态。用来比喻生活的松紧和工作的劳逸要合理安排

【出处】《礼记·杂记下》:"张而不弛,文武弗能也;弛而不张,文武弗为也。一张一弛,文武之道也。"

二、 诗词节选

(一) 与"射"相关

和张仆射塞下曲①(六首)

(唐)卢纶

(其一)

鹫翎②金仆姑,燕尾③绣蝥弧。

独立扬新令,千营共一呼。

(其二)

林暗草惊风,将军夜引弓④。

平明寻白羽⑤,没在石棱中。

(其三)

月黑雁飞高,单于夜遁逃。

欲将轻骑逐,大雪满弓刀⑥。

(其五)

调箭又呼鹰,俱闻出世⑦能。

奔狐⑧将迸雉,扫尽古丘陵。

注释:

① 张仆射:一说为张延赏,一说为张建封。塞下曲:古时的一种军歌。

② 鹭翎：箭尾羽毛。金仆姑：神箭名。

③ 燕尾：旗的两角叉开，若燕尾状。蝥（máo，一说音 wù）弧：旗名。

④ 引弓：拉弓，开弓，这里包含下一步的射箭。

⑤ 白羽：箭杆后部的白色羽毛，这里指箭。

⑥ 弓刀：像弓一样弯曲的军刀。

⑦ 出世：一作"百中"。

⑧ 奔狐：一作"奔獟"。

观猎

（唐）王维

风劲角弓①鸣，将军猎渭城。

草枯鹰眼疾，雪尽马蹄轻。

注释：

① 角弓：使用动物的角、筋等天然材料制作的弓。

前出塞九首·其六

（唐）杜甫

挽①弓当挽强，用箭当用长②。

射人先射马，擒贼先擒王。

注释：

① 挽：拉。

② 长：指长箭。

少年行·其三

（唐）王维

一身能擘①两雕弧②，虏骑千重只似无。

偏坐金鞍调白羽③，纷纷射杀五单于④。

注释：

① 擘：张，分开。

② 雕弧：饰有雕画的良弓。

③ 白羽：指箭，尾部饰有白色羽翎。

④ 五单于：原指汉宣帝时匈奴内乱争立的五个首领。汉宣帝时，匈奴内乱，自相残杀，诸王自立分而为五。这里比喻骚扰边境的少数民族诸王。

老将行

（唐）王维

射杀山中白额虎^①，肯数邺下黄须儿。

······

昔时飞箭无全目^②，今日垂杨生左肘。

注释：

① "射杀"句：应是指李广为右北平太守时，多次射杀山中猛虎事。

② 飞箭无全目：鲍照《拟古诗》："惊雀无全目。"李善注引《帝王世纪》：吴贺使羿射雀，贺要羿射雀左目，却误中右目。这里只是强调羿能使雀双目不全，于此见其射艺之精。飞箭：一作"飞雀"。

赠头陀师

（唐）刘商

秋山年长头陀处，说我军前射虎归。

哀江头

（唐）杜甫

辇^①前才人带弓箭，白马嚼啮黄金勒。

翻身向天仰射云^②，一笑^③正坠双飞翼^④。

注释：

① 辇：皇帝乘坐的车子。古代君臣不同辇。

② 仰射云：仰射云间飞鸟。

③ 一笑：杨贵妃因才人射中飞鸟而笑。

④ 正坠双飞翼：暗指唐玄宗和杨贵妃的马嵬驿之变。

秋望

（明）李梦阳

客子^①过壕追野马，将军弢箭^②射天狼^③。

注释：

① 客子：指离家戍边的士兵。

② 弢（tāo）箭：将箭装入袋中，整装待发之意。弢：装箭的袋子。

③ 天狼：指天狼星，古人以为此星出现预示有外敌入侵，"射天狼"即抗击入侵之敌。

少年行

（唐）令狐楚

（其一）

少小边州惯放狂，骣骑①蕃马②射黄羊③。

（其二）

家本清河住五城，须凭弓箭④得功名。

等闲飞鞚⑤秋原上，独向寒云试射声。

（其三）

弓背霞明剑照霜，秋风走马出咸阳。

注释：

① 骣（chǎn）骑：骑马时，马不加鞍辔。

② 蕃马：西域地区。

③ 黄羊：一种野羊，腹部带黄色，故名，古代产于关右一带。

④ 弓箭：这里指代箭法、武艺。

⑤ 飞鞚（kòng）：飞驰。鞚：有嚼口的马络头。

野歌

（唐）李贺

鸦翎羽箭①山桑②弓，仰天射落衔芦鸿③。

注释：

① 鸦翎羽箭：用乌鸦羽毛做成的箭。

② 山桑：即桑树，木质坚韧，可制弓箭。

③ 衔芦鸿：口衔着芦苇的大雁。传说大雁为躲避对手，经常衔着芦苇而飞。

出塞作

（唐）王维

暮云空碛①时驱马，秋日平原好射雕②。

……

玉靶角弓③珠勒马，汉家将赐霍嫖姚。

注释：

① 空碛：空荡无边的大沙漠。

② 好射雕：正好是打猎的时候。射雕：泛指用箭射空中的禽鸟。

③ 玉靶角弓：用美玉镶把柄的剑，用筋角制作的弓。

观卫尚书九日对中使射破的

（唐）戎昱

月营开射圃，霜旆拂晴霓。

出将三朝贵，弯弓五善齐。

腕回金镞满，的破绿弦低。

（二）与"箭"相关

雉^①带箭

（唐）韩愈

将军欲以巧伏人，盘马弯弓惜不发。

地形渐窄观者多，雉惊弓满劲箭加。

冲人决起百余尺，红翎白镞^②随倾斜。

注释：

① 雉：野鸡。

② 白镞(zú)：白色的箭头。

夜泊水村

（宋）陆游

腰间羽箭^①久凋零，太息燕然未勒铭。

注释：

① 羽箭：箭尾插羽毛，称羽箭。

观猎

（唐）李白

箭逐云鸿落，鹰随月兔飞。

金城北楼

（唐）高适

湍上急流声若箭，城头残月势如弓。

戏颜郎官骑猎诗

（唐）张祜

忽闻射猎出军城，人著戎衣马带缨。

倒把角弓呈一箭，满山狐兔当头行。

（三）与"弓"相关

江城子·密州出猎

（宋）苏轼

会挽①雕弓②如满月，西北望，射天狼③。

注释：

① 挽：拉。

② 雕弓：弓背上有雕花的弓（另解释为：天弓）。

③ 天狼：星名，又称犬星，旧说指侵掠，这里隐指西夏。

破阵子·为陈同甫赋壮词以寄之

（宋）辛弃疾

马作的卢飞快，弓如霹雳①弦惊。

注释：

① 霹雳：特别响的雷声，比喻拉弓时弓弦响如惊雷。

壮士篇

（魏晋）张华

乘我大宛马，抚我繁弱弓①。

注释：

① 繁弱弓：名为"繁弱"的大弓。

行行游且猎篇

（唐）李白

弓弯满月①不虚发，双鸧迸落连飞髐②。

注释：

① 弯弓满月，把弓拉开像圆月的形状。

② 鸧：鸧鸹，即灰鹤。髐（xiāo）：骨制的响箭，即鸣镝。这句形容箭术高超，一箭射落双鸟。

咏弓

（唐）章孝标

较量武艺论勋庸①，曾发将军箭落鸿。

只知击起穿雕镞，不解②容和射鹄功。

注释：

① 勋庸：功勋。《后汉书·荀彧传》："曹公本兴义兵，以匡振汉朝，虽勋庸崇著，犹秉忠贞之节。"

② 不解：不能解开,不能分开。

饮酒·幽兰生前庭

（东晋）陶渊明

觉悟当念还,鸟尽废良弓①。

注释：

①《史记·越王勾践世家》："蜚（飞）鸟尽,良弓藏。"比喻统治者于功成后废弃或杀害给他出过力的人。

战城南

（唐）卢照邻

雕弓①夜宛转,铁骑晓参驔。

注释：

① 雕弓：弓背上有雕花的弓,此代指携带雕弓的士兵。

水调歌头·九月望日与客习射西园余偶病不能射

（宋）叶梦得

叠鼓闹清晓,飞骑引雕弓。

送白利从金吾董将军西征

（唐）李白

剑决浮云气①,弓弯明月辉②。

注释：

①《庄子·杂篇·说剑》："天子之剑……上决浮云,下绝地纪,此剑一用,匡诸侯,天下服矣。"

② 拉满明月之弓,箭镞闪着凛冽的寒光。

（四）与"矢"相关

古游侠呈军中诸将(一作游侠篇)

（唐）崔颢

还家行且猎,弓矢速如飞。

奉和文潜赠无咎篇末多见及以既见君子云胡不

（宋）黄庭坚

晁张作荐书,射雉用一矢。

题刘将军雁二首

（宋）黄庭坚

将军一矢万人看，雪洒晴空碎羽翰。

第一百九十六

（宋）文天祥

客从何乡来，挟矢身汉月。

叔清留饮座上感怀

（宋）陈藻

矢弧皆后挂，铭旐竞先书。

平宁夏二首

（明）蔡可贤

五月王师大合围，石如雨下矢如飞。

边词五首

（明）张元凯

一矢铩其羽，遥堕前山涧。

酹江月/念奴娇

（宋）卓田

当此弧矢悬门，步虚声远，直透云霄碧。

仲春廿日发瓜渚同顾使君益卿赴闽粤郭次甫吴

（明）陆弼

平生弧矢在，岂是恋风尘。

第六节　器具介绍

中华射艺的器具相对更为传统和简单，使用的材质也多为天然材料。合适的器材是安全开展射艺活动的前提，也是不断取得成绩提升的关键。

一、弓

近些年，由于中华射艺的迅猛发展，传统弓的制作与研究也随之跟进。从材质、形状、朝代等方面可作划分。从材质方面可分为：竹木弓、角弓、现代传统弓（包含玻片弓、层压弓）。从形制方面可划分为：汉弓、唐弓、宋代小梢弓、清弓等。

传统弓的构造大致可分为：弓柄（弝），弝上有箭枕；弓臂；弓梢，梢上有弦槽（彇）；弓弦，有弦耳（扣）、护弦绳、箭口。如图 1-6-1 所示。

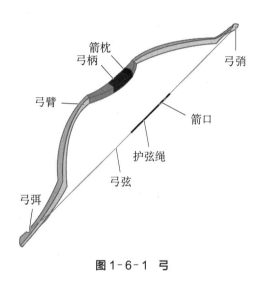

图 1-6-1 弓

二、箭

箭支的构成可分为箭镞、箭杆、箭羽、箭筈四大部分。如图 1-6-2 所示。三片箭羽中，与弦槽垂直的一片羽毛，被称为主羽。

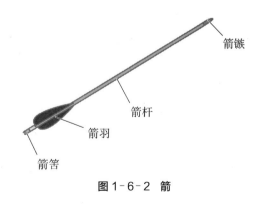

图 1-6-2 箭

中华射艺的箭杆，一般用竹、木、碳素三种材质制作而成，平时习练可以碳素箭为主，比赛时一般要求使用竹箭或木箭。下面对竹箭、木箭、碳素箭分别进行分析并综合对比。

（一）竹箭

图1-6-3　竹箭

优点：耐撞性能较高。

缺点：1.直度较差，易变形，2.每支箭重量不统一，3.每支箭重心不统一，不利于精准习射。

（二）木箭

图1-6-4　木箭

优点：1.直度较好。2.每支箭重量较为统一。3.每支箭重心较为相同,有利于精准习射。

缺点：耐撞性能较差,易损坏。

（三）碳素箭

图 1-6-5　碳素箭

优点：1.直度好，不易变形。2.每支箭的重量几乎相同。3.挠度一致性高。4.耐撞击。5.每支箭重心相同，有利于精准习射。6.成本较低。

缺点：1.重量偏轻，不适宜大磅数弓练习。2.不符合一些传统射箭比赛的规则。

综合对比分析而言，竹箭、木箭作为天然材料制作而成的箭支，每支箭之间的一致性差异较难避免。特别是竹箭，几乎每支箭每节之间的长度和直径都有差异。与竹木箭相比，在每支箭的重量、重心、挠度等各方面，碳素箭各种性能都要优于竹木箭，更有利于精准习射。

三、靶

按照使用性质可以分为环靶、侯靶、萨仁靶、布隆靶等。按照箭靶的材质，大致可分为草靶和现代材料靶两大类型。

（一）草靶

草靶是指利用烘干的稻草制作而成的箭靶。比赛所用草靶尺寸一般是 1.2 米×1.2 米×0.2 米。优点：成本低，重量重，不易被风吹动。缺点：不便运输，遇水易霉变。

（二）现代材料靶

现代材料靶主要指 EVA 和 XPE 等化学塑料材质做成的箭靶。"XPE"即化学交联聚乙烯发泡材料，是用低密度聚乙烯树脂加交联剂和发泡剂经过高温连续发泡而成，较 EPE（俗称珍珠棉）相比，抗拉程度更高，泡孔更细。优点：重量较轻，易于携带、移动，防水性能好，柔韧性好，恢复性强。缺点：防风效果差，易穿透。

四、护指

护指主要是保护后手钩弦的拇指，其形状、材质繁多。从软硬度划分，可分为"硬扳""皮扳"。从形制上划分，硬扳又可分为"筒扳""坡板"。从材质上划分，硬扳拥有玉质、铜质、银质、树脂材质、牛角等多种材质的护指；而皮扳指一般采用牛皮制作而成。

皮扳　　　　　　　　　　木质筒扳

铜扳　　　　　不锈钢扳指　　　　鹿角扳指

图1-6-6　护指

五、护臂

护臂是防止弓弦打臂的器具。常用的有两种：一种是用皮革制作而成的护臂；一种是用塑料制成的护臂。两者各有优缺点。前者柔韧度较高，防护面积较大，但皮革较厚，易松散，不透气；后者更为牢固，不易变形，但防护面积相对较小，质感较差。

图1-6-7　皮质护具

图1-6-8　护具佩戴方法

六、护手

护手是指保护持弓手虎口处的护具,一般采用人工皮革制作而成。佩戴在持弓手大拇指和食指上,覆盖持弓手的虎口,防止撒放时箭羽伤及虎口处皮肤。

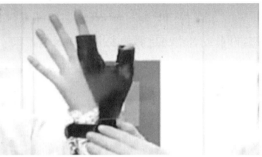
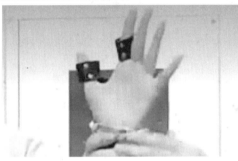

图1-6-9　护手及佩戴方法

第七节　安全事项

射箭是一项安全而又高雅的运动项目,据2013年美国国家安全委员会的一项数据统计显示,其安全性是高尔夫运动的三倍。但是,弓箭毕竟是曾经的武器,其杀伤力是巨大的。如果安全管理不当,也存在潜在的风险。射艺项目的开展,首先需要重视安全管理。具体包括以下四个方面,以及第三章中第二节中的基本规范部分。

一、场地安全

(一)室内场地安全事项

1. 室内场地靶位的放置一定要固定,防止拔箭时箭靶倒塌,造成人身伤害。

2. 箭靶应放在无房门一侧的区域内,防止习射过程中,有人误入,造成误伤。

3. 室内由于高度有限,需在箭靶前方 3—5 米处的房顶上方悬挂硬质塑料挡板或薄膜,防止初学者箭支射到房顶反生反弹,伤及人身安全。

(二) 室外场地安全事项

1. 由于室外区域广阔,开放性较高,需在箭靶后方适当距离处设置足够高度的挡箭墙、布或网,或者留出足够的安全隔离区域。

2. 室外习射不同距离时,起射线应为同一条线,且统一射箭,统一取箭,确保习射过程的安全性。

3. 初学者在室外习射时应以短距离练习为主,还应配以指导人员,确保安全。

4. 靶后留出安全隔离区域,如果是草地,至少需要留出 50 米以上的区域;如果是硬地,由于箭支在地面上滑行出的距离不可控,必须设置挡墙。

二、 护具使用

中华射艺护具主要分为三种:护臂、护指、护手。下面对上述三种护具的使用方法和注意事项进行详细阐述。

(一) 护臂

护臂主要是佩戴在习射者持弓手的小臂内侧,以防止弓弦打臂,造成损伤。

使用方法:将护臂紧贴持弓手小臂内侧,然后用具有松紧性能的带子将护臂固定住。

注意事项:近身端要贴紧手臂,切忌松动,否则撒放时,弓弦易挂住护臂,造成打臂的损伤。部分肘关节向内凸出的学生,需要佩戴两个护臂或是加长护臂,保护好肘关节和小臂。

(二) 护指

因传统弓要求使用拇指勾弦,所以拇指承受拉力较大,为防止长期习射导致拇指损伤,习射者均采用护指用以保护拇指。

使用方法:初学者建议佩戴皮护指,选择适合自己的大小。有一定基础后,可以更换硬扳指,在进行多箭支训练时,可以更好地保护手指。

注意事项:护指尺寸的选用,以引满弓时护指与拇指的外侧留有缝隙,且不滑脱为宜,护指不宜过小或过大。

(三) 护手

护手佩戴于持弓手的拇指和食指的虎口处,防止习射时箭羽划伤虎口处的皮肤。

使用方法:根据护手的长短,佩戴于持弓手的食指与拇指上。

三、箭支检查

（一）高度重视，防患未然

习射时，对于箭支的检查尤为重要。无论何种材质的箭，在不断使用过程中都会出现损伤。新箭在习射过程中，也会出现"追尾"，或者两支箭发生碰撞，导致箭杆等部位出现裂纹或受损等情况。对于产生裂纹的箭支，习射者一般难以察觉，但如果再次使用，容易导致损伤。因此对于箭支的检查应给予高度重视，防患于未然。

（二）时时检查，定期维护

箭支的时时检查，是指在习射过程中，习射人员每射一支箭时，都要对所射箭支进行一次检查。体现在两个方面：第一，习射前，当搭箭正筈时，这个过程亦是检查箭支的过程；第二，习射后，验靶取箭时，拔箭的过程，也是检验箭支有无受损的过程。

箭支的定期检查，是指对于所有箭支，由管理人员进行定期的安全检查，发现有损伤的箭支，应及时维护或者报废。通常每周检查一次，排查安全隐患，以确保习射者不受伤害。

四、拔箭要求

对于初学者而言，拔箭也是一个需要注意的环节，拔箭方法的安全与否，涉及自身和他人的安全。首先，要掌握安全合理的拔箭方式。拔箭时，应站在箭支的一侧，一手推住靶，一手向外拔，即一只手按住箭头所在的靶面附近，另一只手从箭头的根部，靠近靶面的位置，向后将箭拔出。其次，务必要注意，拔箭时，箭尾后方一米内，不能有人，以免拔出的箭尾伤到人。最后，每次拔箭时，一定要检查箭支是否有裂纹，一旦发现损坏，不得再次使用。

第二章　基本技法

射箭项目的技术动作相对单一,但对于技术动作的精细化程度要求较高。发射一支箭的过程大致可分为四个阶段:

一、准备阶段,主要包括:搭箭正筈、站姿脚位、持弓之法、钩弦要义、头转体备、举弓锁肩。

二、用力阶段,主要包括:引弓入彀、瞄准审固。

三、关键时刻,主要包括:前撒后放。

四、结束阶段,主要包括:动作暂留、敛弓收势。

第一节　热身运动

热身是任何体育运动的必备环节。合理、适度的热身,可以避免运动损伤,也可以有效提升运动成绩。

一、心肺预热

首先通过慢跑和跳跃性的活动来进行热身,同时提升身体温度。根据季节和环境安排不同的运动强度,以额头微感出汗为宜。

二、关节拉伸

(一)转头运动

两脚开立,以身体中轴线为轴,左右转动头部至90度,换方向交替进行。见图2-1-1。

图2-1-1

（二）头部拉伸

两脚开立，头部向两侧摆动，拉伸颈部。见图2-1-2。

图2-1-2

（三）肩部绕环

两脚开立，两臂伸直，两手在身体两侧绕环，幅度由小变大，拉伸肩关节。见图2-1-3。

图2-1-3

（四）肩部拉伸

肩部拉伸一：左臂在胸前向右侧平展，用右肘关节内侧扣住左肘关节的外侧，向右侧拉伸左肩关节的外侧。然后交换手臂。见图2-1-4。

图 2-1-4

　　肩部拉伸二：左手从脑后放在脊柱上,右手从头上扶住左肘关节,轻轻下压,左手沿脊柱向下够,拉伸肩关节,然后交换手臂。见图 2-1-5。

图 2-1-5

（五）体转运动

　　两脚开立,两手侧平举,以身体中轴线为轴,向两侧扭转拉伸。见图 2-1-6。

图 2-1-6

（六）腹背运动

　　上体前倾 90 度,左手向下触右脚尖,转动身体换右手向下触左脚尖,两手交替进行。见图 2-1-7。

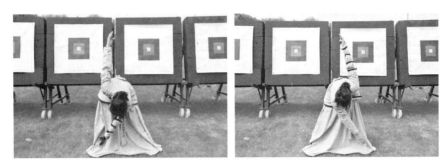

图 2-1-7

（七）手指拉伸

右手大拇指在胸前钩住左手食指，两肘关节向两侧拉伸。左手习惯者反之。见图 2-1-8。

图 2-1-8

三、抗阻拉伸

利用弹力带进行抗阻拉伸。由于射箭运动以上肢完成动作为主，因此，弹力带拉伸可以肩关节为轴，向不同的方向进行拉伸。例如，体前对拉、头上对拉、侧平举等。弹力带拉伸时，注意始终保持用力，不要还原到完全的放松状态。见图 2-1-9。

图 2-1-9

四、专项拉伸

最后利用弹力带进行模拟拉弓的热身练习。也可将弹力带绑在后手肘关节的位置进行模拟举弓和引弓的练习,或者用后手大拇指钩住弹力带进行撒放的模拟练习。见图2-1-10。

图2-1-10

第二节　上下弓弦

学会安全地上下弓弦是进行射箭的基础。合理的安装方式,可以保证自身、他人的安全,也可以保护弓免受损伤,提高使用效率。

一、单人上弦

单人上弦的方式通常有回头望月和怀中揽月两种,适用于玻片弓和层压弓。以下为回头望月的方式。

(一)分解技术

图2-2-1

1. 区分上下,套弦入彄

将弓分出上下,通常弓柄(弝)上箭枕的位置为上;将弦分出上下。弓与弦的上下一一对应后,将弦上侧的弦耳(扣)套入弓上侧弓弰上的弦槽(彄)内。见图2-2-1。

2. 两脚开立,弓弰靠腿。[①]

两脚分开,将上侧套好弦的弓弰,放在左脚脚踝的

---

① 本书均以右手习惯者为例,以下同。

位置处;将弓稍和弓臂连接处,靠在左小腿正面。弓弰不要接触到地面,以免扭弰。见图2-2-2。

图2-2-2

3. 左手持弦,右手握弓

左手捏住弦耳的根部,右手握住弓,握在弓弰与弓臂结合部。见图2-2-3。

图2-2-3   图2-2-4

4. 右腿跨弓,大腿抵弝

右腿跨过弓,用右腿大腿根部抵住弓柄(弝)中间,产生两个相反的力。形似回头望月。见图2-2-4。

5. 回头望月,套弦入彄

利用身体转体的力量,臀部向后,右肩前探,右手贴近身体将弓向前推。将弦耳套入弦槽内,确认另一侧弦耳仍在弦槽内,慢慢还原,抽出右腿。见图2-2-5。

6. 检查上下,轻拉确认

检查上下弓弦的位置是否上好,轻微拉弓,检查确认。见图2-2-6。

图 2-2-5

图 2-2-6

（二）注意事项

1. 弦卡入弰，方可收力。

完成第五步套弦入弰时，要确保下侧的弓弦仍然卡在弦槽内之后，再慢慢泄力。

2. 上弦无人，确保安全。

上下弓弦时，周围不要站人，尤其是后面，以免滑脱伤人。

3. 指不入耳，以免夹手。

手拿弦耳时，不要将手指伸入弦耳内，以免还原时夹到手指。

图 2-2-7

二、单人下弦

下弦的方式与上弦的方式相反。

（一）技术要点

1. 将任意一侧的弓稍根部放在左腿小腿正下部。见图 2-2-7。

2. 右腿从弓与弦的中间跨过。见图 2-2-8。

3. 用右腿大腿根部顶住弓柄中部。见图 2-2-9。

图2-2-8 图2-2-9

4. 回头望月,利用转体的力量,将弓弯曲,将弦从弦槽里面抽出。见图2-2-10。

图2-2-10

5. 慢慢还原。

（二）注意事项

1. 下弦时,右手握紧弓,以免弓在手中翻转。

2. 还原时,确保下方的弓稍在小腿上,以免滑脱。

3. 下弦时,确保周围没有人,尤其是后方。

第三节　搭箭正筈

　　搭箭是进入射箭基本技术动作之前的准备工作,要求持弓于胸前,弓体垂直于地面,身平体正。有效的搭箭是射好一支箭的必备基础。从取出箭支开始,就要静心与专注,按照固定流程完成后续动作。

一、技术要点

（一）取矢中段，先入前手

前手胸前持弓，后手取矢中段，切勿捏住箭尾或羽毛。然后递入前手，用前手食指和中指，二指夹住，先固定前手位置。挟箭时保持头容端详，身体正直，弓不晃动且始终垂直于地面。见图2-3-1。

图2-3-1

图2-3-2

图2-3-3

（二）前手挟矢，顺羽正筈

前手握弓，同时用食指和中指夹住箭。后手顺箭身，捋顺箭羽，将主羽冲外。此时应检查箭杆有无损伤和箭尾、箭羽的完整性，同时保证弓与地面垂直，箭与地面平行。见图2-3-2。

（三）筈入弦口，羽弦垂直

将箭尾卡入弓弦中间护弦绳的位置，上移5—10毫米，让箭羽的延长线垂直于弦，以免出箭时划伤前手虎口。见图2-3-3。

二、易犯错误

（一）前手无台，拉弓掉箭

前手大拇指没有形成箭台，拉弓之时，便会掉箭，见图2-3-4。前手大拇指可立起，形成箭台，或用大拇指指根形成箭台，将箭靠在弓上。

（二）矢弦相垂，出箭伤手

搭箭时，箭身垂直于弦，见图2-3-5，而不是羽毛的延长线垂直于弦。出箭时，下侧箭羽会划伤前手,应上移5—10毫米为宜。

图2-3-4　　　　　　　　　　　　　图2-3-5

三、注意事项

搭箭的过程中,要检查箭杆是否有破损,避免危险情况发生。

为了每次搭箭的准确一致,可以在弓弦上缠绕一段标记,作为箭口,固定搭箭位置。

第四节　站姿脚位

　　站立是射手最基本的身体姿势。中华射艺讲求内志正、外体直。站立是正与直的基础。射箭时许多身体角度的变化同站立的姿势息息相关,它是射好一支箭的基础。基础改变了,会带来身体姿势产生一系列的变化,影响最终的动作质量。徐开才先生在《射艺》中讲:"由于射手体型和特点不同,在站姿上会有一些差别。对射手来说,在学习射箭的初始阶段,最重要的是掌握一个准确和基本的平行站立姿势。"因此,初学者必须严整步位,立足稳定。站姿脚位的训练目标是建立一个一致的、稳定的、坚固的身体姿势。

一、技术要点

(一) 两脚开立,与肩同宽

两脚自然开立,脚尖连线与脚跟连线相互平行,且垂直于靶面。脚外侧与肩的外侧同宽或略宽,重心落于两脚中心,达到立足而稳。见图2-4-1。

图2-4-1

（二）身体中轴，保持正直

身体站直，挺拔山立，中轴线从此时开始，始终保持正直，切勿弯曲。为保证前、后用力均衡，身体重心必须平均落于两脚之上。见图2-4-2。

图2-4-2

图2-4-3

（三）两肩放松，平行地面

两肩放松下沉，平行于地面，两腿自然伸直，两膝稳固不动，重心前压，眼睛平视前方，人体形成一个十字结构。见图2-4-3。

图2-4-4

二、重心前压

身体正直，略有前倾

站立时，整个身体保持正直，以踝关节为轴，略向前倾。重心落于脚前掌，感觉脚前掌和脚趾像生了根一样，扎入地面。立足千斤之重。见图2-4-4。

三、 腹式呼吸

腹腔呼吸,减少起伏

吸气时腹部外鼓,呼气时腹部内收,可减少胸式呼吸造成的上体起伏影响。保持身体的稳定性。

图 2-4-5　吸气　　　　　　　　　　　　图 2-4-6　呼气

四、 易犯错误

(一) 重心投影,不在中心

重心不在中心(见图 2-4-7),会破坏身体平衡,影响后续对称用力,长时间练习还容易产生劳累和损伤。应两脚均匀受力。

图 2-4-7

(二) 重心偏后,影响稳定

重心偏后,身体容易晃动,不稳定(见图 2-4-8)。应有重心前压的感觉,脚前掌、脚趾抓地生根。

图 2 - 4 - 8

（三）分脚不够，窄于两肩

两脚开立不够，重心较高，不利于建立身体的稳定性，应至少与肩同宽。

（四）肩斜腰软，头容不正

站立时，过于放松随意，身体中轴线歪曲，出现塌腰、斜肩、歪头等问题。见图 2 - 4 - 9。

图 2 - 4 - 9

五、练习方法

（一）利用箭矢，两人互助

图 2 - 4 - 10

一人站定后，同伴利用一支箭来测量肩宽，然后将这支箭放在脚的位置，检查两脚分开的宽度是否与肩同宽。见图 2 - 4 - 10。

一人站定后，同伴将两支箭贴住两脚内侧平行放置，可以检查两脚是否平行站位；也可以将两支箭平行放置于脚尖和脚跟的位置，检查脚位是否垂直于靶。见图 2 - 4 - 11。

图 2 - 4 - 11

（二）对镜练习，自我检视

借助镜子反馈，发现自身站姿的问题并加以纠正。见图 2 - 4 - 12。

图 2 - 4 - 12   图 2 - 4 - 13

（三）闭眼凝神，感受身体

经过前面两种练习，建立正确的基本站姿后，闭上眼睛，用本体感觉来感受身体的正确位置关系。闭眼之后，注意力更加集中在身体上，容易建立动力定型。对于初学者，这种练习可以反复进行，可达事半功倍之效。见图 2 - 4 - 13。

六、三种站位

两脚的站位通常有三种，分别是平行站位、开放站位、隐蔽站位。见图 2 - 4 - 14。三种站位方式，适用于不同的情况，因人而异。对于初学者而言，推荐使用平行站位。

（一）平行站位

两脚连线，垂直于靶

平行站位又称为侧立式。两脚开立，与肩同宽，分别站在起射线两侧。两脚尖紧靠靶的中心线，脚尖连线，垂直于靶。这种站位方式最利于实现一致、稳定的站姿。

图 2-4-14

（二）开放站位

后脚偏前，减少打臂

开放站位又称暴露式站位。后脚偏前，前脚脚尖在靶心线上，两脚尖连线与靶心线呈 15 度角。优点是部分抗风，不容易打臂，更为舒服，身体面向靶面，更容易集中注意力。缺点是肩部难以建立更好的直线支撑，身体姿势难以实现较高的一致性。

（三）隐蔽站位

前脚偏前，便于前撑

隐蔽站位又称闭合式站位。前脚偏前，后脚脚尖在靶心线上，两脚尖连线与靶心线呈 15 度角。优点是部分抗风，便于前臂的前撑，建立肩部的直线支撑。缺点是容易打臂，身体姿势难以实现较高的一致性，背向起射线，容易受到干扰。

七、典籍介绍

《清代射艺丛书》："步位与身法相连，乃射学入门第一义。初学必须严整步位，庶根本力足，而全身有主，不然则渐入于油，欲求射法之精进，断不能也。"

《射经》："两脚先取四方立后，次转左脚大指对左肩，尖当垛中心。右脚横直，鞋衩对垛。此为丁字不成，八字不就。"

第五节　持弓之法

持弓是指前手的握弓或者叫推弓，持弓的主要目标是要保持每次手与弓接触面的一致性，且最大限度的做到放松。持弓手和臂的位置，关系到后续撒放时是否会打臂。

一、基本技术

（一）先找上下，虎口对枕

持弓时，前手虎口对准弓柄与箭枕的连接线。

（二）再寻左右，中心相对

持弓时，用虎口中心对准弓柄中心。持弓位置不能左右滑动，做到中心相对。见图2-5-1。

图2-5-1　　　　　　　　　　　　　　　图2-5-2

（三）前臂伸直，直线前推

持弓手的中部，主要是大鱼际接触弓柄。前臂肘关节不要弯曲。后续整个动作，前臂都是伸直的，便于形成骨骼支撑。见图2-5-2。

二、提高技术

（一）位置固定，准确一致

每次推弓的位置要固定一致，任何微小的变化都会引起很大的误差，破坏射箭效果的一致性。

（二）前手推弓，握而不僵

前手推住弓，要感觉并意识到手掌大鱼际与弓接触的位置。此时，手背不要完全与地面垂直，空出掌心。手指辅助握弓，不要用力。做到以前推为主，握而不僵。见图2-5-3。

（三）食指知镞，余指放松

推弓时，前手的食指可以自然的接触到箭尖，帮助实现拉距的固定一致。大拇指顺势搭在中指上，中指、无名指、小指尽量不要接触弓，自然放松，撒放时也不要刻意抓弓。见图2-5-4。

图2-5-3

图2-5-4

三、 旋臂沉肩

（一）肘窝内旋，防止打臂

持弓时，转动持弓臂肘关节，肘窝对向一侧，形成内旋的效果，见图2-5-5。旋臂可以防止弓弦回弹时打臂。

（二）肱骨入肩，利于支撑

将大臂肱骨收入肩窝内，肩向下收紧，形成沉肩的效果。沉肩有利于关节支撑，可以提高前撑效能。

图2-5-5

四、 易犯错误

（一）手腕内扣，前撑无力

推弓时，手腕内扣，无法形成骨骼支撑，撑不住弓，见图2-5-6。应将手腕略微外翻。

手腕内扣，前撑无力

图2-5-6

（二）握弓太紧，形成死靶

手指紧张，过度用力，抓握弓靶，不利于后续撒放，见图2-5-7。可将手掌打开推弓，放松手指再握弓。

图2-5-7

（三）前臂不直，肌肉支撑

持弓的手臂，肘关节没有伸直，见图2-5-8。前臂支撑不是利用骨骼支撑，而是主要依靠手臂和肩膀的肌肉力量来支撑，难以为续，而且容易受伤。持弓后，应保持前臂始终伸直。

图2-5-8

（四）握弓位置，忽高忽低

每次握弓的位置无法保证一致性，见图2-5-9。这是初学者较为常见的错误。

（五）腕随弓撒，边拉边移

拉弓过程中，前手手腕位置因受力增加而向后移动，见图2-5-10。应保持用力前推，固定住手腕。

图 2-5-9

图 2-5-10

五、练习方法

（一）单臂撑墙，建立推感

用手臂去撑墙或者其他支撑物体，身体侧倾，找到推时关节用力的感觉，见图 2-5-11。

图 2-5-11

（二）两人一组，互推肩膀

学生两人一组，互推肩膀，找到推的感觉，见图 2-5-12。

图 2-5-12   图 2-5-13

（三）肘抵桌上，手托哑铃

　　将肘关节放在桌子上，手托哑铃，久举不累，感受利用关节的支撑方法。见图 2-5-13。

（四）多种方法，练习旋臂

　　1. 两手对握，像排球垫球，转动手臂。见图 2-5-14。

　　2. 将一根短棍（其他替代物均可）绑在前手肘窝的位置，推墙进行旋臂到短棍垂直于地面。见图 2-5-14。

　　3. 前手推教练肩膀，教练辅助进行旋转肘关节。

图 2-5-14

六、三种推法

（一）低推：掌根推弓，便于支撑

　　大鱼际内侧和手掌掌根共同推弓，使弓的压力落在桡腕关节，推弓过程中周围的肌肉紧张程度可以减少。这种方式对于手腕力量要求较小，但手与弓的接触面积较大，对动作一致性要求较高。

（二）中推：大鱼际推，手腕前倾

　　大鱼际内侧推弓，手腕前倾一定角度，推弓的施力点集中在大鱼际的上端与虎口处，此推法介于低推与高推之间。适合手腕力量较好者。手与弓的接触面较小。

（三）高推：虎口前推，接触面小

用虎口抵住弓把，手腕放平，支撑点与桡腕关节基本处在同一水平面上，与前臂形成一条直线。这种方式对手腕力量要求较高，但手与弓的接触面最小。

图2-5-15 三种推法

七、典籍介绍

《纪效新书》："前手如推泰山。"

《纪效新书》："凡打袖皆因把持不定。"

《武经射学正宗》："夫握弓之法莫善于搭箭时，将前肩臂向前，番直朝地。后肩臂从高提紧，就将前掌根托实弓心，次以小指无名指捲握弓弰，而食指中指屈曲附丽于弓，不必用力，发矢时与大指一同直叉对的。"

《武经射学正宗》："大指压中指把弓，此至妙之古法也，决不可不从之而更从他法。"

《射学指南》："弓弰上段，可留六七分通矢。……大指悉力追进，压着中指，第二指竖起，指尖点在弰前之上，不可伸出。盖食指点弰，亦有扶助之力，而不伸出。"

《贯虱心传》："持弓之手，须虎口冲急，顶弰平对，腕窝正直。大指压中指上，悉力追出，三指入而大指出，则虎口自急矣。以食指伸出，点镞指的，此谓知镞。"

第六节 钩弦要义

大拇指钩弦是中国传统射法的特点之一，也是古时较为主流的钩弦方式。其在射法应用上可以适应各种静态或移动的情形，尤其是在骑射时，不容易因晃动而掉箭。钩弦最主要的目标是每次钩弦位置一致，并做到足够的手指放松。

一、基本技术

（一）大指钩弦，紧而不僵

钩弦手的大拇指弯曲钩在弦上。见图2-6-1。大拇指是主要受力点，钩弦时应做到指紧腕松，用力不僵。钩弦手钩的牢固，才能最大限度地达到放松状态。

图2-6-1

（二）食指压大，形成凤眼

大拇指钩弦后，食指第二指腹，压住拇指第一指关节位置（指甲跟部），形成凤眼状锁扣。见图2-6-2。此时食指的指尖应该在弦的外侧，不参与钩弦，以防被弦划到。

图2-6-2

图2-6-3

（三）余指握拳，切勿碰弦

其余三指放松握拳，不要去扰弦和用力，以免撒放时产生分力。见图2-6-3。

二、提高技术

（一）指在矢下，食指抵筈

大拇指钩在箭尾下方，箭在钩弦手的"凤眼"内，食指第二关节侧面轻轻靠住箭尾，以防

图2-6-4　　　　　　　　　　　　　　图2-6-5

滑动或掉落。见图2-6-4。

（二）掌心向下，腕松且平

钩弦手掌心向下，手腕放松放平，轻微逆时针悬腕，配合食指靠箭尾；钩弦手的腕关节一定要保持放松，避免撒放时产生分力。见图2-6-5。

三、重点难点

指松腕平，三点一线

钩弦手的中指、无名指和小指要放松，在撒放时就不会产生分力。用肘关节带动后拉，而不是腕关节；因而，手腕要放松，感觉手从腕关节中被拉出，这样可以保证钩弦手、腕关节、小臂在一条直线上，避免分力。见图2-6-6。

图2-6-6

四、易犯错误

（一）满手拉弓，五指钩弦

钩弦手中指、无名指和小指参与拉弦，干扰后续撒放。见图2-6-7。应放松握拳，可在

图2-6-7

手里握一支笔来纠正。

（二）指离箭筈，箭离凤眼

大拇指钩弦点离箭太远，箭不在凤眼内，容易掉箭。见图 2-6-8。（指幅瞄准法除外）

图 2-6-8

掌心向内，食指钩弦

图 2-6-9

（三）食指钩弦，干扰撒放

钩弦手掌心向内，造成食指也参与钩弦，撒放时容易打到食指并干扰撒放，应将钩弦手的掌心向下。见图 2-6-9。

（四）手腕紧张，立腕拉弦

手腕竖起，紧张用力，破坏手、腕、小臂的一条直线，干扰撒放，产生分力，应放松手腕，由后肘带动发力。见图 2-6-10。

正确

错误

图 2-6-10

五、练习方法

（一）指钩重物，体会放松

用大拇指钩住一袋重物，手臂手腕放松，垂直向下。手腕保持放松，大拇指、食指紧而不僵,体会大拇指被向外拉的感觉。见图2-6-11。

(二) 循序而进,巩固钩弦

利用大拇指勾住一袋重物。见图2-6-11。建立指紧腕松的感觉之后,将一袋重物改为弹力带(见图2-6-12),体会放松钩弦的感觉,然后保持这种用力感觉,由教练牵引弹力带改为射箭的方向(见图2-6-13),继续感受模拟射箭动作情况下的用力感觉,最后学员闭眼感受手指的正确用力方式,如此反复进行强化放松的钩弦用力。

图2-6-11

图2-6-12

将拉弹力带改为拉弓,先由教练牵引弓拉向地面(见图2-6-14),学员感受放松状态下的钩弦感觉,然后教练牵引弓改为射箭的方向,学员闭眼感受手指用力感觉,最后学员闭眼表象出这种手指用力的感觉,如此反复进行强化。

图2-6-13

图2-6-14

六、 典籍介绍

《西江月·射箭》:"后拳凤眼最宜丰。"

《武经射学正宗》:"附枝者轻松依之谓。言后手引弓不逼弦,不逼矢。前手推定弓弝,后手轻弓而觳也。"

《射经》："凡控弦有二法，无名指叠小指，中指压大指，头指当弦直竖，中国法也；屈大指，以头指压勾指，此胡法也。此外皆不入术。"

《纪效新书》："后手如握虎威尾。"

《纪效新书》："凡射，箭去摇头，乃是右手大食指扣弦太紧之故。"

《射学指南》："后手大指钩弦，将食指钩大指。然食指尖，须直向于下；若横斜，则弦有碍，而矢偏于右矣。食指内节，一直傍矢，不可太逼。"

第七节　头转体备

> 转头和身体准备是开弓前的重要准备动作，其动作质量的优劣会影响后续的其他动作。前手持弓，后手钩弦，头部自然转向靶面，身平体直，两肩自然下沉，呼吸均匀、眼睛平视前方。身体姿态的准备是为后续用力做好充分的准备。

一、技术要点

（一）头转身直，中轴不变

转头时，身体中轴保持正直，不可歪头、耸肩、扭腰、斜胯。

（二）上松下紧，预先对齐

身体后背平直，头部向上，胸部下沉。上体相对放松，尤其是两肩放松。收紧腰腹和腿部，以保持髋关节朝向于靶面，将身体与射箭面[①]对齐。

（三）目注于的，调匀呼吸

转头时目光随头而动，勿斜视他物。转头后眼睛专注于目标，心无杂念，调整呼吸。

二、易犯错误

（一）头转颈紧，前低后抬

转头后，头向靶子方向前低或后抬，使得颈部肌肉紧张，影响

图 2-7-1

---

① 射箭面指的是弓箭与靶心所形成的与靶面垂直且与水平面垂直的平面。该平面与人体的冠状面相一致。

后续动作发力。

（二）头转肩歪，前高后斜

转头带动两肩紧张，前肩耸肩或者后肩耸肩。见图 2-7-2。

图 2-7-2   图 2-7-3

（三）头转髋动，朝向不对

头转向目标时，身体躯干随之而动，造成髋关节朝向偏移，破坏身体与射箭面的对齐。见图 2-7-3。

三、练习方法

（一）对镜练习，自查身位

通过对着镜子练习转头动作，帮助发现头位、髋关节朝向等问题。见图 2-7-4。

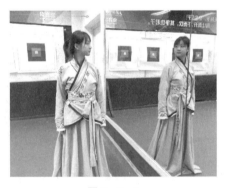 

图 2-7-4   图 2-7-5

（二）利用箭矢，二人互助

两人利用箭矢互助练习，相互检查动作。一人练习时，另外一人将一支箭从身后靠在髋关节处(见图2-7-5),查看髋关节是否朝向于靶面,查看转头过程中,身位是否有变化。

(三) 闭眼聚神,身体记忆

初步建立起正确的身体位置关系之后,需要进一步强化这种正确的动作记忆。此时需要本体感觉的动员来做到更好的自动化和一致性。通过闭眼练习正确的转头动作,可以强化身体记忆,尽快实现动作的自动化阶段。

四、典籍介绍

《武备要略》:"身法有六忌;忌头缩;忌身挺;忌前倒;忌后仰;忌臀露;忌腰露。六忌明立身之法善矣。"

《纪效新书》:"凡射,颐恶旁引,头恶欲垂,胸恶前凸,背恶后偃。"

《贯虱心传》:"立身之法,壮似蹲鹰。勿挺勿曲,双膝力匀。"

第八节 举弓锁肩

举弓是前期所有准备环节的结束,举弓之后的引弓将开始用力的环节。举弓是一个承上启下的重要技术动作,首先要求保持前面所有的动作不能有变形,保持放松,同时又要为后续的用力做好所有充足的准备。

一、基本技术

(一) 两臂缓举,两手齐眉

两臂匀速上抬,两手平行于地面,举弓高度要求两手与眉齐平。前臂与地面的夹角不超过30度,后臂大臂与地面的夹角大致是45度。见图2-8-1。

(二) 沉肩举臂,身正体直

举弓时,前臂手臂伸直,两肩放松下沉。保持身体中正位,身体中轴线不能弯曲。

(三) 预拉锁肩,沉胸收腹

图2-8-1

举弓后,进行预拉,将前肩下沉并趋近于射箭面,以固定住前肩。见图2-8-2。同时,不要挺胸,保持沉胸平背的情况下,略收腹为后续用力做

图2-8-2

好准备。

二、提高技术

（一）体位中正，十字架构

　　举弓后，身体中轴线应保持不变，身体重心投影应在两脚中间，头部位置保持固定不变，形成十字架构。见图2-8-3。固定举弓动作的基本架构，对后期射箭技术动作的定型与成绩的提高有很大帮助。

（二）先沉后举，肘窝内旋

　　举弓时，要确保在沉肩的情况下举臂，切勿耸肩。见图2-8-4。保持上松下紧的状态，髋关节位置不变。举弓的同时或之前，完成旋臂的动作，使得持弓臂肘关节的内侧垂直于地面。

图2-8-3

图2-8-4

（三）人弓一体，趋近重合

　　举弓完成预拉后，两肩连线应趋近于射箭面和髋关节面。在不产生打臂的前提下，前肩应尽可能的趋近于射箭面，才能更好的实现骨骼支撑，提升后续用力效能。

（四）前臂就位，感受推点

　　举弓预拉后，前臂大臂肱骨与肩胛骨对齐，实现骨骼支撑，在后续拉弓动作中，前臂几乎保持不动。瞄准点基本进入到靶心区域。放松前手，感受推弓点的稳定和一致。见图2-8-5。

（五）后手放松，预拉一致

　　举弓预拉时，后手手腕应放松放平，避免后续动作中出现手腕紧张用力的问题。预拉结束的位置，应每次一致。见图2-8-6。

图2-8-5

图2-8-6

三、重点难点

缓举双臂,沉肩稳髋

举弓不要急,匀速有利于后续动作的一致和稳定。举弓很容易耸肩,这是初学者常见的错误。举弓预拉时,腰腹和下肢应保持收紧,使髋关节始终朝向靶面,并稳定不动。调节身体重心,保持在两脚之间。

四、注意事项

（一）前臂夹角,勿超30度

为保证安全。举弓时,前臂与地面的夹角不得超过30度。见图2-8-7。举弓时保持弓与地面垂直。箭与地面水平,并同后手拉弓臂连成一条直线。

图2-8-7

图2-8-8

（二）箭身水平,始终向前

不管举弓多高,箭身始终保持水平向前,万一失误,箭仍是射向靶子方向。见图2-8-8。

五、 易犯错误

（一） 提臂耸肩，颈紧头歪

持弓举臂时，初学者容易将肩部跟着一起耸肩，颈部也会紧张用力，导致头向一侧靠在肩上。见图 2-8-9。应保持上肢不参与用力的肌肉放松，背平胸沉。

图 2-8-9

图 2-8-10

图 2-8-11

（二） 上体不正，扭腰挺胯

举弓时，上体向拉弓臂方向倾斜，表现为扭腰和扭胯，偏离身体中轴线。见图 2-8-10。腰腹和下肢应适度用力收紧，保持身位不变。

（三） 举弓撤髋，预拉顶胯

举弓时，腰腹和下肢过于放松，导致髋关节后撤，偏离射箭面；预拉时，髋关节前顶，造成身体摆动，影响稳定性。见图 2-8-11。

六、 练习方法

（一） 辅助手段，循序渐进

首先，可以对着镜子举弓预拉，观看自己的动作，通过视觉反馈建立正确动作；或者用激光笔放在髋关节处、背部肩膀的位置，来辅助建立正确的动作。见图 2-8-12。然后，闭眼进行举弓预拉，预拉结束后睁眼，检查是否准确，反复练习，建立本体感觉。其次，进行表象训练。最后，进行拉弹力带的练习，进而过渡到拉弓进行练习。

图2-8-12

图2-8-13

（二）两人一组，互助练习

两人一组，从正面纠正动作；第二次练习，从后面纠正动作。相互之间，通过不同角度的观察，可以帮助建立正确的动作定型。在肩膀或者胯部绑上一支箭，搭档利用箭的指向来帮助观察同伴的技术动作。见图2-8-13。

（三）多种方法，练习沉肩

解决耸肩的办法：先用力耸肩，然后用手压在肩上，主动放松下沉，可以建立沉肩之后的感觉；用弹力带绑在肩膀上，然后用脚踩住，进行举弓练习。见图2-8-14；教练用弹力带绑在肩膀两侧，将两肩提起，学员进行举弓练习，感受主动用力沉肩。见图2-8-15。

图2-8-14

图2-8-15

（四）标记箭身，预拉一致

举弓预拉之后，请同伴帮助用笔在箭上面与弓交界的位置做标记。见图2-8-16。反复练习，看是否能够每次预拉的位置一致。

图2-8-16

（五）施加外力，体会前撑

为了更好地帮助学员体会举弓预拉之后，前臂的骨骼支撑。教练可以让学员用持弓臂撑墙，先不做预拉将前肩趋近射箭面，然后推后肩，可以轻松的推动身体；然后让学员做好预拉，让前肩趋近射箭面，形成骨骼支撑，再去推后肩，很难再推动身体，帮助学员体会骨骼支撑的感觉。见图2-8-17。也可以用单臂侧撑的练习。

图2-8-17

七、典籍介绍

《武经射学正宗》："彀法根本，全在前肩下捲。前肩既下，然后前臂及后肩臂一起举起，与前肩平直如衡"。

《武经射学正宗》："抑熟知直之标，在直身与番臂直之本在前肩。不直前肩，徒直前臂，是为无本之直。引弓将彀，前肩即耸，骨节不对，如何能直？……引弓如是，则前后肩臂并力，凝结一片，平直如衡，方可云外体直。"

《射学指南》："前手一定在颐间，又要与前肩平，上下一些子，俱不准。"

第九节　引弓入彀

引弓也叫开弓，是肌肉用力的第一个环节。引弓的用力主要靠身体肩背部的肌肉，而不是手臂的力量，学会放松的开弓尤为重要！在开弓用力的过程中，持弓臂保持前撑，拉弦臂由肘带动向后牵引，将弓拉满。古人也称入彀。

一、基本技术

（一）肩背开弓，前撑后拉

引弓的主要力量来自于肩部三角肌和背部的斜方肌、背阔肌、岗下肌、小圆肌等肌肉，表现为两个肩胛骨向脊柱靠拢。前撑主要靠骨骼支撑，预拉时基本已经完成。见图 2-9-1。后拉主要靠肌肉牵引。前撑力和后拉力各占 50%，身体中轴线不变。

图 2-9-1

图 2-9-2

（二）力足彀满，固定靠位

开弓要力雄而引满，足力开弓，平缓靠位，一气呵成形成满弓状态。后手的靠位根据拉距不同而不同，但每次一定要固定一致。见图 2-9-2。

（三）塌肩抬肘，三点一线

拉弓臂沉肩，后肘高于后肩。开弓后，从俯视角度看，推弓点、钩弦点、后肘中心点

图 2-9-3

形成一条直线,构成射箭面。见图 2-9-3。

二、 提高技术

(一) 足力开弓,安详大雅

开弓要果断,稳定而有力。先匀加速用力,再匀减速靠位。古人所谓的怒气开弓,盖怒气开弓则力雄而引满。讲的即是要果断地开弓,一气呵成。用力不可僵硬,应放松不参与用力的肌肉,做到安详大雅。

(二) 紧而不僵,松而不懈

引弓入彀,即拉满弓之后,身体需要很大的力量才能完成。初学者容易过于紧张,动作僵硬。因而,整个身体的用力,包括前手、后手的用力都需要做到紧而不僵、松而不懈。此条可进一步诠释安详大雅。

(三) 三角支撑,直线用力

拉满弓后,理想情况下,俯视角度可以看到一个三角形。见图 2-9-4。推弓手、前肩、后肩趋近一条直线;推弓点,钩弦点,后肘中心点一条直线;后肘与后肩一条直线。假如前肩打开不够,会形成一个梯形,相比之下,不如三角支撑的效果更好。其中,推弓点、钩弦点、后肘中心点这条直线力与射箭面重合,应将后肘大小臂夹紧、上提,实现直线用力。

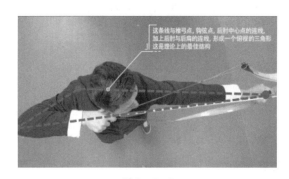

图 2-9-4

图 2-9-5

(四) 靠位清晰,始终一致

后手或弦或羽,要在脸上有固定的靠位,而且每次靠位要保持一致,才能保证出箭的一致性。见图 2-9-5。靠位清晰一致是重要的技术环节。靠位不一致,会导致拉距不一致,从而箭的初速度也会不一致。古人所说"镞不上指,必无中理;指不知镞,同于无目"便是此理。

(五) 持续用力,主动扩张

由于开弓后会产生"内合力",因而持弓臂需要持续向前撑开,拉弓臂需要保持向后的用力。这是一对方向相反,大小相同的对称直线力。在保持用力的基础上,撒放前还需要有一个身体的扩张力,在反曲弓中表现为拉响响片。此扩张力由胸背部肌肉协同完成,肩胛骨沿脊柱向反方向微微扩张,此扩张几乎不可见。

三、 重点难点

(一) 直线用力,习射根本

直线用力是射箭运动的基本用力形式,箭沿直线方向飞出,才能准确的命中目标,保证直线用力,尽量减少"分力",是射箭的核心技术。后肘关节中心点,通过腕关节到钩弦点,再到前手推弓点,是一条直线力。见图2-9-6。这条直线力是判断技术动作合理的重要原则。

图2-9-6

图2-9-7

(二) 对称用力,平衡稳定

引弓到撒放的过程中,前推力和后拉力要对称,各占50%,才能保证身体中轴线不变,呈"十字"形的稳定结构。见图2-9-7。对称用力是射箭运动的基本用力特点,也是实现直线力的重要保障。前撑力主要靠骨骼支撑,属于刚性力;后拉力主要由肌肉完成,属于柔性力。两个对称的力有不同的要求,需要刚柔并济。

(三) 持续扩张,保障撒放

引弓靠位后,为了对抗弓的"内合力",身体用力不能停顿。为了实现理想的撒放效果,身体胸腔还应主动进行扩张,以保持撒放时能够实现对称的直线力。靠位后的用力停顿,没有扩张力,会导致松撒、送撒等问题,是比较常见的错误动作。

四、 三种拉距

(一) 小拉: 弦靠鼻口,拉距较小

弦靠在鼻尖、嘴和前胸上,手也可以进行靠位。小拉靠位特别清晰,容易感受。现代反

曲弓都是采用小拉。

（二）中拉：弦靠脸侧，拉距适中

中拉拉距比小拉大，弦靠脸侧或在耳边，箭羽靠嘴角，弦靠胸。钩弦手在耳根下方，靠位比较清晰。

（三）大拉：手在耳后，拉距最大

钩弦手在耳根以后，箭羽靠嘴角，大拉动作潇洒，后手撒放后会向后打开。古时为了射远而采用这种方式。

图 2-9-8　三种拉距

五、靠位要领

（一）背肌带动，完成靠位

引弓入彀完成的重要标志，是将弓弦拉到了靠位。因而，靠位是一个重要环节。用后背肌肉的持续用力带动肘部，匀减速完成靠位。不能使用手臂、手腕的力量完成靠位动作。后肘在引弓靠位过程中，可以略高于肩或与肩相平，但中心点必须始终在射箭面之内。

（二）确定靠位，前手知镞

根据拉距不同，选择不同的靠位点。不管哪种拉距，通常都会有两到三个点来确保拉弓的一致性。靠位点必须要清晰，而且每次都要一致。射手应根据自身的拉距，选择不同长度的箭，以确保能够做到前手知镞（即前手的食指刚好能够感受到箭头），可以帮助射手更好地实现拉弓的一致性。

（三）承上启下，确立程序

靠位既是拉弓的结束，同时也是瞄准的开始。因而，清晰一致的靠位可以帮助射手节省精力，提高成绩。靠位点一定要清晰的感受到之后，再开始进行瞄准、扩张、撒放等技术动作。这些几乎同时进行，且在短短的时间内完成的技术环节，需要建立一个明确的程序，才能更好地分配注意力，不易出错。

六、扩张技法

（一）胸腔扩张，肩胛外展

身体的扩张，主要表现为胸腔向两肩方向的外扩。需要前胸和后背肌肉，以及腹部肌肉的协同用力，扩张幅度约在2—5毫米，肉眼几乎不可见。扩张时，靠位不能发生变化。扩张用力的感觉在身体受到两侧的外力挤压时，很容易体会到。表现为肩胛骨底端略微向外扩展，形似时钟的八点二十。

（二）缓撑慢扩，伺机撒放

扩张用力是缓慢进行的，幅度不可太大，以免破坏直线力。缓缓的扩张过程中，可以找到撒放的最佳时机。不要通过扩胸收背来进行扩张，这样会破坏撒放时的直线用力。

七、易犯错误

（一）腰部侧弯，破坏平衡

拉弓时，前撑和后拉的用力不对称，造成身体中轴线歪斜，尤其是腰部容易向后弯曲，跨前顶。见图2-9-9。应前撑后拉对称用力，可利用背部两侧竖脊肌的力量保持中轴线平衡。

图2-9-9   图2-9-10

（二）肌肉紧张，造成耸肩

引弓时，斜方肌上束紧张用力，会造成耸肩。拉弓过程中，前撑力不足，也会导致前肩耸起。见图2-9-10。拉弓时耸肩是常见的错误，会破坏骨骼用力，不利于前撑，也会破坏直线力。

（三）拉距过小，开弓不满

初学者由于力量不够或技术不到位，弓未拉满，未拉到固定靠位便开始瞄准撒放，导致箭速降低。应选用合适磅数的弓,并用足力气,保证满弓到位。

（四）后肘下沉,用力不当

初学者拉弓时,后肘低于后肩,用手臂和手腕的力量拉弓。见图2-9-11。后肘通常高于后肩。拉距较大时,后肘可与肩平,但不能低于后肩。

图2-9-11 图2-9-12

（五）手腕用力,干扰撒放

拉弓时,后手手腕紧张,手腕立起或下压,破坏直线力,影响撒放。见图2-9-12。

（六）前手紧握,容易扰箭

前手中指、无名指和小指紧张握弓,握弓太紧,会导致撒放时,影响箭向前的轨迹,产生分力。见图2-9-13。前手手指应放松推弓,只有前推的力。

图2-9-13 图2-9-14

（七）用头靠弦,影响平衡

靠位时,初学者会用头去找弦,导致歪头、仰头等错误。见图2-9-14。这会改变拉距,影响发射的一致性,破坏身体的十字支撑结构,影响用力的对称平衡。

（八）后手过低，难以靠位

初学者在拉弓靠弦时，会有后手拉到咽喉的位置，箭的高度也在颈部附近，导致没有固定的靠位。见图2-9-15。

（九）向后扩张，破坏直线

扩张用力时，背部肌肉收缩将肩胛骨整体靠向脊柱方向，而不是向两侧外展。这种向后的扩张，会导致撒放时身体偏离射箭面，破坏直线力。

图2-9-15

八、练习方法

（一）初学有序，逐步得法

初学者先由教练帮助进行徒手模仿练习开弓，或者两人互助进行徒手模仿练习。掌握基本用力后，再用弹力带进行练习，两人相互从不同角度进行检查练习。最后从轻磅数的弓练习过渡到正常拉弓练习和增加负荷的拉弓练习。

（二）对镜开弓，自检自查

用弹力带或者弓箭，自己对着镜子开弓，将镜子放在正面略偏一点儿的位置，不影响射箭又可以在不改变身体任何位置的情况下，观察到自己。见图2-9-16。对镜开弓，主要可以检查头的位置，肩的位置，靠位点，身体的朝向等。

图2-9-16

（三）抵住肘部，感受加力

初学者练习引弓时，由同伴用手抵住后肘关节。见图2-9-17。学员会感受到外部的阻力，当用力由肘关节带动去对抗这种阻力时，能够建立正确的用力感觉。或者将弹力带一端套在弓上，另外一端套在后肘上，拉弹力带感受后肘关节带动用力的感觉。见图2-9-18。

图 2-9-17   图 2-9-18

（四）借助外物，稳头固肩

举弓预拉结束后，将一个软球放在头顶上，确保头的位置没有发生变化；或者将软球放在前肩，确保拉弓过程中，前肩保持不动。见图 2-9-19。教练或同伴也可以将两手放在前肩和下巴的位置，检查拉弓过程中有无变化。

图 2-9-19

（五）外加皮绳，检查对齐

在上好弦的弓上，绑一根弹力带。拉弹力带过程中，弹力带与弓弦始终重合在射箭面上。见图 2-9-20。也可以直接拉弓，观察弦与弓上的位置始终重合运行。拉满弓后，教练拉一根绑在上弓弰上的绳子，将出箭点，弓弦和绳子对齐，检查后肘是否在射箭面上。见图 2-9-21。

（六）标记箭头，开弓一致

引弓靠位后，利用记号笔在弓与箭交界的位置做个标记，检验每次拉弓的一致性。见图 2-9-22。教练也可以拍照，先让队员自我检查，并说出结果，再跟照片进行对照，提升本体感受能力。

图2-9-20

图2-9-21

图2-9-22

（七）利用胶带，查验靠位

靠弦后，在弦与脸、胸等靠位处贴一小段胶带，反复进行练习，教练可以帮助检查靠位的一致性。见图2-9-23。

（八）借助外力，体会扩张

初学者学习扩张用力时，先徒手用右手大拇指钩住左手食指，抬平两肘，双手在鄂下对拉，感受两肘分别向两侧扩张时的用力感觉。然后，教练用弹力带将

图2-9-23

学员的肩膀绑起来，要求用力去对抗这种束缚的力，将肩膀撑开。最后，由教练或者助理从肩膀两侧挤压学员的身体，学员用力去对抗这种挤压来体会扩张力。见图2-9-24。

（九）前拉后拽，被动扩张

两位助理，一人从后面将弹力带绑在学员后肘上，一人从前面将弹力带绑在学员前手手腕上，学员进行正常的引弓撒放。两位助理分别从前后去拉学员，当完成撒放后，学员会非常明显的感受到身体被从前后两个方向"拉伸"开，这种感觉是扩张后的身体感觉。见图2-9-25。

图 2-9-24

图 2-9-25

图 2-9-26

（十）扩张前后，指向不变

为了保证扩张后，身体的指向不变，仍然在射箭面上。可以在弓上额外绑一根弹力带，拉弹力带靠位后，记住弹力带、弦与弓的位置关系。然后闭眼进行扩张，扩张后睁开眼，看弹力带、弦和弓的位置关系是否还跟之前一致。中、大拉的选手可以由教练或者助理帮助进行检查。也可以将箭或激光笔绑在背上，来帮助学员在扩张时，检查保持身体的指向不变。见图 2-9-26。

九、典籍介绍

《西江月射箭》:"开要安详大雅。"

《武经射学正宗》:"彀者引箭镞，至弓弣中间之谓。乃射之根本，巧妙之所从出也。……彀法根本，全在前肩下捲。前肩既下，然后前臂及后肩臂一起举起，与前肩平直如衡，后肘屈极向背，体势反觉朝后，骨节尽处坚持不动。箭镞尤能浸进，方可言彀。"

《纪效新书》:"凡矢摇而弱，皆因镞不上指也。……镞不上指，必无中理。指不知镞，同于无目。此指字乃左手中指末。知镞者，指末自知镞到，不暇于目也。必指末知镞，然后为满，必箭箭知镞，方可言射。"

《武经射学正宗》："然匀之法,莫妙于用肩,而勿用臂何也。臂之力小而肩之力厚也。引弓既彀时,筋力已竭,欲使两臂分匀而开,势必不能。惟肩力厚,则能施运而悠长。弓彀之时,臂力将尽,以肩力继之,前肩极力下卷,后肩坚持泻开,则箭镞从弓弝中间,徐徐而进,如水之浸渍然,岂非匀之正法乎?"

《贯虱心传》："开弓之要,敬尔威仪。心平体正,表里咸宜。膝匀腋挫,腹鼓脐垂。如鹏展翼,将翔未飞。自下双分,后肘上提。肩臂缓转,四窝对之。志彀审固,知镞为期。"

第十节　瞄准审固

靠位的结束,是瞄准动作的开始。瞄准是射箭能否命中目标的关键技术。传统弓较之现代反曲弓,没有瞄准器,需要射手经过长时间的训练来找到自己的瞄点或者瞄准感觉。瞄准审固时,不单是视觉上瞄准,技术动作的稳定性和一致性更为重要。

一、基本技术

（一）单眼瞄准，三点一线

靠位以后,眼睛、弓臂上的某个参照瞄点或箭头、靶子中心点,形成三点一线。见图2-10-1。单眼瞄准适合初学时,容易找到瞄点,但不利于目标的清晰成像。

图2-10-1

图2-10-2

（二）双眼瞄准，靶实星虚

瞄准时,多数射手采用两眼都睁开,聚焦到目标上的方式。此时,用眼睛的余光,可以看到两个虚的弓,透过两个虚的弓可以看到实的靶面。在两个虚的弓臂的中间某个位置,可以选作瞄准点,对准靶心。见图 2 - 10 - 2。通过多支箭的训练,可以逐步找到瞄点。

（三）专注目标，控制节奏

找到瞄点以后,不要瞄点一到靶心就撒放。两眼盯住靶心,继续保持审固的状态,感受身体的用力扩张,通常稳定在两到三秒钟左右,再撒放。

二、 提高技术

（一）动中寻静，动态平衡

瞄准是一个持续用力的主动静态,是像自行车或陀螺一样的动态平衡。射箭的瞄准不是一个完全静止的动作,而是要找到在动态中维持的平衡状态。这个平衡状态的建立,才是撒放的时机,而非瞄点到靶心。

（二）感受用力，意念集中

初学者是用眼睛瞄准,到了提高阶段就是以瞄点作为参考,通过身体肌肉的用力来完成精确的射准。传统弓上的参考瞄点,允许其在靶心一定范围内轻微地、有规律地晃动,不要苛求瞄准点一定在靶心点上。注意力应放在身体用力的感觉上,意念集中,高度专注。

（三）按部就班，有序瞄准

从站姿环节开始,当我们看向箭靶时,就已经开始瞄准审固了。从举弓预拉到开弓,我们始终都在观察弓或者弦与靶心的位置关系。但专注的瞄准一定要从靠位之后开始。从靠位到撒放之间的短短几秒内,都可以是瞄准的过程。但是这短短的时间内,对于初学者而言,有多个环节需要完成和注意,靠位清晰一致,手指手腕的放松,呼吸,身体对称平衡,瞄准,持续扩张等。一定要确立一个顺序,才能逐步建立正确的技术动作,更好地进行瞄准和注意力回收。

（四）根据靶面，调整瞄点

每个传统弓的射手都需要自己来寻找不同弓和箭的瞄准点。如果用弓上的某个位置作为瞄点。先利用这个瞄点发射一组箭。根据箭在靶面上的位置进行调整。如果一组箭整体偏高,就把瞄点在弓上上移,偏低就下移,偏左就左移,偏右就右移。也有选手用箭头来瞄准,不同的距离用箭头瞄准不同的靶面位置。

三、 重点难点

二至五秒，最佳范围

瞄准时,从靠位之后开始到撒放,这个过程以二至五秒为最佳时间范围,通常在三秒左右。这个三秒钟是一支箭能够命中目标的关键阶段,也是训练过程中最为重要的环节之一,需要不断反复进行强化。尤其是在比赛时，即便是高水平运动员也会在这个环节发挥失误。能否控制、把握好这三秒钟已经超出了技术的范畴，徐开才先生将之称为"哲学的三秒钟"。射箭中的"黄心病"也是出现在这个环节中。因此，时间节奏的把握非常重要。

四、易犯错误

（一）靠弦之后，见黄就放

瞄点一到黄心就开始撒放，这时还没有进入最佳稳定阶段，俗称"黄心病"。应稳住三秒左右再撒放。

（二）只顾目标，用力停顿

瞄准时，将注意力只集中到目标上，忽略了持续扩张用力，影响后续撒放。注意力应高度集中在身体的用力感觉上。

五、练习方法

（一）利用皮筋，默数节奏

利用弹力带，靠位后，数或听节奏：一、二、三、放。见图 2 - 10 - 3。

图 2 - 10 - 3

图 2 - 10 - 4

（二）引而不发，控弓练习

搭箭张弓，但不撒放，感受控弓。还原之后，再开弓放箭。见图 2 - 10 - 4。可反复控弓。如已经出现急于撒放的问题，需进行长期控弓脱敏训练。

（三）模拟练习，随风而瞄

两位助理从前后分别将弹力带绑在学员腰上。学员瞄准时，两人配合进行牵拉，随机前后拉拽，模拟风中射箭，提高身体控制能力。见图 2 - 10 - 5。或者在弓上，挂上一个重物，对重物进行拉拽，也可以起到模拟的效果箭。见图 2 - 10 - 6。

图2-10-5   图2-10-6

六、 典籍介绍

《武经射学正宗》:"故审之正法,惟于开弓时,先以目视之,而后引弓,将彀时,以目稍自箭杆至镞,直达于的,而大小东西了然。是之谓审。"

《武经射学正宗》:"纪昌师非卫。先学不瞬,次学视。视小如大,视微如着。以发悬虱于牖。三年如车轮。射以朔蓬之干贯虱之心。

"先学不瞬,此练目之法也。人之精神皆萃于目。目之所注,一身之筋力精气俱赴矣。故射以练目为先焉。审视既明,发矢自准。神驰意到,虱心可贯。不必有其事,而有其理也。今初习射者,弓一接见,则往郊射。不藉力于骨节,惟凭筋引弓。胸突头仰,目光为前拳所障。习射数年,两目未曾见的。即欲审视,头仰之人,箭在弓右,视在弓左,目终不能见镞。故曰,终身习射只为瞎射。乌何中的。

"练目之法在初学时。胸欲钦,腹欲脡,足欲直,头欲向前侧视,弓稍欲斜。引弓将彀,骨节已平直,镞致弓弝中间。以目稍自箭杆至镞,以达于的。视之了然。发矢可准。东西远近毫发不爽。目注于此,矢亦至于是此。方为练目之法。

"今人习射,亦知练目矣。然卒不能中微破的者,只因初引弓时,目虽能审,既彀将发,心手俱忙,仓皇撒放。何以中微。故练目之道,自初引弓时,目固审视,发矢时尤宜加审。目到意到手到,发矢如意。方可收练目之功。"

《纪效新书》:"审者,审于弓满矢发之际。今人多于大半矢之时审之,亦何益乎。审者,今人皆以为审的而已,殊不知审的第审中之一事耳。盖弓满之际,精神已竭,手足已虚。若卒然而发,则矢直不直、中不中,皆非由我心使之也。必加审之,使精神和易,手足安固,然后发矢,其不直、不中为何?"

《清代射艺丛书》:"志正体直,方能详审其的之所在,使心手相随,无恍惚,无障隔也。志正体直,方能坚固其身之精力,使从容不迫养其锐运其神也,故曰志正体直,然后可以持弓矢审固。审固之法,岂易易哉,惟知本末者能之。所以不知本末,虽持弓矢,不能审固,不能审固,则矢之大小扬合,皆不知其所从出,而焉能反求诸身? 不能自反,而焉能中? 故又曰:持弓矢审固,然后可以言中。夫曰可以言中,不曰可以命中,意盖曰中理精微,必先知此而后可以言其命中之精微也。由是观之,天下有知射义,而艺不精者,未有艺精而不知射义者也。故射义云:志正体直,然后可以持弓审固。"

《射学指南》:"须知,箭在弓右,视在弓左,箭在于手,视在于的。若视箭,则不中矣。"

第十一节　前撒后放

撒放是整个射箭技术动作中的关键环节,古人也称为"前撒后放",是射手主动进行的身体对称用力的延续。在这一环节中,前期所有的技术环节都要保持或延续,只有钩弦手手指的屈指肌用力减少。

一、基本技术

(一) 前手指的,后手滑弦

前臂用力前推,指向靶子方向,手指自然放松;后手大拇指、食指的屈指肌退让,放松,让弦从拇指处滑出,也称为滑弦撒放。前手和后手共同完成撒和放。撒放过程中前手、后手动作不分先后,也不分轻重,必须是高度的统一。见图2-11-1。

图2-11-1

图2-11-2

(二) 惯性使然,后肘后移

由于引弓后身体的持续对称用力,撒放后,弓回弹的对抗力消失,惯性的作用会将身体向前后方向打开。前手由于是支撑力,幅度极小;后肘会以后肩为轴,发生后移。见图2-11-2。

（三） 肘平臂紧，手藏颈后

撒放后，后肘与肩平或略低，大小臂保持角度不变，以免外撒；后手顺势停于颈后，手指、手腕自然放松。

二、 提高技术

（一） 身体扩张，完成撒放

撒放动作不是依靠手臂的力量实现，而是由身体的扩张力主导完成撒放，手臂、手腕都要放松。撒放时，背部肌肉及胸腔的扩张力是保持用力的过程，前后手臂、手腕、手指则是一个放松的过程。注意力放在身体的扩张用力上，才能做出一个完美的撒放。

图 2-11-3

（二） 屈肌退让，余指放松

后手大拇指和食指的屈指肌退让，而非伸指肌收缩。其余三指和手腕，均需放松，避免分力。撒放后，整个后手手指、手腕是放松的。见图 2-11-3。

（三） 前推送箭，力透于指

前臂沿箭的方向送箭，前手大拇指和食指向前指，前推力透过手指向前，其余手指放松。撒放以后会自然形成凤点头或弓返的效果。

（四） 停留后手，位置一致

撒放时，后手保持掌心向下，在后背肌肉主导带动后肘后移的同时，手腕、手指自然放松，停留于颈后肩上的位置。后手手指完全放松，每次都停留于同一个位置，有利于实现每次撒放的动作一致性。徐开才先生在《射艺》中讲："钩弦是一个非常细腻的技术动作，在内旋用力的过程中，手腕关节保持放松。这个内旋用力，强化了射箭过程中所需要达到的直线用力，有助于实现更完美的撒放。"

（五） 动作协调，前撒后放

前后手的动作要协调一致，后手撒而前手不知。前手推弓点的用力方向对箭的运动轨迹有重要影响，所谓不知是指一直在向前用力。《射箭教练员手册》中讲："假如支撑状态、手指扣弦和脱离状态、撒放的时机等不一致，则会造成所损耗的能量也不一致，影响出箭。"

三、 重点难点

围绕直线，减少分力

只有沿直线用力的方向撒放，才不会产生分力。前手为撒，后手为放，其核心是对称用力。以钩弦点为中心,前后持续的力,均匀的沿原有的直线前后分开。前手前指,后手沿箭杆反方向,水平向后。见图 2 - 11 - 4。

图 2 - 11 - 4

四、易犯错误

(一)上扬下坠,破坏直线

撒放时,后手上扬或者后肘下坠,破坏直线用力。见图 2 - 11 - 5。

图 2 - 11 - 5

图 2 - 11 - 6

(二)后手外撒,破坏直线

撒放时,后手外撒,破坏直线用力。见图 2 - 11 - 6。外撒是初学者常犯的错误,会导致箭向右偏。

(三)前手甩弓,破坏直线

撒放时,前手刻意翻弓甩腕,破坏直线用力。见图 2 - 11 - 7。有射手为了实现弓返的效果,刻意前手甩弓、甩腕。

图 2 - 11 - 7 　　　　　　　　　　　　　　图 2 - 11 - 8

（四）前手上顶，破坏直线

　　撒放时，前手刻意向上顶箭，会导致箭尾上下波动，见图 2 - 11 - 8。初学者在练习远距离的射箭时，会出现这个问题。

（五）用力停滞，松撒送撒

　　撒放时，身体的扩张用力停顿，不足以对抗弓自身内合的力量。会导致撒放时，后手没有向后的位移，出现松撒或者送撒。

（六）后手打开，手指用力

　　撒放时，手指的伸指肌用力，造成后手手指全部或部分打开，见图 2 - 11 - 9。撒放不应该是伸指肌的收缩，而是屈指肌的退让。

图 2 - 11 - 9 　　　　　　　　　　　　　图 2 - 11 - 10

（七）前握太紧，干扰送箭

　　前手手指握弓太紧，容易形成分力，干扰出箭的轨迹，见图 2 - 11 - 10。或者撒放时，前手突然将弓抓紧，也会影响出箭的轨迹。

五、 练习方法

(一) 初学循序，皮筋辅助

初学者第一次学习撒放时，先徒手用大拇指钩住持弓手食指，在胸前对拉。钩弦手指放松，食指滑出。见图 2-11-11。然后，用弹力带在面前轻微拉开，后手放在脸前，用眼睛看着进行撒放，确保手腕、手指的放松。见图 2-11-12。利用弹力带进行完整的举、引、放练习。其次，将弹力带绑到上好弦的弓上，用后手钩弹力带进行模拟撒放。最后，用弓箭进行近距离，没有靶纸的撒放练习。

图 2-11-11 　　　　　　　　　　　图 2-11-12

(二) 教练辅助，体会放松

学员钩弦对着地面，教练或者同伴向地面方向轻轻拉弓，进行撒放。教练要求学员手指手腕放松，并观察撒放结束后大拇指几乎没有形变。见图 2-11-13。然后，将弓从对着地面转向对着靶面，继续由教练牵引进行撒放练习，要求自我观察放松情况。见图 2-11-14。

图 2-11-13 　　　　　　　　　　　图 2-11-14

(三) 利用镜子，自我检查

放一面镜子在前侧，进行撒放练习，让学员进行自我观察。见图 2-11-15。自我检查前手、后手、后肘的位置关系，是否出现各种问题。也可以将镜子与射箭面平行放置，撒放结束后，转头观察身体后手、后肘等部位。

图 2-11-15

图 2-11-16

（四）两人一组，相互检查

两人一组，一人用弹力带拉开后撒放，另外一人根据老师所提示的要点，检查同伴的前手、后手后肘、背肌用力等。见图 2-11-16。

（五）循序渐进，掌握要领

撒放时，前手、前臂等是可以进行自我观察的，后手、后肘等需要利用镜子进行自我观察。通过自我观察，建立正确的撒放动作之后，需要闭眼进行撒放练习，强化身体本体的感觉。然后，还需要进行表象撒放练习，进行进一步的强化。最后，进行近距离无靶纸实射练习，逐步过渡到大靶纸、中靶纸、小靶纸实射练习。

（六）三指握笔，避免打开

对于撒放时，不参与钩弦的手指用力打开的情况，可令其后手三指握笔或者箭进行撒放，纠正手指紧张用力的问题。见图 2-11-17。

图 2-11-17

（七）后肘夹箭，保持角度

后肘在撒放后，大小臂之间的夹角应该是保持不变的。可以让学员后肘夹住一支箭，然后由教练或者同伴拿另外一支箭，将两箭放平行后，进行撒放。观察撒放后，两支箭是否仍保持平行。见图2-11-18。

图2-11-18

图2-11-19

（八）增加负荷，检查一致

将弹力带套在后肘上，另一端绑在弓上，进行撒放。每次撒放结束后，可以看到，这根弹力带始终在颈部，可以帮助确定撒放的一致性。见图2-11-19。

（九）前拉后拽，扩张撒放

两位助理，一人从后面将弹力带绑在学员后肘上，一人从前面将弹力带绑在学员前手手腕上，学员进行正常的撒放。在学员撒放的一瞬间，两位助理分别沿射箭面从前后去拉学员，帮助体会身体从前后两个方向扩张完成撒放的感觉。见图2-11-20。

图2-11-20

六、典籍介绍

《武经射学正宗》："故既匀之后，后肩泻开时，箭镞已至弓弰中间，决机命中全在于此。……如蜻蜓点水，轻扬活泼。如瓜熟蒂落，全出天然。松而且脆，矢如豆出，细冲至的。此下手用轻之工夫，古云：后手发矢，前手不知者也。"

《武经射学正宗》："后手发之，前手不知。此言发矢法。后手引弓既彀，轻轻泻脱，不可一毫凝滞。发矢既轻，前手托定全然不动。故曰，前手不知。"

《武经射学正宗》："彀极发矢之时，须用背骨，并力向前番下，送前肩从下达上。而前拳之出矢,始平而疾;胸前之骨竖起送后臂从高泻下。而后拳之脱弦,始轻而匀。如此则胸前肉,不期开而自开,背肉不期紧而自紧矣。"

《列女传》:"怒气开弓,息气放箭。盖怒气开弓,则力雄而引满,息气放箭,则心定而虑周。"

《武备要略》:"中平架及小架子,俱用前手撇、后手绝,两手一齐分撒,为胸前肉开,背后肉紧。"

《纪效新书》:"凡射前手如推泰山,后手如握虎尾,一拳主定,前后正直。慢开弓,紧放箭。射大存于小。言射矢过大者,宜存压其前手,则矢自小。射小加于大。矢发小者,加举其前手则矢大。务取水平,前手撇,后手绝。"

《射经》:"后手拽弦,撒放有法,是前力也,后巧也。……前撇后绝,射之元机。一撇一绝,乃相应之妙。萃聚精神,奋力推拽。胸锐前挺,背猛后夹,则箭疾而加于寻常数等矣。"

第十二节 动作暂留

动作暂留是撒放的延续动作。撒放后的动作暂留阶段,射手保持与瞄准时基本一致的状态,包括身体、心理、视觉、呼吸等方面。

一、基本技术

(一) 力不能停,势不能丢

撒放后,为保证箭的运动轨迹不受影响,需要保持撒放后的用力和姿势不变,目送箭至靶心。主要是指身体用力不能马上停顿,需要保持对称用力的平衡状态一到两秒。无论射箭的起始与结束,必须保证在射每一支箭的过程中保持身体处于正中位,不能有任何变化,特别是撒放动作以后。

(二) 保持瞄准,面容不变

动作暂留阶段,眼睛应始终盯着箭靶上的目标,跟瞄准时是一样的。保持面部的表情不变、眼神不变。呼吸的节奏也需要跟之前保持一致。见图2-12-1。

图2-12-1

（三）前手放松，指向不变

　　弦离后手之后，前手就是唯一在发射过程中，还与弓有接触的点。因此，放松可以避免产生干扰的分力，而且最容易做到动作的重复一致。

二、练习方法

（一）利用镜子，视觉检查

　　在射手的前侧放置一面镜子，在撒放结束后，要求学员自我观察面部表情、身体位置等。也可以在撒放期间眼睛一直盯着镜子，观察撒放后的动作暂留情况。见图 2-12-2。

图 2-12-2　　　　　　　　　　　　图 2-12-3

（二）每次暂留，养成习惯

　　初学者利用弹力带进行技术动作练习时，就应养成动作暂留的习惯。每一次射箭练习时，也应要求进行动作暂留，以便教师进行技术检查，见图 2-12-3。通过长期的训练坚持，养成良好的习惯。

（三）借助外力，自我检查

　　为了帮助学员建立动作暂留前手的正确感觉，教练或搭档帮着拉弓，然后帮着撒放，学员只是持弓，自我观察前手、前臂的变化，这样很容易发现或者感受到前臂的用力方向及变化。见图 2-12-4。或者教练或者搭档可以拿弓去推学员的前手，然后突然拿掉，检查学员手臂的前撑和手腕的放松。见图 2-12-5。最后学员自己撒放，但是眼睛盯着前臂、前手，进行自我检查。

图 2-12-4

图 2-12-5

（四）放松练习，循序渐进

弦离后手之后，前手作为身体唯一与弓接触的点，其放松程度，尤为重要。教练可以先让学员进行徒手的放松模拟练习，手腕先竖起，模仿推弓动作，然后放松；其次，拉弹力带进行模拟放松。见图 2-12-6。

图 2-12-6

再次，由教练或者同伴拿着弓，帮助进行撒放后的放松，也可以让学员完全松手，教练将弓接住，或者将弓吊挂起来，以免弓掉落；最后，进行闭眼的撒放，并体会放松。见图 2-12-7。撒放结束后，教练也可以用手去触动学员的前手，检查是否放松。

图 2-12-7

三、典籍介绍

《射学指南》："发矢之后，须观其落头何如？或中或不中，或大或小，或开左或开右。其大也，得无所主大高乎？搭矢太平乎？其小也，得无失不满乎？前后手欠力乎？或搭失太高乎？其开左，开右也，得无所主欠中乎？前手摇动乎？食指钩弦窒碍乎？或左风右风乎？或后脚过左过右乎？"

第十三节　敛弓收势

《弓箭学大纲》中指出，敛弓即是收势，做好下一轮习射的准备。正如徐开才先生所说："每一支箭都必须从零开始，回归无为状态、准备状态、本源状态。"

平展双臂，藏弓静息

动作暂留结束后，后手向后打开，两手于身体两侧打开放平后，向下画圆，从身体两侧还原至胸前持弓，调整呼吸，回归静息状态，准备下一支箭的发射。见图2-13-1、图2-13-2。

图2-13-1

图2-13-2

第十四节　进退礼仪

中国古代射礼的仪规、仪式非常细致、繁多。为了方便上课教学,我们将中华射艺的礼仪流程简化为三个:射前的上射位礼、射后的下射位礼和靶前的验靶礼仪。这也是中国大学生射艺竞赛的礼仪规则。仪态要求展现出敬人、敬事、敬物的基本原则。

一、上射位礼

上射位礼也称为"射前礼",行执弓礼(或者叫执弦礼),表示对习射之事的尊重,也意味着竞赛的开始。主要包含三个口令:

1. "准备"令后,射手藏弓(弓放于身体一侧)位于候射线后等待。见图 2-14-1。

图 2-14-1

2. "就位"令后,由藏弓态转为执弓态并行执弓礼(执弓向前鞠躬行礼),礼毕后执弓进入射位。见图 2-14-2。

图 2-14-2

3. "起射"令后,方可取箭。

二、下射位礼

下射位为射毕礼。行藏弓礼,表示对习射之事的尊重,比赛结束。四矢射尽,执弓面向箭靶方向,后退至候射线,由执弓态改为藏弓态;行藏弓礼(藏弓于身体一侧向前鞠躬行礼)后等待"验靶"口令。见图 2-14-3。

图 2-14-3

三、验靶礼仪

验靶时行"礼侯礼",听到"验靶"口令后,行至靶前两米处行礼后,方可上前报分。"礼侯礼"行藏弓礼或鞠躬礼均可,表示对计分人员和目标的敬重。见图 2-14-4。

图 2-14-4

第三章　基础教学

第一节　硬件保障

场地和器材是开设中华射艺课程的必备条件。本节介绍射艺竞赛场地上的线和区,以及开设射艺课程所需要的基本器材和用具。

一、场地要求

(一) 准备线

准备线也可以称之为限制线,是场地中距离箭靶最远的一条线。准备线以外的区域,称为休息区。比赛时,准备线距离起射线为五米。上课时可以根据场地大小进行调整,一般距离起射线不少于三米。轮流练习时,轮空的学生可以在准备线之外等候,教师可以在准备线之内巡回指导练习的学生。比赛或练习时,听到"准备"口令后,学生可以从准备线进入场地,站在候射线上等待。

(二) 候射线

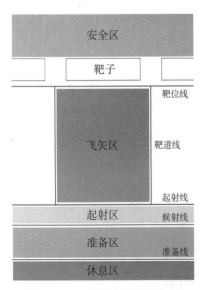

图3-1-1　**射艺竞赛场地示意图**

候射线位于准备线以内,是等候开始射箭时的线。候射线与准备线之间的区域为准备区。比赛时,裁判员位于准备区之内;教学时,教师可在准备区内进行巡回指导。候射线距离准备线通常为两到四米。候射线距离起射线为一米,与之构成起射区。比赛或练习时,听到"就位"口令,学生行礼,然后从候射线进入起射线。

(三) 起射线

起射线是射箭时确定距离的基准线之一,要求运动员两脚分别跨在起射线的前后。起射线与靶位线的距离是射箭的实际距离。起射线位于候射线之内一米。起射线与候射线构成起射区,与靶位线构成飞矢区。比赛或练习时,听到"就位"口令之前,不得提前进入起射区。比赛或练习时,除非有裁判或老师的口令,否则不得跨过起射线进入飞矢区。乡射礼中,起射线与一条与之垂直的短线共同构成"物",射手站在"物"上发射。

(四) 靶位线

靶位线是确定箭靶位置的基准线之一,靶位线与起射线构成射箭的实际距离。比赛或教学时,靶位线离起射线的距离可以根据需要而定。初学者教学时,可以从七米的距离开始,逐渐增加距离。

(五) 靶道线

靶道线是与起射线垂直的,用于帮助区分射手靶位、标识射箭区域的若干条直线。靶道线的条数取决于参赛选手人数和靶位数。靶道线的间距通常为五米,也可以根据场地进行调整。比赛时,两条靶道线之间放置三个箭靶。

(六) 休息区

休息区是指准备线之外的区域。比赛时,教练员、媒体人员、观众都需要在休息区内,器材也需要放在休息区内。教学轮流练习时,轮空的学生可以在休息区等候准备。大型比赛时,休息区内会单独设置器材区、媒体区和观众区。

(七) 准备区

准备区由准备线和候射线构成。听到"准备"口令后,即将要开始练习或竞赛时,可以进入准备区。比赛时,裁判员在准备区内监控比赛。教学时,教师在准备区内进行指导。

(八) 起射区

起射区由候射线和起射线构成。听到"就位"口令后,方可进入起射区。教学与竞赛时,学生不得提前进入起射区;团体赛时,前一位队员退出起射区之前,后一位队员不得提前跨入。在起射区内,听到"起射"口令之后,方可取箭。

(九) 飞矢区

飞矢区由起射线和靶位线构成。此区域为箭矢飞行的区域,属于危险区域。练习或竞赛时,必须确保此区域及安全区内不得有人。除非有停止发射的口令或者"验靶"的口令,否则不管发生任何情况,禁止任何人进入该区域。

(十) 安全区

安全区为靶位线之后的区域。此区域为箭脱靶后,可能飞行到的区域,属于危险区域。练习或竞赛时,必须确保此区域内不得有人。室内场地不需要安全区,室外场地必须留有安全区。不同的弓种对安全区的要求不同。就传统弓而言,安全区通

图 3-1-2 大学生射艺竞赛场地图

常需要 50 米,并在最远端安装一定高度的挡箭墙或挡箭布。挡箭墙或挡箭布的高度越高,安全区域的距离可适当减小。

二、器材配备

(一)弓

教学用弓,可以选用玻片弓,性价比高且耐用,适合初学者入门。就大学生而言,可以选用 15 磅到 20 磅的弓进行教学使用。中小学生可以选用更低磅数的弓。以 20 人的班级为例,可以准备 10—12 把弓。达到一定水平的学生,可以采用性能更好的层压弓,以提升练习兴趣。

(二)箭

教学用箭,可以选用碳素箭,安全耐用且一致性高。以 20 人的班级为例,可以准备 100 支箭。另外还需要准备竹木箭 100 支,用于参加竞赛。

(三)靶

靶包括箭靶和靶架。箭靶有草靶和 XPE、EVA 等现代材料的箭靶。草靶较重,成本较低,适用于室内场地,但需要考虑方便移动、防雨、防晒等因素。XPE、EVA 等现代材料的箭靶较轻,成本较高,相对不环保,适用于磅数较小的弓,不会反弹箭,相对不怕日晒雨淋,方便移动。靶架主要材质为木头,分为固定式和带轮可移动式。室内可以直接用靶墙。

(四)护具

护具主要包括护臂、护指和护手。以 20 人班级为例,需要准备 20 套护具。要求每位同学练习时,都必须佩戴。个别肘关节不适合射箭的同学,需要增加一个护臂,确保不会被弦打到胳膊。

(五)弹力带

橡皮筋和瑜伽带都可以作为弹力带使用,辅助教学。主要用于徒手练习时,可以辅助掌握基本技术和建立正确动作的动力定型。也可以绑到弓上,通过拉弹力带进行撒放练习。

(六)挡箭布

挡箭布为特质加厚的布料,用于防止脱靶的箭偏离安全区域。室外场地可放于箭靶后面,用于挡箭;也可以直接作为靶子,用软箭头的箭来练习。室内场地可放在箭靶的前面,学生学完基本技术动作之后,先用软箭头射挡箭布进行练习。中小学场地条件受限的学校,可以全部使用软箭头射挡箭布进行教学与练习,保证绝对的安全。

(七)靶纸、靶钉

靶纸有环靶和候靶两种。学生掌握基本技术之后,可以放靶纸进行竞赛或考核。靶纸需要专用的靶钉进行四个角的固定。教学时,也可以用牙签进行固定。

（八）弓箱、弓架

弓箱主要用于存放弓、箭等器材,可以根据场地进行专门的设计制作。弓架主要用于拔箭时,或暂时不使用弓时,将弓放置之用。

（九）箭筒、箭囊

箭筒和箭囊主要用于存放箭支,方便取用。也可以用装弓和箭的袋子,系到腰间,将箭别在弓套上存放。

第二节　基本规范

中华射艺课程的教与学都需要有基本的课堂规范,以保证安全和实施效果。本节从学生和教师的角度分别提出规范要求。

一、学生规范

（一）未经许可,不碰器材

未经教师许可,不得擅自触碰弓、箭等器材。

（二）弓不空放,箭不对人

弓不能在拉开没有箭的情况下,直接空放;箭头不管在什么情况下,都不能指向人。

（三）不戴护具,不得习射

射箭时必须佩戴护具,护具包括大拇指护指、二指护指和护臂。不佩戴护具者,不能进行射箭活动。

（四）服从安排,搭箭向前

除在教师安排的合理区域内之外,在其他任何区域和场合,不管搭箭与否,不得开弓。搭箭必须始终指向安全方向(靶子方向)。起射时,弓箭向任何方位的摆动角度不得大于30度。

（五）听从口令,齐射齐取

听教师口令,统一放箭,统一取箭。不得单独进行射箭和取箭。任何人欲越过起射线进入飞矢区,必须向老师提出申请,并在听到"验靶"的口令之后,方可进入。

（六）除有许可,不进射区

射箭过程中,除非有教师口令或得到允许,其他在任何情况下,不得进入起射线至靶子的区域内。

（七）前方有人，即刻停止

一旦发现起射线的前方有人，必须立即停止任何形式的搭箭和开弓。

（八）取箭在侧，箭后无人

取箭时，站在箭的一侧拔箭，不能站在箭的正后方。拔箭时，确认箭后方没人之后，再去拔箭。

（九）检查箭支，有损勿用

每次拔箭、取箭时，一定要检查箭身是否有裂纹，一旦发现损坏，不得再次使用。损坏箭支上交老师，统一处理。

（十）学会检查，正确装卸

每个人都应该学会检查弦、箭、弓是否安全，并学会如何安全地上下弓，以保证自身和他人的安全。

（十一）服从管理，保证安全

应服从管理，不得坚持采取自以为安全但实际影响或可能威胁到他人安全的射箭动作。不得在校园内（除射艺场所外）携带、储存弓箭，应由学校统一管理。

（十二）爱护器材，保持整洁

应自觉爱护场馆器材，下课主动返还器材和护具，摆放整齐；自觉保持射艺场馆内整洁，随手带走垃圾，不在场馆内饮食。

（十三）着装得当，习射无言

进入射艺场馆内，须着装得当，不得穿拖鞋和高跟鞋进入。习射时，不得大声喧哗、嬉笑打闹，以免影响他人。

（十四）习礼养德，敬人敬物

习射过程中，需遵守射艺相关礼仪，学会君子之争。通过射艺感悟敬人、敬事、敬物的道理。

二、教师规范

（一）认真备课，精心准备

认真备课，做好上课准备工作，完成教案编写，目标制定等。

（二）保障安全，及时处理

熟知射艺相关的安全要求和基本规范，能够及时发现安全隐患，能够有效处理各种突发情况。

（三）精通器具，熟练使用

熟知射艺相关器材的使用和基本要求，能够帮助学生正确、安全地使用器材和场地。

（四）熟谙理论，激发兴趣

了解射艺的历史和文化，具备射艺相关的理论知识，能够帮助学生正确认识射艺活动，激发学生学习兴趣。

（五）技术过硬，正确教学

熟练掌握射艺的基本技术，具备较高的射艺技能，能够教会学生正确掌握射艺技术，提高射艺技能。

（六）礼仪标准，示范引领

了解射艺相关的礼仪流程和标准动作，能够带领学生按照礼仪的要求完成射艺活动，教会学生射艺礼仪的规范和内涵。

（七）合理锻炼，增进健康

掌握射艺锻炼的基本规律，帮助学生通过射艺活动，提升健康水平。

（八）提前到位，准备器材

提前到课堂，准备器材、检查器材。

（九）热身开始，结束整理

带领学生做好准备活动和整理活动。

（十）管好器材，理好场地

管理好射艺器材和场地。

（十一）先做保护，次学射艺

要求学生必须佩戴护具，然后才能参加射箭活动。

（十二）齐射齐取，确保安全

安排练习时，统一取箭，统一放箭，

（十三）要求明确，监管到位

要求并监管学生不得擅自开弓，不得做出任何违反安全要求的举动。

（十四）定期检查，及时更换

定期检查弦、箭、弓，如有损耗，及时更换。

（十五）教学有方，以免自伤

教学或指导他人时，手不能放入开弓的一侧，以免弦意外回弹时打到手。

（十六）规整到位，有始有终

下课安排好器材收放和整理，保持射艺场馆的整洁。

（十七）身正为师，严以律己

教师身体力行，严以律己，规范言行，展现君子之风。

（十八）关爱学生，为师之本

教师应热爱教学事业，始终以全方位综合育人作为自身最高的要求和使命。

第三节　目标定位

中华射艺的教育价值是综合性的、多方位的，可以体现在德、礼、艺、体四个方面，这四个维度交互融合，共同实现其教育功能。"四维育人"可以表述为"以文修德、以德正心；以行践礼、以礼修身；以技展艺、以艺寻美；以练强体，以体增健"。

一、以文修德

（一）知晓传统，文化认同

中华射艺进入当代课堂的意义在于：唤醒学生对中华民族的认同感和归属感，重塑文化价值认同与民族自信，并树立传承中华优秀传统文化的理想。很多优秀的中华传统体育项目蕴涵着中华优秀传统文化元素。例如，武术讲究"未曾学艺先学礼、未曾习武先修德"；中华射艺突出"君子之争"和"发而不中，反求诸己"；龙舟的诞生本身就与对国家的忠贞信念相融合。相较于西方体育而言，中华传统体育项目中蕴含了很多我们独有的精神追求。学生通过对中华射艺的实践性学练，可以加深对中华优秀传统文化的理解，更容易产生文化认同。

（二）实践体悟，内化于心

当前的道德教育以理论性教学为主，学生缺少亲身感受，难以在行为习惯上接受长期的教化。体育活动要求学生参与到情境中，其体悟性、实践性特点更有利于实施道德的教化。体育活动自身包含丰富的德育因素，例如对意志品质、规则意识、尊重对手、团队精神等的培养。中华射艺在此基础上，不仅要求身体上的修行，更强调对于人整体的综合熏陶。孔子讲："揖让而升，下而饮，其争也君子。"中华射艺要求在竞赛的实践中，时时展现出君子的行为风范。在实践中体悟出的道理，更能够深入到内心。体育之德育是在实践活动中潜移默化地形成，更具润物无声的力量。

二、以行践礼

（一）反复践行，培育习惯

当前的学校教育，重视知识性传授，相对忽视礼仪教化。更大的问题是，礼仪的教育难以获得学生的认同，流于形式，甚至遭到反感和排斥。礼仪很难作为一门课程进行教学，但任何一个学科都可以也应该发挥礼仪的教育功能。中华射艺秉承了中华礼仪之邦的特点，进行习练时，有很高的礼仪要求，具备礼仪教育的功能。例如，中华射艺中的持弓礼和藏弓礼，每次习射时，有始有终，习礼修德。从体育的角度进行礼仪教育，比理论讲述、硬性要求等，更有亲和力和吸引力。学生在实践性中会慢慢产生对于礼仪的理解和认同，并会形成一种行为习惯。这种尊敬、尊重的良好行为习惯会迁移到生活中的其他方面，实现我们"全方位"育人的目标。

（二）习礼尊人，敬事敬物

礼仪是人类文明的标志，是任何一种文化的不二选择。人与人见面会握手、会鞠躬、会拥抱或是吻手。形式可能会不同，但共同的核心是礼。礼是社会的秩序表达，其核心是对人的尊重、尊敬，甚至不限于人，还包括对事、对物的敬重。礼在中华传统文化中既是社会等级有序的表达，又是保障人与人之间各处其位、和谐相处的社会制度、风俗习惯。抛开中华传统文化中礼制的等级色彩，中华礼仪所展现的对于人、事、物的尊敬和尊重，需要我们加以传承。礼的教化对于学生养成敬人、敬事、敬物的良好行为习惯具有重要意义。

三、以技展艺

（一）磨砺技法，提升技艺

技术是体育活动的基本表现形式，是我们学习体育项目的载体。掌握基本的技术动作，才能进行该项体育活动，或者更好地享受其所带来的乐趣。技术教学是体育课程的目标之一，但为技术而技术的教学方式，容易枯燥，使学生失去兴趣。我们需要把技术提升到技艺的层面，帮助学生发现技术动作中的美感，激发他们学习的动力，从而养成更为持久的学习兴趣。只有基本技术掌握牢固，才能通过反复练习提高技能。学生的技能越高，越容易获得成就感，激发持久的习练动力，从而走向技艺展现的境界。

（二）身平体正，展现美感

中华射艺不仅强调技术，更突出"技"与"艺"的融合，强调美感。例如，射艺相关的古诗词中，有"开要安详大雅，放需停顿从容"的技艺追求。按照这样的要求去学练，是对艺术之美的追求。在教学中不仅要让学生掌握技术，更要以发现、感受、理解其中的美感为目标。

教师需要有意识地将技术教学提升到艺的层面。学生练习时,注重基本身体姿态的优美,内志正,外体直,然后通过熟练的技术运用来展现技艺之美。有了美感的寻求,大量的重复训练才不会因枯燥而挫伤动力。学生通过大量的习练,才可能去展现技术之美。

四、 以练强体

(一) 多种手段,增体之健

身体是体育课程的主要对象,对学生身体健康产生正向的积极影响是体育课程的重要主旨。当下"健康中国"理念的提出,标志着我国对于公民身体健康的重视度越来越高。在此背景下,学生健康素养的提升也是中华传统体育课程体系的主要目标。西方体育在身体健康教育方面有丰富的经验积累,需要加以借鉴和吸收。体的层面,结合中华射艺项目特有的健身方式,通过中西结合的多种手段,促进学生的身体健康素养。

(二) 补齐短板,全面发展

中华射艺虽有健身的效果,但在强化体能方面,较之西方体育逊色。因而,在制定中华射艺的健身目标时,需要补短板,采用各种手段来实现身体均衡发展的目标。例如,射艺锻炼上肢较多,但是对于下肢的锻炼较少,可以在课程设计中与跳绳、跑步等结合。射艺锻炼身体静态的持续性力量效果较好,但是动态的锻炼较少,可以结合各种有氧、无氧的跑步进行锻炼。"体"的目标是让学生学会科学地进行体育锻炼,提高运动能力,同时结合各种身体素质练习,提高手脚协调能力及上肢各肌肉群力量等多项身体素质,增进学生的健康素养。

第四节　内容选取

根据中华射艺"四维育人"的目标,分别选取相应的内容。本书前两章为教学内容提供了较为丰富的选取资料。

一、 理论讲解

(一) 第一堂课,奠定基础

按照体育教学的惯例,第一节课通常是理论课,帮助学生了解课程的内容安排和常规要求。

首先,介绍中华射艺的课程简介,明确课程的基本要求和考核方式。讲解中华射艺的历史发展和文化特色。介绍射艺的起源和历代的开展情况,凝练中华射艺独有的人文特色和文化魅力。

其次,论述当代传承的必要性和可行性。中华射艺具备丰富的育人价值,曾经盛极一时,但当代这一文化现象几近绝迹,却流行于日、韩等邻国,因此,需要我们去加以保护、传承和弘扬,实现中华射艺的当代复兴。

再次,介绍上课所用的器材,主要内容参见第一章第六节的器具介绍和本章第一节的器材配备。让学生对弓、箭、靶等有明确的认知和直观的印象。简单展示弓的种类和箭的种类,学会如何佩戴护具,如何取放、整理器材,如何使用射艺场地等。

最后,讲解安全事项,提出安全管理要求。指出射箭在早期狩猎和军事活动中的威力,提高大家的安全意识。说明作为一项体育活动,射箭项目虽然本身比较安全,但管理的要求很高,必然严格服从管理和指挥,才能确保安全。要求认真阅读第一章第七节的安全事项。

(二) 经典解读,加深理解

中国古代经典文献中,有大量与射箭有关的记载。"射"字在先秦两汉的百余部原典著作中,至少出现两千余次,都是射箭的意思。通过对这些与射箭有关的经典的解读,可以帮助学生理解中华射艺的文化内涵,进而对中国传统文化加深了解。

经典解读可采用每课一讲的方式,每次课选取一段与"射"有关的古典文献或者典故,用十分钟左右的时间来分享交流,加深认识和理解。主要内容可从第一章第四节中选取。先一起诵读原文,再略加解释,最后结合当下的社会与生活,引申寓意,分享交流。

(三) 诗词成语,扩展认知

中国的文字、姓氏、成语、典故、诗词、谚语,也与射箭有紧密的渊源。将这些内容融入课堂,可以丰富教学内容,吸引学生兴趣,潜移默化地传播传统文化,润物无声地培养射艺情怀。姓氏中的张、侯都与射箭有关。张分开看就是弓长,意为善射。侯最早是靶子,古时射中靶子可以封侯,诸侯由此而来。成语和诗词可以从第一章第五节中选取。

诗词成语可以融入到课堂教学中。介绍到侯靶的时候,可以提到有的放矢、无的放矢、众矢之的等成语。讲到瞄准审固环节时,可以引出纪昌学射的典故。讲到引弓入彀和前撒后放时,可以引入诗词《西江月·射箭》,其中的"开要安详大雅,放需停顿从容",可以帮助学生领悟动作要领。

二、 礼仪实践

（一）鞠躬行礼，师生问好

每节课开始前，按照体育课的惯例，会有师生问好环节，中华射艺课程要求用揖礼来表达彼此的尊重。教师宣布上课后，学生作揖行礼，向老师问好。老师还礼，向学生们问好。

图 3-4-1 执弓礼

（二）执弦而礼，进位起射

每次开始习射练习，进入射位时，必须按照礼仪流程来做。这也是射艺竞赛的基本礼仪要求。"准备"令后，射手藏弓（弓放于身体一侧）位于候射线后等待。"就位"令后，由藏弓态转为执弓态并行执弓礼（执弓向前鞠躬行礼，见图 3-4-1），礼毕后执弓进入射位。"起射"令后，方可开始射箭。

（三）藏弓行礼，射毕退离

每次练习结束，箭支全部射完之后。退出射位时，必须按照礼仪流程来做。执弓退至候射线，由执弓态改为藏弓态。行藏弓礼（藏弓于身体一侧向前鞠躬行礼，见图 3-4-2）后，等待"验靶"令。

图 3-4-2 藏弓礼

图 3-4-3 礼侯礼

（四）靶前行礼，方可取矢

"验靶"令后，行至靶前两米处行礼后（见图 3-4-3），方可上前拔箭。这是表示对物的尊重。古时所射之靶，就是动物。后来随着文明的进步，靶子是由动物皮做成；再后来用布做，用兽皮做装饰；再后来布上画上动物图像，直至最后用方框和颜色表示靶区。对靶的尊重，也是表现对自然万物的尊重，让我们有敬畏之心，爱护环境。

（五）行礼告别，有始有终

下课后，器材归放完毕后，教师集合队伍宣布下课。同学们作揖行礼，向老师道别。教师还礼，向同学们道别。课程礼始礼终，表示对事的尊重。

三、技艺教学

（一）准备活动，充分热身

技术学练之前，首先需要进行热身活动，主要包括心肺热身和专项热身两部分。心肺热身可根据季节和气候适当慢跑。专项热身通过徒手操和弹力带拉伸关节，重点需要拉伸颈、肩、手腕等。

（二）基本技术，简明扼要

基本技术教学，力求简洁、清晰。第一次教新动作时，技术要点不超过三条，表述不要过于复杂。先示范、再讲解；先练习、后纠错。每次练习强化一个技术要点，积累正确动作。

（三）提高技术，分析原理

基本技术掌握之后，进行该项技术的提高教学。通常是复习动作的时候，开始进行提高技术的教学。提高技术教学注重动作细节，讲基本技术要求进行分析，通过技术原理，帮助学生正确认识该动作，在后续练习中有意识地改进动作。也可以帮助学生在自己练习时，明白技术原理，少犯错误，少走弯路。

（四）专项练习，改进问题

针对技术学习中，易犯的错误，进行辅助性的强化动作练习。基本技术篇，各个技术环节都有相应的练习方法，专项练习，即可预防错误，也可加以改进。

（五）放松活动，整理身心

每节课最后留五分钟左右的时间，根据上课的强度和密度，适当安排放松整理活动。有助于学生恢复到日常状态，缓解肌肉疲劳。

四、体能练习

（一）一般素质，增进健康

1. 耐力练习。通过有氧跑步练习，提高学生的心肺功能，做好体力的储备。身体素质练习应注意循序渐进。第一次课可采用有氧慢跑的方式，逐步适应开学的运动状态。后续间隔几周逐步增加量和强度。

首先可以安排 15 分钟匀速跑步，不计算距离，只计算时间，学生可以低速匀速，但中间不能停下走或休息。

其次可以安排不计时 2000 米跑步练习，保持匀速，中间不能走或休息。

再次可以安排计时 2000 米跑步练习，让学生尽可能保持速度，提升成绩。

最后可以选择 2000 米计时测试。有氧能力是学生身体健康的重要指标,通过测试,督促练习,提升身体健康水平。

最后一节课也可以安排放松跑。让全身的肌肉在放松的状态下进行跑步,享受这一过程。

2. 力量练习。身体力量训练,可以帮助学生增强肌肉力量,改善身体素质。力量训练主要围绕上肢、下肢展开。可采用俯卧撑(女生可以用跪卧撑代替)、小哑铃侧平举、前平举、上举等锻炼上肢力量。可采用蹲起、蛙跳、马步靠墙支撑等方式锻炼下肢力量。可采用立卧撑锻炼上下肢的力量。

(二) 专项训练,储备体能

1. 肩部肌肉力量练习。肩部三角肌是完成举弓和引弓的主要肌肉。应有针对性的锻炼这部分肌肉力量,为学生掌握基本技术,奠定体能基础。并为后续提高技能水平,做好力量储备。可采用单臂侧撑,持弓臂侧撑,身体与地面斜撑。可根据自身能力,选择不同重量的哑铃,大负荷侧平举,小负荷侧平举保持练习,小负荷前平举扩胸。

2. 背部肌肉力量练习。背部肌肉主要是指斜方肌和背阔肌,他们在举弓、引弓和撒放阶段起主要作用。背部肌肉的训练对于提高运动水平具有比较重要的意义。可采用小负荷哑铃做俯卧飞鸟。可采用射箭动作,利用拉弹力带,拉弓等进行专项背肌力量训练。

3. 腹背肌肉力量练习。腰腹肌肉力量在整个射箭动作过程中起到维持身体平衡的作用,尤其是在引弓时,背部竖脊肌起到固定身体姿势的作用。可采用仰卧起坐、两头起等锻炼腹部肌肉。可采用背起的方式锻炼背部肌肉。

(三) 体能游戏,调节辅助

1. 跳短绳游戏。通过跳绳游戏,锻炼学生下肢的肌肉爆发力和全身的协调性。内容:根据原有分组,每组三分钟时间,比赛看哪个组全队跳的个数最多。

2. 踢毽子游戏。通过踢毽子游戏,锻炼学生下肢的灵活性。内容:根据原有分组进行团队比赛,看哪个队连续踢毽子的个数最多。

3. 跳长绳游戏。通过团队跳长绳的游戏,锻炼学生的灵敏性、速度判断和时机把握能力。内容:两人摇长绳,每个队伍依次进入绳圈,跳一次再出去,看谁不失误。目标,每队能够连续不断完成三轮。

4. 变速跑步游戏。通过跑步游戏,培养学生对跑步的兴趣,锻炼学生的有氧能力。练习内容:变速跑。全体同学在田径场,男女分别站成一路纵队跑步,听哨声变速,每一轮变速,最后一位同学要跑步队伍的最前面领跑。领跑必须在下一次哨声之前完成。

第五节　教学方法

教学方法是保证教学目标得以实现的重要手段,也是教师教学能力的重要体现。灵活多样的教学方法可以有效激发学生的学习兴趣;科学恰当的教学方法可以更有效的帮助学生掌握技巧,快速提升水平。

一、德育融入

学生的实践性学习,可以同时作为一种实施德育影响的平台。教师可以有意识的创设道德行为的表现机会和平台,并针对这些道德表现施加影响。这种道德行为表现可以设计到整个教学过程中。从上课开始的师生行礼到器材的整理摆放,教师都可以"设计"出道德行为表现,并施加影响。例如,有同学在摆放弓箭器材时,非常认真工整。教师马上可以表扬,并引出古人在取弓时要先行礼,以表示对于器物的尊重,甚至可以引申到我们对于自然万物的敬重之心。或者有同学在射中靶心之后,欢喜雀跃,没有停在原地,静待其他同学。老师可以加以引导,提醒大家要考虑到别人,才是真正的尊重他者,才是自我修养的体现。这种德育是潜移默化、润物无声的。

二、内容搭配

(一) 以技为主,其余相辅

无论是每节课的安排,还是整个学期内容的安排,都应以技术学练为主,占比要在七成左右。其余德、礼、体三个方面共占三成左右。原因在于,技术练习的过程,是学生实践的过程。这个实践中,同时也包含着德、礼、体的内容。

先看体的层面。技术练习的过程本身也是身体素质锻炼的过程。学生每一次的拉弓放箭,都是身体的锻炼。因而,专门进行的体能练习,只需占到一成左右。就学生身体锻炼而言,除去理论时间,总的身体活动时间占比在七成以上,可以达到锻炼身体,增进健康的目的。

再看德和礼的层面。学生每次的练习都要按照礼仪的要求进行,每次练习都是礼的实践过程。这种长期反复强化,可以养成良好的习惯,实现礼的教育目的。另外,如上所述,德育是渗透到课堂教学之中的,技术的教与学,都有德育的渗透和融入。因而,这些内容通过技术学练的实践过程,都可得以发挥其教育功能。

（二）理论先行，体能后置

每节课的教学，均安排有理论内容和体能内容与技术教学相配合。上课先从理论开始，学生尚未进入运动状态，专注力较高，容易取得较好效果。每次课理论内容安排十分钟左右，既可以保持学生兴趣，又不过多占用实践时间。

每节课最后十五分钟左右安排体能练习，由于射箭项目主要锻炼上肢力量，因而需要专门的体能练习。体能练习放在最后，相对不会影响学生的技术学练。每节课安排不同的体能练习内容，既可以锻炼学生不同方面的身体素质，又可以调节学生练习积极性。

（三）由技入门，以礼化人

从整个学期的教学内容分配来看，宜先学技术，后学礼仪。未接触过中华射艺的学生，或者略有了解射箭运动的学生，对于学习射艺项目的技术欲求要高于学习礼仪的技术欲求。学生对于中华射艺的初步认识，往往觉得很酷，迫切希望都能体验将箭射出去的感觉。教师需要抓住这一兴趣点，先从技术入手。等学生基本掌握技术之后，再开始礼仪的教学，以免学生产生排斥心理，影响教学效果。

礼仪教学的难度在于，学生对于礼仪的理解和认同。尤其是对于中华射艺礼仪内涵了解不够的情况下，学生需要一个过程，来建立对于中华射艺礼仪内涵的认识和理解。随着课程的深入，学生了解得越丰富，理解就会越深刻。这样教起礼仪来，会容易得多，学生的理解程度和接受程度都会事半功倍。

三、循序渐进

（一）先学身势，次学用力

技术教学，有其内在的规律，需要从基本的动作样式开始，慢慢找到用力的感觉。射箭首先要从基本站姿开始学习。不仅学生在静止状态下，摆出正确动作，而且需要在做动作时，仍然能够保持正确的身位和姿态。一到两次课的巩固，基本站姿没有问题之后，开始学习推弓搭箭，举弓引弓等用力动作。学习用力，需要利用弹力带的辅助练习。辅助练习方式受力较小，可以帮助学生体会用力的感觉，建立正确的用力姿态，避免错误动作的出现。基本用力形态建立之后，开始拉空弓，不搭箭练习。完全建立正常受力情况下的正确用力动作。总共需要四学时左右的时间。

（二）开弓无弊，方学撒放

正确用力动作建立之后，开始学习撒放动作，完成将箭放出去的初级目标。撒放是射箭技术动作中的重要环节，是决定一支箭是否命中目标的重要环节，也是学习的难点之一。需要借助弹力带的辅助来学习。利用弹力带学习撒放，首先用弹力带在面前轻微拉开，轻轻撒放,感受手指离开弦的过程;然后用正确的用力动作开弓,再撒放;之后可以将皮筋绑到弓上,体会持弓时的撒放感觉;最后可以在近距离张弓搭箭,实射撒放。总共需要二个学时。

（三）诸法即成,始入审的

学生掌握了撒放动作之后,能够用基本正确的动作将箭射出之后,开始进入到瞄准的学习阶段。先教学生单眼瞄准,眼睛、弓臂上的某一个瞄点,目标,三点一线,比较容易掌握。次教学生双眼瞄准,利用弓臂上虚的瞄点,对准目标,将注意力集中到靶子上。利用软箭头射靶布来练习,在靶布上画个目标点,先通过不改变瞄点来练习密集度,然后开始学习如何调整瞄点,将瞄点对准目标点,能够射中目标。利用射靶布练习基本能够上靶之后,开始用箭射实靶的练习,距离五米。先不用靶纸,在靶上画一个目标点即可。总共需要四个学时。

（四）勤加演习,以赛促学

学会瞄准之后,开始进入通过反复练习,强化技术动作阶段。实射距离不断增加,从七米开始,到十米,再到十五米。每次实射练习开始前,教师统一带领学生利用弹力带进行基本动作练习,并强调各个环节的技术要领和重难点。学生练习时,教师巡回指导,发现错误动作,及时纠正。大致需要六个学时的时间。学生建立正确的动作定型之后,开始进入班级内部联赛阶段。按照班级人数,分为六到八个队,每节课打一场积分赛,利用五周的时间,排出各队的名次,进行总决赛并颁奖。学生自己做裁判员和记分员。最后进行考核和补考。

四、激发兴趣

（一）能开会放,可射鸣镝

基本技术的学习相对枯燥,需要适时激发学生的学习兴趣,提高教学效果。学生学习完撒放技术后,可以进行射鸣镝箭的练习。射鸣镝箭不需要学习瞄准,利用专用的鸣镝箭头,可以在射出的过程中,发出清脆悠长的响声。这一环节可以满足学生对于将箭射出的兴趣,又可以不影响技术教学的顺序,适时的激发学生后续学习的兴趣和动力。

（二）欲习审的,软箭射布

学生基本动作掌握之后,在学习瞄准的时候,可以利用橡胶头的软箭射挡箭布来进行。这样既可以保证绝对的安全,又可以满足教学需要。橡胶头的箭跟常规箭比较接近,能够满足学习瞄准射靶的需要,相对安全,即使射到靶外,也不会损伤其他器材。通过这种练习,学生相对掌握瞄准之后,便可进入到实射阶段。

（三）形神兼备,方入实射

学生基本动作掌握之后,学会了如何瞄准,基本不会脱靶之后,才可以进入到实射阶段。

实射时学生的兴趣较高,但由于技术动作还没有达到自动化状态,射的成绩会比较差。过了新鲜感之后,会出现缺乏成就感的状态。因而,实射时需要从近距离开始。随着技术的进步,逐步增加距离,既对学生提出新的挑战,又能适时满足射中目标的成就感,具备较好的教学效果。

(四) 联赛竞攀,投壶游戏

竞赛不仅能够检验学习的效果,而且能够激发进一步学习的动力,是体育教学中非常重要的教学手段。学生在竞赛实践中,能够得到更为深刻的运动体验,领悟中华射艺竞赛的魅力。教师可以安排课内联赛,以团队为单位,采用积分赛的形式,激励学生的学习兴趣,增强团队感。教师也可以采用逐步增加距离式的"升级赛",调动学生兴趣。竞赛也可以穿插投壶或者射气球游戏的方式。投壶是射艺的一种特殊形式,不是用弓射箭,而是拿手投矢,相对简单,趣味性也很强。

(五) 微课自学,微信互动

充分利用现代的多媒体技术手段和信息技术手段,增强学生技术学习时的直观性,增加课内外的互动交流。可以将射艺技术动作的教学拍成微课,多角度直观展示动作技术,帮助学生学习技术要点。播放竞赛视频,观看优秀选手的技术动作,学习竞赛相关知识。利用微信等信息手段,建立微信群,课前把理论内容发给大家,提出要讨论的问题,课上互动。利用发生的各种与射艺有关的社会现象,在群内展开讨论,加深学生的理解。

五、 团队合作

(一) 先分大组,六或八队

根据班级人数,在第二次课的时候,将所有学生分成六或者八队,一定要双数队,方便后续的竞赛安排。每个队伍要有队名、口号,并选拔队长。要求队内相互记住彼此的名字、专业等信息。队长带领全队进行团队展示,介绍队员,喊出口号。整个学期的教学和活动安排,以及取放器材护具等,均以组为单位进行。分组之后,告诉大家,联赛是以组为单位的团体赛,要求各组在学习动作、后续练习时,为团体赛做好准备,大家积极互帮互助。

(二) 组内再分,二人互助

每个组内,再两两结合,形成二人合作学习的搭档。在进行技术教学时,教师示范讲解动作之后,所有的练习,都是二人互助的方式展开。一个同学做,搭档在一旁根据老师提出的要点,帮助检查纠正。射艺动作技术的学习,同伴搭档和镜子是最为重要的反馈手段。同伴的及时反馈有助于动作技术的正确掌握。

六、 过程评价

（一）出勤态度，列入总评

体育课程的考核应以过程性评价为主。中华射艺的学习，主要目的是激发兴趣，掌握基本技术，能够在学习的过程中有所收获，不是为了分出等级优劣。因而，课程开始时，就需要向学生明确，以过程评价为主。将学生的出勤和态度，作为平时成绩，列入到期末的评定中，督促学生每次课程都能参与并认真对待。将学生在平时团队活动中的表现，尤其是在联赛中的表现，作为学习态度的主要评分内容。

（二）既考技评，又察仪态

学生对于课程的学习，看重最终的分数。能够量化的成绩，主要是射靶的得分，根据相应的得分，给出相应的成绩。但是中华射艺的学习，不能只靠最终靶上的得分来评定。靶上得分所占的比例应与技评动作和礼仪仪态占比相近。这样更能反映学生学习的实际情况，也更能激发学生平时学习的态度。射艺动作与成绩是呈正相关的，动作越标准成绩越好。但是单次的考试，还是有较大的偶然性的，因而，教师需要结合学生的动作规范程度来给与评定。同时，礼仪是中华射艺的必备构成要素，将之纳入考核的构成，也能够激发学生平时的学习，有利于建立良好的行为习惯。

第六节　开展形式

中华射艺兼具理论与实践的丰富内涵，开展形式可以灵活多样，从课堂教学到课外俱乐部以及通识教育中，均可开展。

一、 课堂教学

将中华射艺课程列入体育部门开设的全校公共体育必修课。针对没有射艺基础、对射艺项目感兴趣的同学。由教师上课，每周一次，持续一个学期，通过考核可以获得体育学分。通过体育课程的形式，向全校范围内感兴趣的学生进行射艺的普及。

二、 社团活动

将中华射艺列入学校团委的社团中，由团委和体育部双重管理，学生自发组建中华射艺社团。团委负责社团的审批审核和监督工作，体育部负责提供场地、安排指导教师。在射艺课堂教学的基础上,鼓励有一定射艺基础,兴趣浓厚的学生加入到射艺社团,进行进一步的学练和提升。

三、 竞赛联盟

以校内各个二级学院为单位,组建射艺俱乐部。再由各个二级学院的射艺俱乐部联合,形成校级射艺联盟。学校体育部门负责管理,并安排专业教练员进行指导。校级射艺联盟以联赛作为活动的主要内容,各个俱乐部自行选拔具备较高射艺基础的学生。射艺联盟以学期为单位,进行排位积分赛,学期末进行总决赛。联盟中表现突出的队员,可以进入校队,代表学校参加各类竞赛。

四、 通识教育

在学校通识教育体系,历史文化等模块中,开设《中华射艺历史与文化》的理论课程。面向全校学生进行选课。集中讲授中华射艺的历史与文化,普及射艺理论知识,提升学生的历史文化视野,拓展学生对中华射艺的认识和理解。

第七节　考核评价

考核评价是教学过程的闭环,同时也影响着教学的导向性。各个学校有不同的要求和情况。以下作为参考,供学校和教师进行选择。

一、 出勤态度

中华射艺的考核评价注重过程性评价,学生参与情况和学习态度是重要的考核指标。将出勤态度列入总评成绩,可以有效督促学生平时的学习参与,提升日常学习积累的效果。这部分应占期末考核总成绩的30%。

二、 技能评定

学生能够掌握中华射艺的基本技法是教学的主要目标和内容,也是学生将来继续参与射艺活动的基础。技能评定主要体现在靶上成绩和动作技评上。靶上成绩是学生掌握技法,并勤加练习的表现;动作技评是学生对于正确技术的理解和掌握情况。这部分应占期末考核总成绩的 30%。

三、 礼仪考核

礼仪是中华射艺课程区别于其他体育课程的重要方面,对于礼仪的突出要求,可以让学生养成良好的行为习惯,加深对于中华射艺内涵的理解。礼仪考核首先看学生能否按照既定的礼仪流程完成,然后看学生在行礼的过程中,能否展现心敬容肃的仪容仪态。这部分应占期末考核总成绩的 10%。

四、 体能测试

作为体育课程,有效促进学生的身体锻炼,提升学生的身体健康水平是重要任务之一。体能测试主要是从有氧能力和力量素质两个方面进行。通过体能测试,督促学生的平时锻炼,养成良好的身体锻炼习惯。这部分应占期末考核总成绩的 20%。

五、 理论考察

中华射艺课程的理论教学相对体育课来讲,是占比较高的,也是特色内容之一。理论考察主要以经典文献的理解和记忆为主。中华射艺的经典文献既包含丰富的中华传统文化,又是学生理解射艺的宝贵资料。这部分应占期末考核总成绩的 10%。

第八节　教学大纲

一、 课程概况

（一） 课程名称

中华射艺(Chinese Art of Archery)

（二） 修读对象

本专科生、研究生

（三） 课程教材

徐开才. 射艺[M]. 桂林：广西师范大学出版社,2015.

彭林,韩冰雪. 礼射初阶[M]. 北京：人民体育出版社,2016.

（四） 课程性质

公共必修课

二、教学目标

（一）通过射艺课的学习，帮助学生了解中国传统射艺文化，理解中国射艺的历史意义和当代价值，树立传承射艺文化的意识和理想。

（二）使学生了解射艺运动需要注意的安全事项和保护方法，掌握射艺的站立、搭箭、推弓、钩弦、举弓、开弓、瞄准、撒放、收势的基本技术和方法。

（三）学习中国传统射艺礼仪，发挥礼射独特的育人功能和价值，使学生通过射艺养成良好的行为习惯和品德修养。

（四）通过射艺课程的学练，结合各种身体练习手段，增进学生身体健康。

三、教学内容

（一）理论讲解

1. 射艺运动的起源和历史发展；

2. 中华射艺的文化特色；

3. 当代射艺开展现状与高校射艺发展情况；

4. 中国古代与"射"有关的经典文献解读、诗词成语赏析；

5. 射艺项目的注意事项与安全要求。

（二）基本技术

1. 站姿脚位；

2. 持弓之法；

3. 钩弦要义；

4. 头转体备；

5. 举弓锁肩；

6. 引弓入彀；

7. 瞄准审固；

8. 前撒后放；

9. 动作暂留；

10. 敛弓收势。

（三）基本礼仪

1. 上射位礼。行持弓礼。上射位之前，先行礼，再起射。表示对射艺这项活动的尊重。

2. 下射位礼。行藏弓礼。每组箭结束，下射位后行礼。表示对自己的尊重，有始有终。

3. 验靶礼仪。先对靶行礼，再去取箭。表示对目标及外物的尊重。

（四）身体练习

1. 有氧练习；

2. 无氧练习；

3. 上下肢肌肉持久性力量练习和绝对力量练习；

4. 灵活性练习

四、教学要求

（一）通过课程教学，增强学生体能，提高学生的协调性、节奏感和身体控制能力。

（二）通过课程教学，激发学生学习的兴趣，增强学生的自信心，培养学生的团队合作意识和创新思维。

五、教学日历

周次	教学内容	周次	教学内容
一	一、理论 1. 本学期教学内容和任务 2. 体育课考核内容及办法 3. 课堂常规教育和安全规则 二、射艺 1. 射艺理论讲解 2. 射艺器具介绍	四	一、理论：《孟子》 二、射艺 1. 复习举弓、开弓 2. 学习弹力带撒放 3. 射鸣镝箭练习 三、15分钟有氧跑练习
二	一、准备活动 二、射艺 1. 安全要求 2. 分组组建团队，队内分工 3. 学习上下弓弦 4. 学习基本站立姿势 三、800米匀速跑	五	一、理论：《礼记·射义》 二、射艺 1. 利用弹力带复习完整举、引、放动作 2. 学习推弓钩弦，注意沉肩旋臂 3. 学习瞄准 4. 7米射艺练习（橡胶箭头） 三、体能练习：单臂侧撑
三	一、理论：《论语》 二、射艺 1. 复习基本站立姿势 2. 复习上下弓弦 3. 学习举弓、开弓（弹力带） 三、上肢肌肉力量练习	六	一、理论：《西江月·射箭》 二、射艺 1. 利用弹力带复习完整举、引、放动作 2. 学习五平三靠 3. 复习瞄准 4. 10米射艺练习（橡胶箭头） 三、800米速度耐力练习

周次	教学内容	周次	教学内容
七	一、理论：《白虎通德论》 二、射艺 　1. 学习射艺的基本礼仪 　2. 学习直线对称用力，强化后手 　3. 7 米射艺练习（铁箭头） 三、举哑铃组合练习	十二	一、理论：《礼记·射义》 二、射艺 　1. 复习强化基本动作 　2. 心理训练 　3. 10 米射艺联赛 三、体能练习：踢毽子游戏
八	一、理论：《观德亭记》 二、射艺 　1. 复习基本动作 　2. 学习前手知簇，强化前手 　3. 学习对称用力的前撒后放 　4. 10 米射艺练习（铁箭头） 三、2 000 米跑步练习（不计时）	十三	一、投壶礼 二、射艺 　1. 复习强化基本动作 　2. 10 米射艺联赛 三、体能练习：跳长绳游戏
九	一、理论：孔子射艺故事一 二、射艺 　1. 学习表象训练 　2. 学习射艺节奏感的建立 　3. 15 米射艺练习 三、2 000 米跑步练习（计时）	十四	一、介绍反曲、复合弓 二、射艺 　1. 复习强化基本动作 　2. 射艺联赛总决赛 三、体能游戏：变速跑
十	一、理论：孔子射艺故事二 二、射艺 　1. 复习基本动作 　2. 学习射艺竞赛规则 　3. 10 米射艺联赛 三、2 000 米体能测试	十五	一、准备活动 二、射艺 　1. 复习基本技术 　2. 射艺技能考试 　3. 射艺礼仪考试 三、体能练习：放松跑
十一	一、理论：《礼记·射义》 二、射艺 　1. 复习强化基本动作 　2. 纠正易犯错误 　3. 10 米射艺联赛 三、体能练习：跳短绳游戏	十六	一、准备活动 二、射艺 　1. 复习基本动作 　2. 理论考试 　3. 补考
		十七	机动放假或补考

六、考核方式

（一）理论考试

射艺专项理论由任课教师随堂抽题口试，背诵或解读与"射"有关的经典文献。

（二）体质健康标准测试

1. 第一、三学期

《学生体质健康标准》测试。

2. 第二、四学期

2 000 米长跑。

注：详见教育部、国家体育总局颁布的《学生体质健康标准》评分表。

（三）射艺考试内容、标准及说明

1. 达标考试(20分)

考核方法：测试者发射时双脚必须分跨在起射线上。射程为 10 米，每人射 3 组箭，每组 4 支，共 12 支箭。

靶上得分	38	36	34	32	30	27	25	23	20	17
成绩分数	20	19	18	17	16	15	14	13	12	11
靶上得分	15	13	10	9	8	7	6	5	4	3
成绩分数	10	9	8	7	6	5	4	3	2	1

2. 技评(10分)

等级	分值	评价标准
优	9—10	站姿中正，身体挺拔正直，两肩保持放松、平直；举弓、引弓动作协调、稳定有力、节奏连贯；瞄准审固能够稳住，不急于撒放；撒放动作能够利用背部肌肉实现前撑后拉；动作暂留能够保持两秒钟；有敛弓收势的动作；箭飞行途中稳定性高。
良	7—8	身体基本正直，两肩放松；举弓、引弓协调、有稳定节奏；瞄准审固能够保持住；撒放动作能够利用背肌作为主导；有明显的动作暂留；有收势动作；箭飞行途中基本稳定。
及格	6	身体没有明显歪斜，肩部没有明显紧张；举弓、引弓动作到位，能够拉倒固定靠位；瞄准时动作稳定，没有晃动；撒放时后手有向后的位移；动作结束没有明显破坏直线的动作。
不及格	1—5	身体有明显歪斜；肩部有紧张动作；举弓、引弓力度不够，拉不到位；没有明显的瞄准时间；撒放有送撒动作；没有动作暂留和收势。

3. 礼仪(10分)

①"准备"令后，射手藏弓（弓放于身体一侧）位于候射线后等待；②"就位"令后，由藏弓态转为执弓态并行执弓礼（执弓向前鞠躬行礼），礼毕后执弓进入射位；③"起射"令后，方可取箭；④射毕，执弓退至候射线，由执弓态改为藏弓态；⑤行藏弓礼（藏弓于身体一侧向前鞠躬行礼）后等待"验靶"令；⑥"验靶"令后，行至靶前两米处行礼后，方可上前报分。以上六个环节缺失一处扣一分。教师根据学生行礼时的仪容仪态给予优秀、良好、及格、不及格四个

等次的评定,占 4 分。

七、补充说明

(一)体育成绩不及格、补考、缓考与重修处理

1. 学期考核成绩总评不满 60 分,作体育成绩不及格处理。经下学期补考仍不及格应重修。

2. 课外锻炼,一学期内无故缺勤未完成总次数三分之二者,学期的体育成绩最高分记为 59 分不及格。

3. 学生因故不能参加本学期某一项考试,可向任课老师和教务处提出缓考申请,于下学期第一周内参加缓考,如考试不及格,不得申请补考,应重修。

4. 学生一学期内缺课(病、事假,旷课)累计达到该学期体育课总时数的三分之一者,取消技术技能考试资格,并作体育成绩不及格处理,不能申请补考,只能重修。

(二)课堂纪律

1. 遵守课堂组织纪律,做到不迟到、不早退、不旷课。

2. 进行体育活动时必须穿运动服装。

3. 保持体育场的清洁卫生,爱护公物及体育器材。

4. 禁止在体育场馆内大声喧哗。

5. 尊重师长、团结同学。

6. 在参加体育运动前要做好准备活动,预防运动伤害事件的出现。

7. 保管好自己的物品,合理利用物品储藏柜及换衣间。

第九节　教案示例

一、四方之射

教师:张＊＊	班级:周＊,第＊节	周次:＊＊＊	日期:＊＊＊＊年＊＊月＊＊日

目标	1. (德)介绍中华射艺的历史和文化特色,帮助学生建立保护与传承的历史使命感; 2. (艺)介绍射艺所需器材和辅助装备,使学生初步了解使用方法与基本规范; 3. (礼)通过对乡射礼的介绍,使学生了解射艺项目与礼仪的关联; 4. (体)通过了解产生运动损伤的原因,帮助学生建立做好准备活动的意识。

部分	时间	内容	组织教法	备注
理论部分	25分钟	1. 教师问好，自我及课程介绍。 2. 教师点名，师生问好。 （建立微信群） 3. 提问学生对本项目的了解和兴趣点。 4. 课堂常规要求。 　a. 纪律服装要求 　b. 课外锻炼要求 　c. 成绩基本构成 5. 射艺课程要求。 6. 射艺基本知识讲解。 　a. 历史简介 　b. 当代发展 　c. 文化内涵 　d. 学校特色 7. 经典解读——四方之射。 　"故男子生，桑弧蓬矢六，以射天地四方。天地四方者，男子之所有事也。故必先有志于其所有事，然后敢用谷也。饭食之谓也。"——《礼记》	1. 教师主动展现礼貌的态度，介绍基本信息，方便今后师生沟通。 2. 营造轻松愉悦的课堂氛围，建立后续课题的基本秩序。 3. 有多少人知道射艺项目？ 　通过什么途径知道的？ 　对这个课最期待、最感兴趣的是什么？ 4. 逐条讲解，语言清晰，要求学生认真听讲，说明违规的严重性和后果。 5. 解读《大学生射艺活动安全要求与管理规定》。 6. 突出关键知识点的重要性。 　重点：每个知识点以故事的方式讲解。 7. 解释：字面意思及其出处。 　解读：帮助学生了解风俗习惯，让学生对该项目产生浓厚的兴趣与向往。 　波哥讲故事：射与人生的寓意。	
实践部分	18分钟	1. 弓箭介绍和护具使用方法。 　a. 弓的构造：弓弝、弓臂、弓弰、弓弦 　　弓的分类：玻片弓和层压弓 　b. 箭的构造：箭头、箭身、箭尾 　　箭的分类：碳素箭、竹木箭；铁头、橡胶头、鸣镝箭 　c. 大拇指护指的使用方法 　　大拇指护指介绍：筒扳、破板、皮护指；铜质、银质、树脂材质、菩提子材质展示 　d. 二指护指的使用方法 　e. 护臂的使用方法 2. 了解将弓弢作为护臂的使用办法，学会佩戴三种护具。 3. 讲解运动损伤的预防原理。 　慢跑10—15分钟。	1. 教师讲解，进行各个角度示范。 　a. 了解弓的基本构造和性能，发近致远的意义； 　b. 了解箭的结构和用途； 　c. 学生正确佩戴护具； 　重点：根据每个人的手臂特点，选用护臂。 2. 教师讲解示范，学生辅助演示。 3. 强调养成先热身再运动的习惯。 　学生可根据自身情况匀速慢跑，不要求速度，但要保证时间。	

部分	时间	内容	组织教法	备注
结束部分	2分钟	1. 小结。 2. 宣布下课,师生道别,行礼。 3. 归还器材。	1. 讲评课的完成情况。 2. 要求学生课后了解中国射艺经典文献。 3. 道别时行礼。	

二、六艺之射

教师:张＊＊	班级:周＊,第＊节	周次:＊＊＊	日期:＊＊＊＊年＊＊月＊＊日

目标	1. (德)通过学习"射"在中国古代的地位和意义,了解古人如何进行综合育人; 2. (艺)学习上下弓弦,掌握弓的基本结构与性能特点; 3. (礼)通过了解弓箭来建立对弓箭的敬重思想与意识,理解"敬物"的理念; 4. (体)通过有氧练习,实现体能的适应性恢复。

部分	时间	内容	组织教法	备注
开始部分	12分钟	1. 集合整队清点人数。 2. 师生问好,宣布本次课的任务及要求。 3. 经典解读:六艺之射。 　以乡三物教万民而宾兴之:一曰六德,知、仁、圣、义、忠、和;二曰六行,孝、友、睦、姻、任、恤;三曰六艺,礼、乐、射、御、书、数。——《周礼》 4. 分六或八个小队,组建团队。 　a. 选出队长、确定队名和口号; 　b. 组内任务分工。	1. 队形。 　××××××××× 　××××××××× 　　　△ 2. 问好后,简明扼要地讲述课的任务及要求。 3. 解释:六德;六行;六艺的意思。 　解读:为何射被纳入六艺? 波哥讲故事:一场润物无声的教育。 4. 营造团队氛围,后续活动和比赛按固定小组进行。	
准备部分	5分钟	1. 集体慢跑。 2. 关节拉伸。 头部拉伸一　　2×8拍 头部拉伸二　　2×8拍 肩部圆周运动　2×8拍 肩部拉伸一　　2×8拍 肩部拉伸二　　2×8拍 体转运动　　　2×8拍	1. 成一路纵队绕场地慢跑400米,男生在前,女生在后。 2. 教师喊口令、领做,动作伸展。 　以身体中轴线为轴,左右转动头部 手扶头部,向两侧拉伸颈部 两臂伸直绕环,绕环由小逐渐变大小臂 扣住另一侧肘关节向内拉伸 　手扶另一侧肘关节沿脊柱向下拉伸 　抬起手臂,身体向两侧扭转拉伸	

部分	时间	内容	组织教法	备注
		提腿运动　　　2×8拍 大拇指拉伸　　2×8拍	抬起膝盖向外侧打开再放下 勾弦手大拇指拉伸	
基本部分	25分钟	1. 学习上弓弦。 　区分上下，套弦入弸。 2. 学习下弓弦。 　下弓弦与上弓弦的动作相同，方向相反。 3. 注意事项。 　上弦无人，确保安全。周围不要站人，尤其是后面，以免滑脱伤人； 4. 学习弓的性能和原理，树立对弓的敬重理念。 　提问：为何要尊重没有生物的物体？ 5. 800米匀速跑。 　不限时间，慢跑	1. 教师示范，分解技术讲解。 (1) 两脚开立，弓弰靠腿。两脚分开同肩宽，将套好弦一侧的弓稍和弓臂连接处，靠在左小腿正面。弓弰不要接触到地面，以免扭弰。 (2) 回头望月，转体推弓。利用腰部转体的力量，臀部向后，右肩前探，右手握弓贴近身体前退。 介绍弓的性能及兵短害长的威力。 2. 下弓弦。 　右腿跨弓，大腿抵弝。右腿跨过弓，用右腿大腿根部抵住弓柄（弝）中间，产生两个相反的力。慢慢将弦从弦槽内取出，即可。 队形： 　　　　××××××× 　　　　××××××× 　　　　　　△ 3. 重点：统一动作，注意安全。 4. 创设情境，寻求理解。要求学生对器具也有敬重之心。 5. 提升有氧能力，不要求速度，但要求相对匀速。	
结束部分	3分钟	1. 放松操。 2. 集合整队，讲评。 3. 师生道别，按小组归还器材。	1. 成三列横队按体操队形，跟着口令合拍做放松操。 2. 讲评课的完成情况，要求学生课后了解中国六艺的教育价值。 3. 道别时行揖礼。	

三、 君子之争

教师:张＊＊	班级:周＊,第＊节	周次:＊＊＊	日期:＊＊＊＊年＊＊月＊＊日

目标	1. (德)学习中国经典文献《论语》中与射艺有关的内容,理解中国古代思想对于体育竞争的哲学认知,培养学生对于君子之争的理解与生活应用; 2. (艺)通过学习基本站立姿势,形成身正体直的动作定型和良好的身姿习惯; 3. (礼)学习敬人之礼,在君子之争中,领悟礼的要求和敬人的意义; 4. (体)体能练习,通过中长距离跑步提升学生心肺功能,提高有氧能力。

部分	时间	内容	组织教法	备注

开始部分	12分钟	1. 集合整队清点人数。
		
		2. 师生问好,宣布课的任务及要求。
		3. 安排见习生。
		4. 经典解读:君子之争。
		  君子无所争,必也射乎,揖让而升,下而饮,其争也君子。——《论语》
			1. 队形。
			XXXXXXXXXX
			XXXXXXXXXX
			△
			
			2. 简明扼要地讲述任务及要求。
			3. 见习生随堂听讲。
			4. 为何君子没什么好争的?
			  敬人之礼的意义和价值。
			  结合乡射礼解释射艺的基本礼仪和精神追求;下而饮的历史意义。
			波哥讲故事:何谓君子之争。	

准备部分	5分钟	1. 集体慢跑。
		
		2. 关节拉伸。
		  头部拉伸一　　2×8拍
		  头部拉伸二　　2×8拍
		  肩部圆周运动　2×8拍
		  肩部拉伸一　　2×8拍
		  肩部拉伸二　　2×8拍
		  体转运动　　　2×8拍
		  提腿运动　　　2×8拍
		  大拇指拉伸　　2×8拍
			1. 成一路纵队绕场地慢跑400米。
			2. 教师喊口令、领做,动作伸展。
			XXXXXXXXXX
			XXXXXXXXXX
			△	

基本部分	25分钟	1. 复习上、下弓弦。
		  学会区分上下弓臂及其对应的弓弦。
		
		2. 学习基本站立姿势。
		  a. 两脚开立,与肩同宽;
		  b. 身体中轴,保持正直;
		  c. 两肩放松,平行地面;
		  d. 垂肩坠肘,尾闾中正。
			1. 教师示范,分解技术讲解。
			  a. 每队两把弓,分组练习;
			  b. 注意不要侧向用力,以免损伤弓稍。
			2. 教师示范、讲解。
			  每次技术点要求不超过三个。
			要点:
			  a. 两脚尖距离与肩同宽,或比肩宽。
			  b. 身体保持正直;	

部分	时间	内容	组织教法	备注
		  3. 介绍三种站立姿势。 　平行式 　开放式 　隐蔽式 4. 1 200米匀速跑。	c. 脚趾扒地生根,大小腿用力。 练习方式: 　a. 两人一组,互作小老师;也可以用箭作为辅助,测量间距。 　b. 对照镜子检视动作。 　c. 教师巡回纠正动作。 **重点:** 身体挺拔,保持中正。 3. 教师分解示范,学生分组相互指导动作练习,教师巡回指导。 4. 不计时,学生可自己控制速度,恢复性练习。	
结束部分	3分钟	1. 放松。 2. 小结。 3. 宣布下课,师生道别,按小组归还器材。	1. 成三列横队按体操队形,跟着口令合拍做放松操。 2. 讲评课的完成情况,要求学生课后思考"君子之争"的行为有哪些。 3. 道别时行揖礼。	

四、执射执御

教师:张＊＊	班级:周＊,第＊节	周次:＊＊＊	日期:＊＊＊＊年＊＊月＊＊日

目标	1. (德)通过学习孔子对于射的判断和定位,帮助学生理解中国古代对于技术性活动的认识和定位,以及对于人的最高追求的选择与判断; 2. (艺)通过复习基本站立姿势、学习转头审固,巩固射艺基本技术能力的掌握; 3. (礼)同伴之间相互纠正错误动作,揖让感谢,养成互敬的态度和习惯; 4. (体)通过体能练习,锻炼学生上肢持续性肌肉力量。

部分	时间	内容	组织教法	备注
开始部分	12分钟	1. 集合整队清点人数。	1. 队形。 ⅩⅩⅩⅩⅩⅩⅩⅩⅩ ⅩⅩⅩⅩⅩⅩⅩⅩⅩ △	

部分	时间	内容	组织教法	备注
		2. 师生问好,宣布课的任务及要求。 3. 安排见习生。 4. 经典解读:执射执御。 　达巷党人曰:"大哉孔子! 博学而无所成名。"子闻之,谓门弟子曰:"吾何执? 执御乎? 执射乎? 吾执御矣。"——《论语》	2. 简明扼要地讲述任务及要求。 3. 见习生随堂听讲。 4. 解释:孔子如何看待博学与成名? 　解读:思想家的追求不是成为专家。 波哥讲故事:孔子真的认为自己可以靠驾车出名吗?	
准备部分	5分钟	1. 集体慢跑。 2. 关节拉伸。 　头部拉伸一　　2×8拍 　头部拉伸二　　2×8拍 　肩部圆周运动　2×8拍 　肩部拉伸一　　2×8拍 　肩部拉伸二　　2×8拍 　体转运动　　　2×8拍 　提腿运动　　　2×8拍 　大拇指拉伸　　2×8拍	1. 成一路纵队绕场地慢跑400米。 2. 教师喊口令、领做,动作伸展。 队形: XXXXXXXXXXXX XXXXXXXXXXXX 　　　△	
基本部分	25分钟	1. 复习基本站立姿势。 2. 学习转头审固。 　a. 头转身直,中轴不变。 　b. 头转肩留,保持下沉。 　c. 目注的的,调匀呼吸。 	1. 教师语言提示基本动作要点,学生做,教师巡视。 学习腹式呼吸 吸气鼓出,吐气收进;手放在腹部感受。 重点: 身平体正,山立挺拔。 2. 教师示范,学生分组相互指导动作练习,教师巡回指导。 　a. 转头时身体中轴保持正直,不可歪头、扭腰、斜胯。 　b. 转头过程中,保持两肩放松下沉; 　c. 转头后眼睛专注于目标,心无杂念,调整呼吸。 两人一组,相互指导。 难点: 头转,身体保持不动;头转到位,又不过度紧张。	

部分	时间	内容	组织教法	备注
		3. 相互辅助与表达谢意。 提问：当别人感谢你的时候是什么感觉？ 4. 体能练习（上肢）。 哑铃侧平举和俯卧飞鸟	3. 自己看不到自己的动作，需要别人的帮助。对于别人的帮助，一定要通过语言或者行为来表示感谢，不能只是在心里。 4. 体能训练时注意强度和量的控制，培养学生的意志力。	
结束部分	3分钟	1. 放松。 2. 小结。 3. 师生道别，按小组归还器材。	1. 成三列横队按体操队形，跟着口令合拍做放松操。 2. 讲评课的完成情况，要求学生课后了解孔子最看重什么。 3. 道别时行揖礼。	

五、孔子习射

教师：张＊＊	班级：周＊,第＊节	周次：＊＊＊	日期：＊＊＊＊年＊＊月＊＊日

目标	1. （德）通过学习孔子习射的故事，了解古代的礼乐环境和道德要求，理解孔子赋德于射的意义所在； 2. （艺）通过复习站姿、转头审固动作，学习前手推弓，帮助学生掌握基本的技术动作； 3. （礼）从"孔子习射"中，帮助学生了解礼在古代的范畴和内涵； 4. （体）通过体能练习，锻炼学生上肢绝对力量。

部分	时间	内容	组织教法	备注
开始部分	15分钟	1. 集合整队清点人数。 2. 师生问好，宣布课的任务及要求。 3. 安排见习生。 4. 经典解读：孔子习射。 　　孔子射于矍相之圃，盖观者如堵墙。射至于司马，使子路执弓矢，出延射曰："贲军之将，亡国之大夫，与为人后者不入，其馀皆入。"盖去者半，入者半。又使公罔之裘、序点，扬觯而语，公罔之裘扬觯而语曰："幼壮孝弟，耆耊好礼，不从流俗，	1. 队形。 ⅩⅩⅩⅩⅩⅩⅩⅩⅩⅩⅩ ⅩⅩⅩⅩⅩⅩⅩⅩⅩⅩⅩ △ 2. 简明扼要地讲述任务及要求。 3. 见习生随堂听讲。 4. 通过孔子射箭的故事，了解射艺在当时的社会地位，同时了解孔子所处时代"礼崩乐坏"的大背景，借以理解孔子对于秩序的极度偏爱。正是在这种秩序关怀的背景下，孔子才对礼射进行了道德的加工，赋予了很多文化的创造。这也是我们理解射以观德的一个大背景。	

部分	时间	内容	组织教法	备注
		修身以俟死，者不？在此位也。"盖去者半，处者半。序点又扬觯而语曰："好学不倦，好礼不变，旄期称道不乱，者不？在此位也。"盖仅有存者。——《礼记》	波哥讲故事：假如今天孔子再习射，还有存者吗？	
准备部分	5分钟	1. 集体慢跑。 2. 关节拉伸。 头部拉伸一　　2×8拍 头部拉伸二　　2×8拍 肩部圆周运动　2×8拍 肩部拉伸一　　2×8拍 肩部拉伸二　　2×8拍 体转运动　　　2×8拍 提腿运动　　　2×8拍 大拇指拉伸　　2×8拍	1. 成一路纵队绕场地慢跑400米。 2. 教师喊口令、领做，动作伸展。 ××××××××× ××××××××× △	
基本部分	22分钟	1. 复习基本站立姿势。 2. 复习转头审固的动作。 3. 学习推弓动作。 　a. 先找上下，虎口对枕； 　b. 再寻左右，中心相对； 　c. 前臂伸直，直线前推。 4. 射与礼。 　提问：能够理解孔子赶人的初衷？ 5. 体能练习（上肢） 　俯卧撑或跪卧撑；立卧撑	1. 学生做，教师巡视。 2. 专注与静心，学生分组相互指导动作练习，教师巡回指导。 3. 教师示范、讲解基本要点。 　a. 前手握弓时，用虎口找准弓柄与箭枕连接处； 　b. 推弓时，用虎口中心对准弓柄中心； 　c. 推弓前臂要伸直，后续整个动作，前臂都是伸直的，形成骨骼支撑，直线用力。 　重点：握弓位置不能左右滑动，做到中心相对，尤其是腕关节，避免产生弓欺手。 　难点：弓与手的接触面应尽量小，以免造成在撒放过程中的运动方向的改变，使箭支偏移。 4. 取弓的时候，老师是怎么取的，这样做意义何在？ 　老师会一直观察，提醒大家的行为来培养德性！ 5. 体能训练注意强度和量的控制，增强趣味性。	
结束部分	3分钟	1. 放松。 2. 小结。 3. 宣布下课，师生道别，按小组归还器材。	1. 成三列横队按体操队形，跟着口令合拍做放松操。 2. 讲评课的完成情况及要求学生课后了解中国射艺经典。 3. 道别时行揖礼。	

六、射以观德

教师：张＊＊	班级：周＊,第＊节	周次：＊＊＊	日期：＊＊＊＊年＊＊月＊＊日

目标	1. (德)通过学习中国文化对于过程性价值与结果性价值独特认知,帮助学生理解"射以观德"的价值内涵; 2. (艺)通过复习站姿等基础动作,养成良好的动作习惯,学习钩弦,掌握基本的技术动作; 3. (礼)学习上射位礼仪,养成每次射箭先行礼的习惯; 4. (体)通过2 000米练习,锻炼学生的心肺功能,提升学生长距离跑步能力。

部分	时间	内容	组织教法	备注
开始部分	12分钟	1. 集合整队清点人数。 2. 师生问好,宣布课的任务及要求。 3. 安排见习生。 4. 经典解读:射以观德。 　　故射者,进退周还必中礼,内志正,外体直,然后持弓矢审固;持弓矢审固,然后可以言中,此可以观德行矣。——《礼记》	1. 队形。 　XXXXXXXXX 　XXXXXXXXX 　　　△ 2. 简明扼要地讲述任务及要求。 3. 见习生随堂听讲。 4. 为何一项体育竞赛可以考查一个人的德行? 讲解乡射礼的流程,使学生了解射箭与礼仪结合,达到内外兼修的特点;帮助学生理解,古代通过一个人射箭的行为、态度,观察一个人德性的方式。 波哥讲故事:射可观德乎? 取决于你的判断。	
准备部分	5分钟	1. 集体慢跑。 2. 关节拉伸。 　头部拉伸一　　2×8拍 　头部拉伸二　　2×8拍 　肩部圆周运动　2×8拍 　肩部拉伸一　　2×8拍 　肩部拉伸二　　2×8拍 　体转运动　　　2×8拍 　提腿运动　　　2×8拍 　大拇指拉伸　　2×8拍	1. 成一路纵队绕场地慢跑400米。 2. 教师喊口令、领做,动作伸展。 　XXXXXXXXX 　XXXXXXXXX 　　　△	
基本部分	25分钟	1. 复习站姿和转头动作。 2. 学习钩弦的基本动作要领。 	1. 学生分组进行练习,教师巡回指导。 2. 教师多角度示范,学生先观察。 　学生二人一组练习,在教师的语言提示下,相互检查基本规范。教师巡回指导。 　a. 大拇指钩弦是中国传统射法的特点之一,大拇指是主要受力点,指紧腕松,用力不僵;	

部分	时间	内容	组织教法	备注
		a. 大指钩弦,紧而不僵; b. 食指压大,形成凤眼; c. 三指握拳,不要碰弦。	b. 食指第二指腹压住大拇指指甲根部,形成锁扣,防止滑脱;食指应在弦的外侧,不参与钩弦; c. 其余三指放松握拳,不要去扰弦或伸指肌用力,撒放时产生分力。 后拳凤眼最宜丰。 重点: 大拇指钩弦位置,食指扣弦位置。 难点: 手指用力,手腕放松。	
		3. 学习上射位的礼仪。 准备:藏弓山立静候; 就位:执弦收脚,执弓行礼,三步就位; 4. 2 000 米跑步练习。	3. 教师完整示范,教师分解讲解基本要求,学生分组练习,组长统一口令,教师巡回指导。 学生练习时,教师观察完成情况,及时发现问题,施加德育影响。 4. 要求学生尽力完成,记录时间并反馈给学生了解自身的情况。	
结束部分	3分钟	1. 放松。 2. 小结。 3. 下课,道别,按小组归还器材。	1. 成三列横队按体操队形,跟着口令合拍做放松操,每节两个八拍。 2. 讲评完成情况,要求学生课后了解德的内外两个方面。 3. 道别时行揖礼。	

七、 射不宁侯

教师:张＊＊	班级:周＊,第＊节	周次:＊＊＊	日期:＊＊＊＊年＊＊月＊＊日

目标	1. (德)通过学习中国经典射艺文献,了解古代"侯靶"的由来与意义; 2. (艺)复习推弓钩弦,学习搭箭的过程中,正确区分主羽、副羽以及搭箭的手法要求; 3. (礼)复习上射位礼仪,提醒学生练习中出现的问题,养成良好的习惯; 4. (体)通过踢毽子游戏,锻炼学生下肢的灵活性。

部分	时间	内容	组织教法	备注
开始部分	12分钟	1. 集合整队清点人数。 2. 师生问好,宣布课的任务及要求。	1. 队形。 ××××××××××× ××××××××××× △ 2. 简明扼要地讲述任务及要求。	

部分	时间	内容	组织教法	备注
		3. 安排见习生。	3. 见习生随堂听讲。	
		4. 经典解读：射不宁侯。 侯者，以布为之何，用人事之始也。本正则末正矣。所以名为侯何？明诸侯有不朝者，则射之，故《礼射祝》曰："嗟尔不宁侯，尔不朝于王所，以故天下失业。亢而射尔。"所以不射正身何？君子重同类，不忍射之，故画兽而射之。——《白虎通德论》	4. 侯（靶子）为何用布来做呢？为何叫做侯呢？为了表明诸侯有不朝见于君王的，就射他们。《礼射祝》中说："大胆的不安分诸侯，你不朝见于君王，导致天下混乱，百姓失业。所以引弓射你。"为何不射你的正身？因为君子重同类，不忍心射杀你，所以画兽图来射之。 波哥讲故事：古代的高考。	
准备部分	5分钟	1. 集体慢跑。 2. 关节拉伸。 　头部拉伸一　　2×8 拍 　头部拉伸二　　2×8 拍 　肩部圆周运动　2×8 拍 　肩部拉伸一　　2×8 拍 　肩部拉伸二　　2×8 拍 　体转运动　　　2×8 拍 　提腿运动　　　2×8 拍 　大拇指拉伸　　2×8 拍	1. 成一路纵队绕场地慢跑 400 米。 2. 教师喊口令、领做，动作伸展。 ××××××××××× ××××××××××× △	
基本部分	25分钟	1. 复习推弓、钩弦的基本动作。 2. 学习搭箭动作。 a. 取矢中段，先入前手； b. 前手挟矢，顺羽正筈； c. 筈入弦口，羽弦垂直。 安全要求： 搭箭时必须注意箭不指人，弓不对人等安全性规范。 3. 复习上射位的礼仪。 　提问：先行礼有助于静心吗？ 4. 踢毽子游戏。	1. 教师讲解基本要求，学生二人一组练习，相互检查基本规范。教师语言提示技术动作要点，巡回检查。 2. 教师讲解，学生认真听讲。 　a. 取矢的时候，不要捏住箭尾或羽毛，从中段取矢，用前手二指夹住，先固定前手位置。 　b. 前手握弓，伸出食指和中指夹住箭，后手顺箭身，捋顺箭羽，将主羽朝外。这时应检查箭尾、箭羽的完整性，同时保证弓与地面垂直，箭与地面平行。 　c. 将箭尾卡入弦，上移一厘米左右（必要时，需进行缠箭口），让箭羽的延长线垂直于弦，以免出箭时划伤前手虎口。 　重点：搭箭后，箭羽的延长线与弓弦垂直，避免出箭时划伤手指。 3. 利用学生练习中出现的额问题，集中进行纠正。 　学生练习，教师观察行为表现，进行点评，施加德育影响。 4. 专项进行关节准备活动，促进同学们之间的团结与交流。	

部分	时间	内容	组织教法	备注
结束部分	3分钟	1. 放松。 2. 小结。 3. 下课,道别,按小组归还器材。	1. 成三列横队按体操队形,跟着口令合拍做放松操,每节两个八拍。 2. 讲评完成情况,要求学生课后了解"侯"字的由来。 3. 道别时行揖礼。	

八、 射亦有道

教师:张＊＊	班级:周＊,第＊节	周次:＊＊＊	日期:＊＊＊＊年＊＊月＊＊日

目标	1.(德)通过介绍中国古代对于射道的理解,来了解中国古人对于道义的执着,帮助学生建立对自我的高要求; 2.(艺)复习推弓钩弦的动作,学习举弓,掌握基本的技术动作; 3.(礼)学习下射位的礼仪,建立完整的礼仪动作,帮助学生建立有始有终的行为习惯; 4.(体)通过跑步游戏,培养学生对跑步的兴趣,锻炼学生的有氧能力。

部分	时间	内容	组织教法	备注
开始部分	12分钟	1. 集合整队清点人数。 2. 师生问好,宣布课的任务及要求。 3. 安排见习生。 4. 经典解读:射亦有道。 　　逢蒙学射于羿,尽羿之道,思天下惟羿为愈己,于是杀羿。孟子曰:"是亦羿有罪焉。"……庾公之斯至,曰:'夫子何为不执弓?'曰:'今日我疾作,不可以执弓。'曰:'小人学射于尹公之他,尹公之他学射于夫子。我不忍以夫子之道反害夫子。虽然,今日之事,君事也,我不敢废。'抽矢扣轮,去其金,发乘矢而后反。——《孟子》	1. 队形。 ×××××××××× ×××××××××× △ 2. 简明扼要地讲述任务及要求。 3. 见习生随堂听讲。 4. 逢蒙跟后羿学习射箭,掌握后羿的射箭之道后,认为天下只有后羿超过自己,就杀害了后羿。后羿何罪之有? 即便作为军事之用,射者也要遵从基本的道德规范。 波哥讲故事:射术、射艺、射道!	
准备部分	5分钟	1. 集体慢跑。 2. 关节拉伸。 　头部拉伸一　　　2×8拍 　头部拉伸二　　　2×8拍 　肩部圆周运动　　2×8拍	1. 成一路纵队绕场地慢跑400米。 2. 教师喊口令、领做,动作伸展。 ×××××××××× ×××××××××× △	

部分	时间	内容	组织教法	备注
		肩部拉伸一　2×8拍 肩部拉伸二　2×8拍 体转运动　2×8拍 提腿运动　2×8拍 大拇指拉伸　2×8拍		
基本部分	25分钟	1. 复习推弓钩弦基本动作。 2. 学习举弓动作。 　a. 缓举轻开，两手齐眉。 　b. 小臂贴额，大臂贴耳。 　c. 旋臂沉肩，体正心专。 3. 学习下射位礼仪。 　射毕后，执弓转身，三步退回，藏弓收脚，鞠躬行礼，静候验靶。 4. 变速跑（节奏与灵敏性练习）。	1. 学生二人一组练习，相互检查基本规范。教师语言提示技术动作要点，巡回检查。 2. 教师示范讲解，学生分组练习。 每次技术点要求不超过三个。 　a. 两臂匀速上抬，两手平行于地面，举弓高度与眉齐平。 　b. 后臂的小臂水平于地面贴额头，大臂垂直于地面贴耳朵。 　c. 举弓同时，做好旋臂沉肩动作，保持身体中正位，两肩放松下沉，心专视审，排除杂念。 学生分组练习方式方法 　a. 二人一组，一人做，另外一人协助，按照老师的要求进行动作纠正，轮换进行。 　b. 先用弹力带练习，再将弹力带绑到弓上，最后用弓练习。 　c. 教师巡回指导。 **重点：** 举弓的高度超过眉毛。 **难点：** 举弓时不要耸肩，尤其是前肩。 3. 提醒学生有始有终，结束射箭后，不管结果如何，淡定完礼。 　学生练习，教师观察行为表现，进行点评，施加德育影响。 4. 全体同学在田径场，男女分别站成一路纵队跑步，听哨声变速，每一轮变速，最后一位同学要跑步队伍的最前面领跑。领跑必须在下一次哨声之前完成。	
结束部分	3分钟	1. 放松。 2. 小结。 3. 下课，道别，按小组归还器材。	1. 成三列横队按体操队形，跟着口令合拍做放松操，每节两个八拍。 2. 讲评完成情况，要求学生课后了解日本弓道。 3. 道别时行揖礼。	

九、反求诸己

教师：张＊＊	班级：周＊,第＊节	周次：＊＊＊	日期：＊＊＊＊年＊＊月＊＊日

目标	1. (德)学习中国经典文献《孟子》中与射艺有关的内容,理解中国古代思想对于体育竞争的哲学认知,培养学生对于自我反思的理解与生活应用; 2. (艺)复习举弓,学习引弓动作,建立身体对于技术的本体感知; 3. (礼)复习下射位礼仪,建立有始有终的完整礼仪动作; 4. (体)体能练习,下肢肌肉力量练习。

部分	时间	内容	组织教法	备注
开始部分	12分钟	1. 集合整队清点人数。 2. 师生问好,宣布课的任务及要求。 3. 安排见习生。 4. 经典解读:反求诸己。 　　仁者如射,射者正己而后发。发而不中,不怨胜己者,反求诸己而已矣。——《孟子》	1. 队形。 ××××××××××× ××××××××××× △ 2. 简明扼要地讲述任务及要求。 3. 见习生随堂听讲。 4. 结合历史观念,解释"仁"的内涵;"仁"与"射"之间有何关系?通过中国人对人的基本认识,引申到正己的内涵和意义;领会"反求诸己"的境界。 波哥讲故事:为什么只有输的人才打裁判?	
准备部分	5分钟	1. 集体慢跑。 2. 关节拉伸。 　头部拉伸一　　2×8拍 　头部拉伸二　　2×8拍 　肩部圆周运动　2×8拍 　肩部拉伸一　　2×8拍 　肩部拉伸二　　2×8拍 　体转运动　　　2×8拍 　提腿运动　　　2×8拍 　大拇指拉伸　　2×8拍	1. 成一路纵队绕场地慢跑400米。 2. 教师喊口令、领做,动作伸展。 ××××××××××× ××××××××××× △	
基本部分	25分钟	1. 复习举弓。 　a. 人弓一体,一个平面。 　b. 体位中正,十字架构。 　c. 手臂上举,髋腰不动。 2. 学习引弓。 　a. 背力开弓,前撑后拉。	1. 教师分解示范,学生分组相互指导动作练习,教师巡回指导。 　a. 举弓过程中,弓和人始终在一个平面(射箭面)内完成。 　b. 举弓后,身体重心投影应在两脚中间,形成十字架构。 　c. 举弓时,保持髋关节和腰部不动。 2. 教师完整示范,教师分解讲解,学习分组练习	

部分	时间	内容	组织教法	备注
		b. 力足毂满，固定靠位。 c. 塌肩抬肘，三点一线。 　 3. 复习下射位礼仪。 　射毕后，注意先执弓，再转身撤脚；退回后，先藏弓，再鞠躬行礼；行礼后，不可离开，原地静候。 　提问：什么情况下可能忘记行礼？ 4. 下肢肌肉力量练习。	a. 引弓的主要力量来自于两肩三角肌和背部的斜方肌和背阔肌。 b. 开弓力要足，一气呵成，后手的靠位要每次一致。 c. 拉弓臂沉肩，后肘高于后肩。开弓后，从俯视角度看，推弓点、前肩、后肩趋近一条直线。 **重点**：开弓要开满，后肘带动后臂向后拉开。 **难点**：体会用后背肌肉用力。 3. 教师示范一次，用语言带领学生练习，学生自练。 　学生练习，教师观察行为表现，进行点评，施加德育影响。 4. 蹲跳练习，每次八个，三组；扎马步游戏，分组比赛，看哪个组用时最长。	
结束部分	3分钟	1. 放松。 2. 小结。 3. 宣布下课，师生道别，归还器材。	1. 成三列横队按体操队形，跟着口令合拍做放松操，每节两个八拍。 2. 讲评课的完成情况，要求学生课后了解"反诸求己"的意义。 3. 道别时作揖行礼。	

十、射己之鹄

教师：张＊＊	班级：周＊，第＊节	周次：＊＊＊	日期：＊＊＊＊年＊＊月＊＊日

目标	1. （德）通过学习中国经典射艺文献中对于志向与射箭的关系，帮助学生建立树立目标，找准定位，并为之努力的思想意识； 2. （艺）复习举弓、引弓，学习靠弦，形成正确的动作定型； 3. （礼）学习礼候礼，帮助学生树立对于目标的尊重意识和建立敬物的概念； 4. （体）射箭专项力量，单臂侧撑，培养学生上肢肌肉力量。

部分	时间	内容	组织教法	备注
开始部分	12分钟	1. 集合整队清点人数。 2. 师生问好,宣布课的任务及要求。 3. 安排见习生。 4. 经典解读:射己之鹄。 　　射之为言者绎也,或曰舍也。绎者,各绎己之志也。故心平体正,持弓矢审固;持弓矢审固,则射中矣。故曰:为人父者,以为父鹄;为人子者,以为子鹄;为人君者,以为君鹄;为人臣者,以为臣鹄。故射者各射己之鹄。——《礼记》	1. 队形。 ××××××××××××× ××××××××××××× △ 2. 简明扼要地讲述任务及要求。 3. 见习生随堂听讲。 4. 目标与志向。绎,是各自抒陈自己的志向。人的志向和目标明确了,按照这个目标的要求做到内心平静、身体正直,持弓搭箭能够专注于自己的目标,能够专注于自己的目标,自然能够射中,实现自己的志向。 波哥讲故事:志向造就的使命感。	
准备部分	5分钟	1. 集体慢跑。 2. 关节拉伸。 　头部拉伸一　　2×8拍 　头部拉伸二　　2×8拍 　肩部圆周运动　2×8拍 　肩部拉伸一　　2×8拍 　肩部拉伸二　　2×8拍 　体转运动　　　2×8拍 　提腿运动　　　2×8拍 　大拇指拉伸　　2×8拍	1. 成一路纵队绕场地慢跑400米。 2. 教师喊口令、领做,动作伸展。 ××××××××××××× ××××××××××××× △	
基本部分	25分钟	1. 利用弹力带复习举弓。 　a. 沉肩举臂,肘窝内旋。 2. 利用弹力带复习引弓。 　a. 身平体正,十字支撑。 　b. 前肩打开,三角支撑。 　c. 后肘夹紧,形成直线。 3. 学习靠弦。 　a. 背肌带动,完成靠位。 　b. 用力不停,瞄准开始。 每手的靠位根据脸型不同而不同,但要每次一致	1. 教师讲解,学生分组练习。 　a. 利用弹力带模拟举弓练习,举弓同时完成沉肩旋臂。 2. 教师讲解,学生分组练习。 　a. 身体保持正直,两肩放松下沉,从正面看,形成十字结构。 　b. 将前腕、前肩、后肩趋近一条直线,建立骨骼支撑形成三角形。 　c. 后肘大小臂夹紧、上提,推弓点、钩弦点,后肘中心点,三点一线。 3. 教师示范、教师分解讲解,学生分组练习。 　用后背肌肉的持续用力,匀减速完成靠弦。 　靠弦时力不可停顿,靠弦完成,开始瞄准,将注意力前移。 　重点:靠位要每次都固定一致。 　难点:背肌带动完成靠位,不能用手靠位。	

部分	时间	内容	组织教法	备注
		4. 学习礼侯礼。 　　验靶令后，至靶前拔箭之前，须先向靶子的方向行礼，表示对目标的尊重。 　　提问：对靶子行礼，内心有何感受？ 5. 单臂侧撑练习。	4. 教师先示范，再讲解，解释这种礼仪的意义；学生进行实践。 　　学生练习，教师观察行为表现，进行点评，施加德育影响。 5. 单臂侧撑。持弓臂侧撑，身体与地面斜撑。三组，每组间隔 1 分钟。第一组支撑 30 秒；第二组支撑 50 秒；第三组支撑 40 秒。	
结束部分	3分钟	1. 放松。 2. 小结。 3. 宣布下课，师生道别，按小组归还器材。	1. 成三列横队按体操队形，跟着口令合拍做放松操，每节两个八拍。 2. 讲评课的完成情况，要求学生课后思考自己的志向与目标。 3. 道别时行揖礼。	

十一、射以修心

教师：张＊＊	班级：周＊，第＊节	周次：＊＊＊	日期：＊＊＊＊年＊＊月＊＊日

目标	1.（德）通过学习中国古代王阳明心学的理论，理解中国古代"射以修心"的内涵； 2.（艺）通过复习举弓、引弓动作，学习撒放，形成完整的基本射艺技术； 3.（礼）复习礼侯礼，建立对于目标的尊重和竞赛时礼仪规范； 4.（体）跳短绳游戏，锻炼学生的协调性和灵活性。

部分	时间	内容	组织教法	备注
开始部分	12分钟	1. 集合整队清点人数。 2. 师生问好，宣布课的任务及要求。 3. 安排见习生。 4. 经典解读：射以修心。 　　德也者，得之于其心者也。君子之学，求以得之于其心。君子之学于射，以存其心也。是故心端则体正，心敬则容肃，心平则气舒，心专则视审，心通故时而理，心纯故让而恪，心宏故胜而不张、负而不驰，七者备而君子之德成。射也者，射己之鹄也。鹄也者，心也，各射己之心也，各得其心而已。故曰可以观德矣。作《观德亭记》。——《王阳明全集》	1. 队形。 ✕✕✕✕✕✕✕✕✕✕✕✕ ✕✕✕✕✕✕✕✕✕✕✕✕ △ 2. 简明扼要地讲述任务及要求。 3. 见习生随堂听讲。 4. 君子在射箭时，内心端正，外体正直，持弓稳固，才能命中目标。因而古人提出射以观德。 七种君子之德，不仅在射箭，更在生活之中。 波哥讲故事：德可观乎？	

部分	时间	内容	组织教法	备注
准备部分	5分钟	1. 集体慢跑。 2. 关节拉伸。 　头部拉伸一　　2×8拍 　头部拉伸二　　2×8拍 　肩部圆周运动　2×8拍 　肩部拉伸一　　2×8拍 　肩部拉伸二　　2×8拍 　体转运动　　　2×8拍 　提腿运动　　　2×8拍 　大拇指拉伸　　2×8拍	1. 成一路纵队绕场地慢跑400米。 2. 教师喊口令、领做，动作伸展。 XXXXXXXXXXXX XXXXXXXXXXXX △	
基本部分	25分钟	1. 利用弹力带复习举弓。 　a. 前手轻推，感受推点。 2. 利用弹力带复习引弓。 　a. 靠位清晰，始终一致。 　b. 背力主导，不可间断。 3. 学习撒放。 　a. 前手指的，后手滑弦。 　b. 胸开背紧，后肘后移。 　c. 肘平臂紧，手藏颈后。 4. 复习礼侯礼。 　走到靶前时，要先站定再行礼，不可离靶太近。 　**提问**：只有你自己的时候，你会行礼吗？ 5. 跳短绳游戏。	1. 教师讲解，学生分组练习。 　a. 举弓后，感受前手的推弓点是明确而又固定一致的。 2. 教师讲解，学生分组练习。 　a. 后手与弦或羽，要在脸上有固定的靠位，而且每次要一致。 　b. 斜方肌和背阔肌等后背肌群主导开弓，并持续用力，完成撒放动作。 3. 教师完整示范、教师分解讲解，学生分组互助练习，教师巡回纠错。 　a. 前臂用力前推；后手大拇指、食指放松，弦从手指内滑出。 　b. 背肌持续用力，展开胸部。因用力的惯性，后肘水平向后移。 　c. 撒放后，后肘与肩平，大小臂夹紧；后手逆时针微旋，停于颈后。 　**重点**：前撒放松前指，后放后肘向后。 　**难点**：后手沿箭的反向延长线移动。 4. 教师提醒学生不要忘记这个礼仪，表示对自己目标的尊重。竞赛时还是对记分员的尊重。 　学生练习，教师观察行为表现，进行点评，施加德育影响。 5. 根据原有分组，每组三分钟时间，比赛看哪个组全队跳的个数最多。	
结束部分	3分钟	1. 放松。 2. 小结。 3. 宣布下课，师生道别，按小组归还器材。	1. 成三列横队按体操队形，跟着口令做放松操，每节两个八拍。 2. 讲评课的完成情况，要求学生课后了解王阳明心学的基本内涵。 3. 道别时行揖礼。	

十二、 射正何为

教师：张＊＊	班级：周＊,第＊节	周次：＊＊＊	日期：＊＊＊＊年＊＊月＊＊日

目标	1.（德）通过对古典文献《白虎通德论》的学习,帮助学生理解射的多重内涵和高级追求; 2.（艺）利用弹力带复习举引放,学习瞄准的原理,巩固射艺的基本技术能力; 3.（礼）学习中国传统揖礼,了解中国古代礼仪的内涵和表达的意义; 4.（体）有氧跑步练习。

部分	时间	内容	组织教法	备注
开始部分	12分钟	1. 集合整队清点人数。 2. 师生问好,宣布课的任务及要求。 3. 安排见习生。 4. 经典解读:射正何为。 　　射正何为乎？曰:射义非一也。夫射者,执弓坚固,心平体正,然后中也。二人争胜,乐以德养也。胜负俱降,以宗礼让,可以选士。故射选士,大夫胜也。发近而制远也,其兵短而害长也,故可以戒难也。所以必因射助阳选士者,所以扶助微阳而抑其强,和调阴阳,戒不虞也。何以知为戒难也?《诗》曰:"四矢反兮,以御乱兮。"因射习礼乐,射于堂上何?示从上制下也。——《白虎通德论》	1. 队形。 XXXXXXXXXXXXX XXXXXXXXXXXXX △ 2. 简明扼要地讲述任务及要求。 3. 见习生随堂听讲。 4. 提出了很好的问题! 诠释了射箭的不同内涵。通过射箭的功能性作用,解释其在发挥其维系社会秩序的功能。 结合中国古代等级有序的社会认知和政治理念,理解为何要用射来习礼乐。 波哥讲故事:射如何用来娱乐?! 	
准备部分	5分钟	1. 集体慢跑。 2. 关节拉伸。 头部拉伸一　2×8拍 头部拉伸二　2×8拍 肩部圆周运动　2×8拍 肩部拉伸一　2×8拍 肩部拉伸二　2×8拍 体转运动　2×8拍 提腿运动　2×8拍 大拇指拉伸　2×8拍	1. 成一路纵队绕场地慢跑400米。 2. 教师喊口令、领做,动作伸展。 XXXXXXXXXXXXX XXXXXXXXXXXXX △	

部分	时间	内容	组织教法	备注
基本部分	25分钟	1. 复习完整举引动作。 　a. 后手微拉，手腕放松。 　b. 足力开工，安详大雅。 　c. 紧而不僵，松而不懈。 2. 利用弹力带复习撒放动作。 　a. 背力主导，完成撒放。 　b. 屈肌退让，余指放松。 　c. 前推送箭，力透于指。 3. 学习瞄准。 　a. 单眼瞄准，三点一线。 　b. 双眼瞄准，靶实星虚。 　c. 专注目标，控制节奏。 4. 学习揖礼。 　提问：向同辈鞠躬行礼的意义何在？ 5. 有氧跑步练习。	1. 教师讲解原理，学生分组练习。 　a. 举弓后，感受后手手腕放松。 　b. 开弓要果断，稳定而有力。先匀加速，再匀减速。 　c. 整个身体，包括前手、后手的用力都需要做到紧而不僵、松而不懈。 重点： 开要安详大雅 2. 教师讲解原理，学生分组练习，教师不断提醒动作要领。 　a. 背肌对称、持续用力，主导完成撒放。手臂、手腕都要放松。 　b. 后手大拇指和食指的屈指肌退让，而非伸指肌收缩，避免分力。 　c. 前臂沿箭的方向送箭，大指和食指前指，前推力透过手指向前。 重点： 放须停顿从容 3. 教师讲解，学生实践。 　a. 眼睛、弓臂、靶子，三点一线。 　b. 两眼都睁开，用两个虚的弓臂的中间某个位置，瞄准靶心。 　c. 两眼盯住目标，稳住三秒再撒放。 难点： 先固定参照点，再找瞄点。 4. 学生进行练习，教师观察行为表现，进行点评，施加德育影响。 　让学生感受中国传统礼仪，相互实践行礼。 5. 不计时慢跑练习，要求匀速跑完2 000米。	
结束部分	3分钟	1. 放松。 2. 小结。 3. 宣布下课，师生道别，归还器材。	1. 成三列横队按体操队形，跟着口令做放松操，每节两个八拍。 2. 讲评完成情况，要求学生课后了解射正何为乎。 3. 道别时行揖礼。	

十三、 戈不射宿

教师：张＊＊	班级：周＊,第＊节	周次：＊＊＊	日期：＊＊＊＊年＊＊月＊＊日

目标	1.（德）通过学习《论语》中的经典段落,了解古人如何处理生存需求与道德底线之间的关系; 2.（艺）复习瞄准的方式,学习动作暂留,养成良好的技术习惯; 3.（礼）通过礼仪的实践,来领会敬事的意义和价值; 4.（体）2 000 米计时跑步练习,督促学生的练习,提升心肺功能。

部分	时间	内容	组织教法	备注
开始部分	12分钟	1. 集合整队清点人数。 2. 师生问好,宣布课的任务及要求。 3. 安排见习生。 4. 经典解读:戈不射宿。 　　子钓而不纲,弋不射宿。——《论语》	1. 队形。 ✕✕✕✕✕✕✕✕✕✕ ✕✕✕✕✕✕✕✕✕✕ △ 2. 简明扼要地讲述任务及要求。 3. 见习生随堂听讲。 4. 孔子钓鱼,但不用绳网捕鱼;孔子射鸟,但不射栖宿巢里面的鸟。 　　为何不射杀巢穴里面的鸟? 取物以节,不枉杀滥捕,理性经验。但这里也有仁爱感情。 波哥讲故事:人之为人,于射见之矣!	
准备部分	5分钟	1. 集体慢跑。 2. 关节拉伸。 头部拉伸一　　2×8 拍 头部拉伸二　　2×8 拍 肩部圆周运动　2×8 拍 肩部拉伸一　　2×8 拍 肩部拉伸二　　2×8 拍 体转运动　　　2×8 拍 提腿运动　　　2×8 拍 大拇指拉伸　　2×8 拍	1. 成一路纵队绕场地慢跑 400 米。 2. 教师喊口令、领做,动作伸展。 ✕✕✕✕✕✕✕✕✕✕ ✕✕✕✕✕✕✕✕✕✕ △	
基本部分	25分钟	1. 复习瞄准。 a. 动中寻静,动态平衡。	1. 学生二人一组练习,相互检查基本规范。教师语言提示技术动作要点,巡回检查。 　　第一次练习,每一步骤按教师口令统一完成,每人 4 支箭; 　　前面一组箭都不改变瞄点,看看偏移的是否集中。 　　a. 瞄准是一个持续用力的主动静态,是像自行车或陀螺一样的动态平衡。	

部分	时间	内容	组织教法	备注
		b. 瞄点轻晃,可以接受。	b. 瞄的是靶面上一定的范围,而非一个固定的点。不可苛求瞄准,应允许弓上的瞄点在一定范围内,轻微地、有规律地晃动。	
		2. 学习动作暂留。 a. 力不能停,势不能丢。 b. 留住动作,方可纠错。 	2. 教师完整示范,学生分组实践。 a. 撒放后,为保证箭的运动轨迹,背肌用力不能马上停顿,需要保持对称用力的平衡状态一到两秒 b. 动作暂留可以帮助检查撒放技术动作问题,及时自我反馈动作。 重点: 后臂向后的位移。 难点: 感受后背肌肉的用力。	
		3. 进退射位的礼仪实践。 提问: 在行礼的过程中,你的感受是什么?	3. 学生进行练习,教师观察行为表现,进行点评,施加德育影响。 要求学生每次练习时,都按照礼仪的要求进行,通过有始有终的礼仪,学会敬事。	
		4. 2 000 米计时跑步练习。	4. 通过计时的跑步,给学生反馈,帮助学生了解自身的体能状况,养成良好的锻炼习惯。	
结束部分	3分钟	1. 放松。	1. 成三列横队按体操队形,跟着口令做放松操,每节两个八拍。	
		2. 小结。	2. 讲评完成情况,要求学生课后诵读《论语》中跟射箭有关的词句。	
		3. 下课,道别,按小组归还器材。	3. 道别时行揖礼。	

十四、管仲射钩

教师:张＊＊	班级:周＊,第＊节	周次:＊＊＊	日期:＊＊＊＊年＊＊月＊＊日

目标	1.(德)通过学习中国经典射艺文献,理解中国古代不计前嫌,重用贤才,贤君无私怨的思想内涵; 2.(艺)复习完整技术动作,学习收势,学会优雅地结束动作; 3.(礼)通过每次练习的完整礼仪,帮助学生在实践中养成良好的行为习惯; 4.(体)200米短距离跑步练习,提高学生的无氧运动能力。

部分	时间	内容	组织教法	备注
开始部分	12分钟	1. 集合整队清点人数。 2. 师生问好,宣布课的任务及要求。 3. 安排见习生。 4. 经典解读：管仲射钩。 　　管仲傅齐公子纠,鲍叔傅公子小白,齐公孙无知杀襄公,公子纠奔鲁,小白奔莒。齐人诛无知迎公子纠于鲁,公子纠与小白争入,管仲射小白,中其带钩,小白佯死,遂先入,是为齐桓公。公子纠死,管仲奔鲁,桓公立国定,使人迎管仲于鲁,遂立以为仲父,委国而听之,九合诸侯,一匡天下,为五伯长。——《新序》	1. 队形。 　　××××××××××× 　　××××××××××× 　　　　△ 2. 简明扼要地讲述任务及要求。 3. 见习生随堂听讲。 4. 这是一个极为著名的故事。"桓公置射钩而相管仲",在《韩非子》《孔子家语》《吕氏春秋》《史记》《管子》《越绝书》《战国策》《后汉书》中都有记载。引申寓意为不计前嫌,重用贤才。 波哥讲故事：海何以纳百川?	
准备部分	5分钟	1. 集体慢跑。 2. 关节拉伸。 　头部拉伸一　　　2×8拍 　头部拉伸二　　　2×8拍 　肩部圆周运动　　2×8拍 　肩部拉伸一　　　2×8拍 　肩部拉伸二　　　2×8拍 　体转运动　　　　2×8拍 　提腿运动　　　　2×8拍 　大拇指拉伸　　　2×8拍	1. 成一路纵队绕场地慢跑400米。 2. 教师喊口令、领做,动作伸展。 　　××××××××××× 　　××××××××××× 　　　　△	
基本部分	25分钟	1. 利用弹力带复习完整技术动作。 2. 学习收势。 　平展双臂,藏弓静息。 	1. 学生二人一组练习,相互检查基本规范。教师语言提示技术动作要点,巡回检查。 　a. 教师强化正确技术规范; 　b. 要求学生想象出箭射中靶心的全过程,建立正确的发力肌肉记忆; 　c. 要求学生想象自己在比赛; 　d. 教师一定要用语言提示各个环节,帮助学生建立正确动作。 2. 教师示范讲解,学生分组轮流练习,教师巡回指导。	

部分	时间	内容	组织教法	备注
			动作暂留结束后,两手放平,还原至胸前持弓,然后将弓藏于腋下,调整呼吸。 重点: 静心,为下一支箭做准备。 难点: 面对脱靶或者命中中心时,能否完成优雅的收势。	
		3. 完整的礼仪实践。 　提问: 礼仪对射箭有何影响?	3. 通过每次练习的礼仪实践,帮助学生养成良好的行为习惯。 　学生练习,教师观察行为表现,进行点评,施加德育影响。	
		4. 跳长绳游戏。	4. 两人摇长绳,每个队伍依次进入绳圈,跳一次再出去,看谁不失误。目标,每队能够连续不断完成三轮。	
结束部分	3分钟	1. 放松。 2. 小结。 3. 宣布下课,师生道别,归还器材。	1. 成三列横队按体操队形,跟着口令做放松操,每节两个八拍。 2. 讲评课的完成情况,要求学生课后了解管子的生平及其思想。 3. 道别时作揖行礼。	

十五、 得善之射

教师:张＊＊	班级:周＊,第＊节	周次:＊＊＊	日期:＊＊＊＊年＊＊月＊＊日

目标	1. (德)通过学习中国古代经典的人物故事,领悟听取善言的智慧; 2. (艺)复习完整动作,学习沉肩旋臂,提高射艺技能和美感; 3. (礼)学习竞赛礼仪,突出礼仪的实践应用,帮助学生建立不同情况下的礼仪习惯; 4. (体)无氧训练,锻炼学生心肺功能。

部分	时间	内容	组织教法	备注
开始部分	12分钟	1. 集合整队清点人数。 2. 师生问好,宣布课的任务及要求。 3. 安排见习生。	1. 队形。 　××××××××× 　××××××××× 　　　△ 2. 简明扼要地讲述任务及要求。 3. 见习生随堂听讲。	

部分	时间	内容	组织教法	备注
		4. 经典解读：得善之射。 　　梁君出猎，见白雁群，梁君下车，彀弓欲射之。道有行者，梁君谓行者止，行者不止，白雁群骇。梁君怒，欲射行者。其御公孙袭下车抚矢曰："君止。"梁君忿然作色而怒曰："袭不与其君，而顾与他人，何也？"今主君以白雁之故而欲射人，袭谓主君无异于虎狼。梁君援其手与上车，归入庙门，呼万岁，曰："幸哉！今日也他人猎，皆得禽兽，吾猎得善言而归。"——《新序》	4. 齐景公的时候，天大旱三年，占卜时说'一定用人祭祀才下雨'。齐景公走下庭堂磕头说：'我求雨的原因，是为了人民。现在一定让我用人祭祀，才将要下雨，我将自己充当祭品。'话没说完，天下大雨达到方圆千里，为什么呢？因为齐景公有德于天而惠于民也。 波哥讲故事：贤臣配明君。	
准备部分	5分钟	1. 集体慢跑。 2. 关节拉伸。 　头部拉伸一　2×8拍 　头部拉伸二　2×8拍 　肩部拉伸一　2×8拍 　肩部拉伸二　2×8拍 　体转运动　　2×8拍 　提腿运动　　2×8拍 　大拇指拉伸　2×8拍	1. 成一路纵队绕场地慢跑400米。 2. 教师喊口令、领做，动作伸展。 ××××××××××× ××××××××××× △	
基本部分	25分钟	1. 利用弹力带复习完整技术动作。 2. 学习沉肩旋臂。 　a. 肘窝内旋，防止打臂。 　b. 肩沉后坐，利于支撑。 3. 学习竞赛礼仪。 　a. 竞赛时，保证每个礼仪流程的准确完成； 　b. 淘汰赛时，需将头转向对手，以示尊敬； 提问：竞赛时，礼仪对比赛心态有何影响？	1. 教师统一口令，学生二人一组练习，相互检查基本规范；教师巡视检查基本规范动作，要求复习强化之前的关键点。 2. 教师示范，讲解，学生分组互助练习。 　a. 轻微拉开弓，转动肘关节，肘窝对向一侧，形成内旋的效果。旋臂利于关节支撑，防止弦回弹时打臂； 　b. 大臂肱骨收入肩窝内，肩向下后方坐，形成沉肩的效果。沉肩利于关节支撑，提高前撑效能。 重点：利用墙壁找到旋的感觉。 难点：将肩部向后下方锁住。 3. 教师讲解，学生进行实践 　a. 要求按照比赛口令进行； 　b. 礼仪可以帮助静心，集中注意力到比赛上。 　学生练习时，教师观察行为表现，进行点评，施加德育影响。	

部分	时间	内容	组织教法	备注
		4. 无氧跑步练习。	4. 50 米快速跑热身练习。200 米加速跑练习。中间间隔两分钟休息,进行第二次。	
结束部分	3分钟	1. 放松。	1. 成三列横队按体操队形,跟着口令做放松操,每节两个八拍。	
		2. 小结。	2. 讲评完成情况,要求学生课后了解射艺竞赛的基本规则。	
		3. 下课,道别,按小组归还器材。	3. 道别时行揖礼。	

十六、 射为诸侯

教师:张＊＊	班级:周＊,第＊节	周次:＊＊＊	日期:＊＊＊＊年＊＊月＊＊日

目标	1. (德)通过学习中国古代通过射箭选拔诸侯的故事,帮助学生理解射艺在中国历史中的重要地位,并思考为何射艺具备选拔人才的功能; 2. (艺)通过复习基本动作,学习五平三靠的技法原理,提高射艺技能; 3. (礼)实践完整的礼仪流程,学习射艺中敬人所衍生出的生活意义; 4. (体)通过 800 米速度耐力练习,锻炼学生保持速度的能力。

部分	时间	内容	组织教法	备注
开始部分	12分钟	1. 集合整队清点人数。	1. 队形。 ××××××××××× ××××××××××× △	
		2. 师生问好,宣布课的任务及要求。	2. 简明扼要地讲述任务及要求。	
		3. 安排见习生。	3. 见习生随堂听讲。	
		4. 经典解读:射为诸侯。 　　是故古者天子以射选诸侯、卿、大夫、士。射者,男子之事也,因而饰之以礼乐也。故事之尽礼乐,而可数为,以立德行者,莫若射,故圣王务焉。——《礼记》	4. 了解射箭在古代的社会地位和社会意义。提问:高考为何要考射箭? 通过“射”来学习当时的社会规范——“礼”,并将之内化为——“德”。 波哥讲故事:你崇德,就有德,行为展现德性。	
准备部分	5分钟	1. 集体慢跑。 2. 关节拉伸 　　头部拉伸一　　2×8拍 　　头部拉伸二　　2×8拍 　　肩部圆周运动 2×8拍	1. 成一路纵队绕场地慢跑 400 米。 2. 教师喊口令、领做,动作伸展。 ××××××××××× ××××××××××× △	

部分	时间	内容	组织教法	备注
		肩部拉伸一　　2×8拍 肩部拉伸二　　2×8拍 体转运动　　　2×8拍 大拇指拉伸　　2×8拍		
基本部分	25分钟	1. 利用弹力带复习完整技术动作。 利用表象进行正确动作强化。 利用弹力带做出完美的撒放动作。 2. 学习五平三靠。 头顶贯平 两肩靠平 两手抬平 两足踏平 心气和平 箭靠弓 弦靠胸 羽靠脸 3. 按照完整礼仪流程进行的射箭练习。 a. 讲解淘汰赛中上射位礼仪的不同; b. 敬人的衍生意义。 提问: 当你向对手鞠躬时,你有什么内心感受? 4. 800米速度耐力练习。	1. 教师讲解技术要点,学生分组进行练习。教师统一口令练习,学生互助自主练习。 2. 教师讲解,要求学生认真听讲,并在实践中体会。 　a. 领会用字的深刻内涵; 　b. 领悟技术要领; 　c. 学习内外兼修; 　学生分组练习,组长统一口令,教师巡回指导。 　**重点** 动作一致性是射箭的核心理念; 　**难点** 做到每次的动作细节一致。 3. 教师讲解注意事项,学生按大组分开,组内两人互助进行练习。 　a. 淘汰赛行礼时,需将头转向对方,表示对对手的尊重; 　b. 敬人的意义在于获得对自我的尊重。 　学生练习,教师观察行为表现,进行点评,施加德育影响。 4. 要求学生在最高能力70%—80%的情况下完成,也就是在较快速度下完成的跑步练习。只记录时间,不做成绩上的要求。	
结束部分	3分钟	1. 放松。 2. 小结。 3. 宣布下课,师生道别,归还器材。	1. 成三列横队按体操队形,跟着口令做放松操,每节两个八拍。 2. 讲评完成情况,要求学生课后了解五平三靠的不同解释和出处。 3. 道别时行揖礼。	

十七、 不射之射

教师：张＊＊	班级：周＊,第＊节	周次：＊＊＊	日期：＊＊＊＊年＊＊月＊＊日

目标	1. (德)通过学习不射之射中所蕴含的哲学道理,帮助学生树立对于射艺的最高追求,学会在最困难的环境中把控自己的内心; 2. (艺)复习五平三靠,学习直线用力,感受技术合理性与美感的一致; 3. (礼)通过礼侯礼的实践,帮助学生建立敬物的衍生意义; 4. (体)射箭核心力量练习,锻炼学生的三角肌和背阔肌。

部分	时间	内容	组织教法	备注
开始部分	12分钟	1. 集合整队清点人数。 2. 师生问好,宣布课的任务及要求。 3. 安排见习生。 4. 经典解读:不射之射。 　列御寇为伯昏无人射,引之盈贯,措杯水其肘上,发之,适矢复沓,方矢复寓。当是时,犹象人也。伯昏无人曰:"是射之射,非不射之射也。尝与汝登高山,履危石,临百仞之渊,若能射乎?"于是无人遂登高山,履危石,临百仞之渊,背逡巡,足二分垂在外,揖御寇而进之。御寇伏地,汗流至踵。伯昏无人曰:"夫至人者,上窥青天,下潜黄泉,挥斥八极,神气不变。今汝怵然有恂目之志,尔于中也殆矣夫!"——《庄子》	1. 队形。 ××××××××××× ××××××××××× △ 2. 简明扼要地讲述任务及要求。 3. 见习生随堂听讲。 4. 何谓不射之射? 有学生问王阳明,安静的时候我感觉还不错,思想清晰,可一遇到事情就乱了阵脚,为什么? 王阳明说:"这是你只知道静养,却没有下克己的功夫。这样一来,遇到事情就乱了阵脚。人应该在具体的事情上磨炼自己,才能站得稳,才能静亦定,动亦定。" 波哥讲故事:射不动心。	
准备部分	5分钟	1. 集体慢跑。 2. 徒手操。 　头部运动　　　2×8拍 　扩胸运动　　　2×8拍 　体转运动　　　2×8拍 　腹背运动　　　2×8拍 　膝关节运动　　2×8拍 　弓步压腿　　　4×8拍 　手腕脚腕运动　2×8拍	1. 成一路纵队绕场地慢跑四圈。 2. 教师喊口令,学生自己做,要求学生自己记住方法和顺序。 ××××××××××× ××××××××××× △	
基本部分	25分钟	1. 在射箭实践练习中复习五平三靠的技术要点,达到动作的一致性。	1. 学生二人一组轮流练习,相互检查基本规范。教师语言提示技术动作要点,巡回检查。	

部分	时间	内容	组织教法	备注
		  2. 学习直线用力。 　直线用力,习射根本。 　俯视情况下,前手、后手、后肘连成直线;前手、前肩、后肩连成直线;后肩到后肘一条直线。 3. 礼侯礼的衍生意义。 　提问: 为何要对一个靶子行礼? 4. 射箭核心力量训练。	a. 由下向上逐步完成各个部位的一致,最后心平; b. 搭档逐个检查动作要点; c. 教师一定要用语言提示各个环节的技术要点,帮助学生建立正确动作。 2. 教师讲解原理,学生分组练习。 　箭沿直线方向飞出,才能准确命中目标,保证直线用力,尽量减少"分力",是射箭的核心技术。即后肘关节中心点,通过腕关节到钩弦点,再到前手推弓点,是一条直线力。 　重点: a. 身体形成俯视的三角形; 　　　　b. 后肘大小臂夹紧; 　难点: 撒放时,保持这条直线力。 3. 学生在练习时,观察行礼侯礼的动作细节,找到好的同学和差的同学,进行表扬和纠正。 　观察行为表现,进施加德育影响。 4. 利用小哑铃,平展双臂,保持三十秒,休息三十秒,进行三分钟。采用俯卧的方式,利用小哑铃,平展双臂,保持十五秒,休息三十秒,进行三分钟。	
结束部分	3分钟	1. 放松。 2. 小结。 3. 下课,道别,按小组归还器材。	1. 成三列横队按体操队形,跟着口令合拍做放松操,每节两个八拍。 2. 讲评完成情况,要求学生课后了解庄子的生平及其思想。 3. 道别时行揖礼。	

十八、德服其射

教师:张＊＊	班级:周＊,第＊节	周次:＊＊＊	日期:＊＊＊＊年＊＊月＊＊日

目标	1. (德)通过学习中国经典文献《白虎通德论》,思考德服其射的内涵,尝试理解古人,通过对于目标的认识,结合到自身的社会责任来看待社会角色的分工; 2. (艺)通过复习直线用力,学习对称持续用力的技法原理,提高学生的射艺技能,达到收放自如的境界;

3. (礼)通过介绍中西方礼仪的共同意义表达和不同形式区别,帮助学生理解仪式背后的尊重精神与文明发展;

4. (体)通过跑步游戏,锻炼学生的心肺功能,提升对于跑步的兴趣,养成终生锻炼的习惯和意识。

部分	时间	内容	组织教法	备注
开始部分	12分钟	1. 集合整队清点人数。 2. 师生问好,宣布课的任务及要求。 3. 安排见习生。 4. 经典解读:德服其射。 　　天子所以射熊何?示服猛,巧佞也。熊为兽猛巧者,非但当服猛。示当服天下巧佞之臣也。诸侯射麋者,示达远迷惑人也。麋之言迷也。大夫射虎豹何?示服猛也。士射鹿、豕者?示除害也。各取德所能服也。——《白虎通德论》	1. 队形。 　　××××××××××× 　　××××××××××× 　　　　　△ 2. 简明扼要地讲述任务及要求。 3. 见习生随堂听讲。 4. 天子为何要射熊图案的侯靶?熊为动物中既勇猛,又灵巧。表示不只是能够降服勇猛,而且能够降服天下机智多变的臣下。不同的社会角色有不同的目标寓意。 波哥讲故事:我们追求啥,我们成为啥!	
准备部分	5分钟	1. 集体慢跑。 2. 关节拉伸。 　头部拉伸一　　2×8拍 　头部拉伸二　　2×8拍 　肩部圆周运动　2×8拍 　肩部拉伸一　　2×8拍 　肩部拉伸二　　2×8拍 　体转运动　　　2×8拍 　提腿运动　　　2×8拍 　大拇指拉伸　　2×8拍	1. 成一路纵队绕场地慢跑400米。 2. 教师喊口令、领做,动作伸展。 　　××××××××××× 　　××××××××××× 　　　　　△	
基本部分	25分钟	1. 利用弹力带复习直线用力。 2. 学习对称持续用力,重点解决后手问题。 　a. 对称用力,平衡稳定。 　b. 持续用力,保障撒放。 引弓到撒放的过程中,前推力和后拉力要对称,各占50% 才能保证身体中轴线不变,呈"十字"形的稳定结构	1. 学生二人一组练习,相互检查基本规范。教师语言提示直线用力的核心,并巡视检查。 2. 教师示范讲解,学生分组练习。 　a. 肘关节中心点、腕关节、钩弦点,推弓点一条直线力; 　b. 后手保持直线用力,有背肌加力,手指手腕放松。手腕放松时,伸指肌不用力、屈指肌放松。 　c. 第1组练习,强调后肘保持抬平;第2组练习,要求后肘大小臂夹紧;第3—5组练习,在1、2的基础上,要求手指放松。 重点:a. 前推力和后拉力各占50%,呈"十字"型的稳定结构。	

部分	时间	内容	组织教法	备注
		3. 中西礼仪的介绍。 握手、贴面礼和亲吻礼 揖礼、跪拜礼 提问：中西礼仪的相同和不同之处？ 4. 跑步游戏。	b. 靠位后，后背肌肉用力不能停顿，要保持持续的力量。 难点：前推力不足，身体中轴线难以保持平衡。 3. 介绍中西礼仪背后的一致内涵；介绍各自形式的不同。 相互进行握手礼和揖礼； 学生练习，教师观察行为表现，进行点评，施加德育影响。 4. 全体同学在田径场，男女分别站成一路纵队跑步，听哨声变速，每一轮变速，最后一位同学要跑步队伍的最前面领跑。领跑必须在下一次哨声之前完成。	
结束部分	3分钟	1. 放松。 2. 小结。 3. 宣布下课，师生道别，按小组归还器材。	1. 成三列横队按体操队形，跟着口令做放松操，每节两个八拍。 2. 讲评完成情况，要求学生课后思考应该以什么作为自己的靶子？ 3. 道别时行揖礼。	

十九、射不主皮

教师：张＊＊	班级：周＊，第＊节	周次：＊＊＊	日期：＊＊＊＊年＊＊月＊＊日

目标	1. （德）通过学习《论语》中对射艺的定位，帮助学生理解中国古代对于身体力量的认识和定位，思考当代射艺的定位和追求； 2. （艺）复习基本技术动作，学生射箭节奏感的建立，提升学生的技术水平和成绩表现，感受身体动作节奏的美感； 3. （礼）学习古代的投壶礼，帮助学生理解礼仪教育如何融入古人的生活； 4. （体）射箭专项力量练习。

部分	时间	内容	组织教法	备注
开始部分	12分钟	1. 集合整队清点人数。 2. 师生问好，宣布课的任务及要求。	1. 队形。 ×××××××××× ×××××××××× △ 2. 简明扼要地讲述任务及要求。	

部分	时间	内容	组织教法	备注
		3. 安排见习生。 4. 经典解读：射不主皮。 　　子曰："射不主皮，为力不同科，古之道也。"——《论语》	3. 见习生随堂听讲。 4. 孔子说："射艺竞赛不以穿透甲革的程度作为标准，因为每个人的力气不同，这是古人之道。" 　　为何射艺不强调力量早已是古人之道？波哥讲故事：非实用性才是体育的追求！	
准备部分	5分钟	1. 集体慢跑。 2. 关节拉伸。 　头部拉伸一　　2×8拍 　头部拉伸二　　2×8拍 　肩部圆周运动　2×8拍 　肩部拉伸一　　2×8拍 　肩部拉伸二　　2×8拍 　体转运动　　　2×8拍 　提腿运动　　　2×8拍 　大拇指拉伸　　2×8拍	1. 成一路纵队绕场地慢跑 400 米。 2. 教师喊口令、领做，动作伸展。 　××××××××××× 　××××××××××× 　　　　　△	
基本部分	25分钟	1. 利用弹力带复习基本技术动作，强化动作定型。 2. 学习射箭节奏感的建立。 　a. 二至五秒，最佳范围； 　b. 利用皮筋，默数节奏； 　c. 引而不发，控弓练习。 3. 学习：投壶礼 　投壶是古代士大夫宴饮时做的一种投掷游戏，也是一种礼仪。 　提问：酒后会失礼吗？	1. 学生二人一组练习，相互检查基本规范；教师巡视检查基本规范动作，要求复习强化之前的关键点。 　a. 前手为撒，后手为放； 　b. 复习对称用力的原理，体验胸开背紧的感觉。 2. 教师示范讲解，学生分组练习。 　a. 2—5 秒是最佳瞄准时间范围； 　b. 利用弹力带，靠位后，数或听节奏：一、二、三、放。 　重点：靠位后，保持三秒钟。 　难点：每次都保持一样的节奏。 3. 教师讲解投壶历史演变与当代规则，学生认真听讲。 　投箭时，双脚不得离地，不得踩线，单手投放，不允许借助他人帮助或任何延伸器材辅助，否则投射无效，且扣罚命中箭支一支。投射以进壶内的数量为准，箭支须	

部分	时间	内容	组织教法	备注
		4. 射箭专项力量练习。	停留在箭筒内,反弹出的箭无效。 　　学生练习,教师观察行为表现,进行点评,施加德育影响。 4. 开弓后保持十五秒,还原休息三十秒,重复进行八次。	
结束部分	3分钟	1. 放松。 2. 小结。 3. 下课,道别,按小组归还器材。	1. 成三列横队按体操队形,跟着口令做放松操,两个八拍。 2. 讲评完成情况,要求学生课后了解投壶的历史。 3. 道别时行揖礼。	

二十、三番四矢

教师:张＊＊	班级:周＊,第＊节	周次:＊＊＊	日期:＊＊＊＊年＊＊月＊＊日

目标	1. (德)通过学习中国古代射艺经典文献《仪礼》,了解古代习射的形式与意义; 2. (艺)复习基本技术动作,在竞赛中检验自身的射箭技法和体悟心理感受; 3. (礼)竞赛礼仪流程测试,养成先行礼,再行射的习惯; 4. (体)通过跳短绳游戏,锻炼学生下肢的肌肉爆发力和全身灵活性。

部分	时间	内容	组织教法	备注
开始部分	12分钟	1. 集合整队清点人数。 2. 师生问好,宣布课的任务及要求。 3. 安排见习生。 4. 经典解读:三番四矢。 　　司射东面立于三耦之北,揖进;当阶,北面揖;及阶,揖;升堂,揖。当左物,北面揖;及物,揖。诱射。司射命曰:"无射获,	1. 队形。 　　　××××××××××× 　　　××××××××××× 　　　　　　　△ 2. 简明扼要地讲述任务及要求。 3. 见习生随堂听讲。 4. 裁判作揖六次,才开始示范。 　　三番射,每番射都有不同的寓意。第一番有练习准备之意,只报告是否射中,不计数;第二番正式比赛,不打穿箭靶不计	

部分	时间	内容	组织教法	备注
		无猎获！"第一番射，上射既发；而后下射射。获者坐而获，获而未释获。第二番射，"不贯不释"司射北面视筭。释获者东面于中西坐，先数右获。右贤于左。第三番射，"不鼓不释"。胜者一方皆袒左臂，手持上弦之弓。不胜一方穿好衣服，右手把解弦之弓。胜者先上堂，然后不胜者上堂，站着干杯。——《仪礼》	数，也就是没有力量不行；第三番射要和着音乐比射，不在鼓点上射中的不算数。 四矢取御四方之乱的意思。 波哥讲故事：比赛时，体育与音乐最配哦！	
准备部分	5分钟	1. 集体慢跑。 2. 关节拉伸。 头部拉伸一　　2×8拍 头部拉伸二　　2×8拍 肩部圆周运动　2×8拍 肩部拉伸一　　2×8拍 肩部拉伸二　　2×8拍 体转运动　　　2×8拍 提腿运动　　　2×8拍 大拇指拉伸　　2×8拍	1. 成一路纵队绕场地慢跑400米。 2. 教师喊口令、领做，动作伸展。 ××××××××××× ××××××××××× △	
基本部分	25分钟	1. 利用弹力带复习基本技术动作。 2. 射艺排位赛（每人3番4矢）。 在10米的距离上，学生按之前的分队，以团队为单位计算竞赛成绩。每队四人，每人射四矢。用侯靶，以计算射中黄心的数量进行排位。如相同，计算射中红框内的数量，如相同，计算射中黑框内的个数。如还相同，金箭决胜。 每队派一位同学作为隔壁队伍的计分员进行计分。 3. 竞赛礼仪考核。 利用比赛的机会，对所有学生进行礼仪流程的考核。 主要考查上射位礼、下射位礼和礼侯礼三项。	1. 学生二人一组练习，相互检查基本规范。教师语言提示技术动作要点，巡回检查。 　a. 每人练习六次，然后交换； 　b. 教师强化正确技术要点； 　c. 教师一定要用语言提示各个环节的技术要点，帮助学生建立正确动作。 2. 教师讲解规则，学生认真听讲。比赛开始前，先进行练习一次。 重点：a. 赛前练习时，要求学生想象自己在比赛，提前感受比赛感觉； 　　　b. 第一支箭开始前，要求学生闭眼想象出箭射中靶心的全过程，建立正确的发力肌肉记忆； 　　　c. 比赛时，调整呼吸，控制心率，专注于目标。 难点：比赛时，心无杂念 3. 由学生裁判员进行比赛发令。 教师负责观察学生在比赛时的礼仪情况。从流程、仪态、仪容三个方面进行打分。 教师点评反馈学生完成情况。	

部分	时间	内容	组织教法	备注
		4. 跳绳。 　　60秒×3组	4. 通过跳短绳,锻炼学生下肢的肌肉爆发力和全身协调性。 　a. 记录队内连续跳的个数,看谁跳得多; 　b. 记录队内一分钟内跳绳个数,看谁跳得多。	
结束部分	3分钟	1. 放松。 2. 小结。 3. 下课,道别,按小组归还器材。	1. 成三列横队按体操队形,跟着口令做放松操,每节两个八拍。 2. 讲评完成情况,要求学生课后思考:在比赛时,你在想什么? 3. 道别时行揖礼。	

第十节　社团管理

×××射艺社团管理办法

一、社团简介

×××射艺社团成立于×年×月,现有成员×人,开展了各类活动,取得了各类成绩。

二、社团宗旨

君子之争,射以观德。

三、社团目标

弘扬中华优秀传统射艺文化,学习中国优秀传统射箭礼仪,体悟射以观德的内在精神境界,强健体魄,提升素养。

四、组织机构

射艺社团设主席团作为主要管理机构。

主席、各部部长,经考核可视为体育课程学习,授予体育课程学分。

干事,根据工作量低晨跑,第二学期根据表现,可视为体育课程学习。

（一） 主席

整体负责社团的建设和发展。

（二） 人事部

部长：做好工作计划、安排任务、监督完成落实,出问题承担责任;规章制度制定与修改。负责晋级工作。

干事一：出勤考察及结果统计。制作考勤统计表,考勤的时候做好统计,每周汇总一次交给部长。每月汇总一次,交给老师。

干事二：会议签到、记录,发送各类通知及反馈情况。

干事三：资料收集,人员信息,总结,考核、等级评定情况的资料收集。

（三） 宣传部

部长：做好工作计划、安排任务、监督完成落实,出问题承担责任。

干事一：写新闻稿、拍照等。

干事二(专业技术要好)：微信平台的设计与管理。

干事三：宣传材料设计,包括海报、视频等。

（四） 赛事部

部长：做好工作计划、安排任务、监督完成落实,出问题承担责任。

干事一：竞赛计分员的管理,竞赛结果的回收与统计。

干事二(专业技术要好)：竞赛规程制定、记分表的设计与制作,计分系统的设计与修改。

（五） 器材部

部长：做好工作计划、安排任务、监督完成落实,出问题承担责任。

干事一：器材入库、损耗信息统计工作,制作电子表格,每两周检查并更新器材数量情况电子表格。每月发送一次给部长。与老师对接器材购买入库情况。主要负责玻片弓、层压弓、箭的情况。

干事二：负责损坏器材的修复工作,如缠箭尾,弓弦的修复,缠箭口等。

（六） 训练部

负责日常训练安排,负责队员分级的管理。

带领新队员分小组训练。组长表现突出,有奖励。

1. 根据老师安排的教案,带领组员进行训练,帮助组员改进技术动作,负责本组的考勤,器材收放、晋级等工作。

2. 每组 10 位左右的新队员,可选时间周一、二、三、四下午 4:50—5:50、6:00—7:00;周五下午 13:00—14:00、14:00—15:00。第一学期周四下午 4:50—5:50 为教师统一教学时间。

（七）财务部

部长：负责社团的日常费用收支和管理。

五、权利和义务

第一学期射艺社团预招 40—80 名新学员，其中大一新生占比 90％左右；第二学期招新 10—15 人。

通过招新面试的学员，方可进入射艺社团，定为预备队员。在以后的学习、训练过程中，根据表现可成为正式队员。正式队员共分为初、中、高（甲，乙，丙）三级，级别不同，权利和义务亦不同，以下进行详细说明：

（一）丙级队员

出勤率达到 80％（每周训练两次），服从射艺社团的学习、训练安排，参与射艺队举办的各类活动，通过射艺基础考核可成为丙级队员。丙级队员每学期需重新提出申请。

丙级队员考核标准

第一学期 10 米靶距，不低于 32 分。

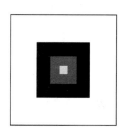

第二学期，全国赛标准，得分不低于男 50 分，女 60 分。

月度出勤率统计中，达不到 80％的学员，直接淘汰出社团。

（二）乙级队员

丙级队员中，凡出勤率达到 90％，服从射艺社团的学习、训练安排，参与射艺社团所承担的射艺推广和教学活动，技术考核中达到乙级标准者，可以升为乙级队员。

乙级队员期末通过射艺考核，参与射艺社团举办的各类活动，可视为体育课程学习；可代表射艺社团参与校级、市级比赛。也可以乙级队员身份进入下学期射艺社团。

乙级队员考核标准

全国赛标准，得分不低于男 60 分，女 70 分。

月度出勤率统计中，达不到 90％的学员，退为丙级。

（三）甲级队员

乙级队员中，凡出勤率达到 100％，服从射艺社团的学习、训练安排，参与射艺社团所承担的射艺推广和教学活动。如果被指定为组长，能够保证尽职尽责，月度技术考核中达到甲级标准，可以升为甲级队员。

甲级队员期末通过射艺考核,可将射艺活动视为体育课程学习;可拥有层压弓专属使用权;可代表射艺社团参与全国及国际比赛和展示活动;可获得参与国际交流的机会。

甲级队员考核标准

全国赛标准,得分不低于男 80 分,女 90 分。

月度出勤率统计中,达不到 100% 的学员,退为乙级。

(四) 队员权利

甲、乙级队员有资格以射艺社团活动视为体育课程的学习。体育成绩由体能测试(20分)和专项成绩(80分)构成。专项成绩含出勤、技能测试、理论三部分,其中出勤(20分):缺勤(未补课)一次扣 3 分、迟到一次扣 1 分、早退视为缺勤;技能测试(50分),具体成绩见考评分值对照表队员得分一栏,也可以由比赛成绩作为测试成绩;理论考试(10分)。

六、 管理细则

(一)丙级队员将被分成十人左右的小组,每组配一名小组长,组长负责本组的考勤。小组长可推荐一至两名队员并经过管理层审核通过后择一名队员作为副组长,协助组长管理组内相关事宜。组长有权淘汰不服从管理的队员,但须给出充分理由。第一学期主要场地为室内,第二学期主要场地为室外。

(二)甲、乙级队员由管理层安排训练时间,并由人事部进行考核。训练场地主要为室外。

(三)丙级队员请假,经本组长同意的,可在该训练周内另找时间补课一次,则视为未缺勤。请病假者,可将补课时间延长一周。

(四)任何队员可以自己制造、购买个人的弓和箭,但必须由射艺社团统一进行管理,任何队员未经指导老师许可,不得私自携带弓和箭出现在校园内。

(五)器材管理方面。组长负责每次训练器材的领取和回收工作,器材部负责器材的日常管理工作。

(六)主席负责各部门部长、组长、干事的监督管理工作;人事部具体负责组长的监督管理工作;组长具体负责本组的管理工作。

(七)训练时间。

丙级队员,每周两次,全部在室内,可选时间周一、二、三、四下午 4:50—5:50,6:00—7:00;周五下午 1:00—4:00。

甲、乙级队员,兼职管理层的训练次数至少一次,不兼职的至少两次,原则上全部在室外,可选时间周一、二、三、四下午 4:50—5:50,周五下午 1:00—4:00。

（八）所有队员需严格遵守出勤纪律，迟到十分钟以上，记为旷训一次，两次迟到记为一次旷训，不得早退，早退一次记为一次旷训。

（九）关于请假的规定：丙级队员向小组长请假，乙级队员向主席或人事部长请假，甲级队员向主席或老师请假，凡参加比赛或者其他展示活动的所有人员需向老师请假，经批准后，请假才成立，否则视为缺勤。凡在比赛及大型活动中缺勤者，直接开除出队。

（十）关于管理层的体育成绩评定办法。体育成绩由体能测试（20分）和专项成绩（80分）构成。专项成绩含出勤、技能测试、部门工作、理论四部分，其中出勤（20分）：缺勤（未补课）一次扣3分、迟到一次扣1分、早退视为缺勤；技能测试（30分），按照全国赛的规程进行。具体分值见考评分值对照表；部门工作（20分）干事由主席和部长打分，部长由主席和老师打分；理论考试（10分）。

考评分值对照表

队员得分	靶面成绩	管理层得分	靶面成绩
50	90 及以上	30	70 及以上
49	85—89	29	65—69
48	80—84	28	60—64
47	75—79	27	55—59
46	70—74	26	50—54
45	65—69	24	45—49
44	60—64	22	40—44
42	55—59	20	35—39
40	50—54	18	30—34
35	45—49	15	20—29
30	40—44	10	20 以下
25	30—39		
20	30 以下		

七、处罚规定

（一）为防止甲，乙级学员松懈堕怠，止步不前，射艺社团管理层将严格按照月度出勤率等考核情况，对不合格者进行降级处理。

（二）凡有不服从管理，嬉戏打闹；造成伤害事故；制造危险情景者，直接开除出社团。

（三）中华射艺在于修身养性，正己正心。社内晋级，严禁队员进行恶性竞争，如放水、作弊等行为，凡发现有此类行为者违者，直接开除出社团。

（四）凡有私自制造、购买弓箭，未按照管理上交者，直接开除出社团。

（五）凡私自将弓和箭带离指定练习场地者，直接开除出社团。

第四章 训练提高

第一节 原理分析

射箭是典型的技能主导类项目,技术水平是判断掌握该项目水平的核心。体能是其基础。足够的身体力量、耐力和协调性等身体素质是学习和提升该项目的基础,没有足够的体能会限制技术水平的提升和发挥。心理是关键因素。参加竞赛时,在技术水平相当的情况下,心理素质或者说心态是决定竞赛成绩的重要影响因素,因为心理的变化会直接影响到技术水平的发挥。本章分析射箭技术动作的基本原理。

一、动作一致

射箭技术主要体现为对身体肌肉的控制能力,运用现有的体能基础,将主动肌的用力和拮抗肌的放松进行协调一致,并且可以进行不断的重复一致。体能是保障技术水平发挥的前提,足够的肌肉力量才能实现良好的肌肉控制;心理是影响技术水平发挥的重要因素,心理的波动会影响肌电信号的传播,导致肌肉控制失衡和技术动作变形。综上所述,射箭运动的核心是技术动作,根本原理是可以不断重复一致的身体动作。

射箭训练的根本原理是动作一致性,不管哪个弓种的学习与训练,所有的技术动作训练,都需要围绕最容易实现重复一致的原理进行。与动作一致相对应的几条训练原则是:

(一) 固定程序,保持节奏

从准备进入起射线的那一刻开始,就应该养成一致的程序。例如,听到"准备"的信号之后,为之后一系列的动作进行编码,确定一个固定的程序。如何进入射位,先迈哪只脚,吸气与呼气的顺序,肌肉的放松,心理表象,眼神的关注点等等,都需要进行预先排序编码,并养成一致的习惯。将技术动作进行排序编码,固定程序,有利于实现较高的一致性。

(二) 细化动作,精确到位

射箭技术动作少、幅度小,但是精细化程度要求高。初始阶段,在建立正确的技术定型过程中,应尽可能的将技术动作细化,为每一个细化的技术动作确定要点,采用固定的技术动作幅度和速度。例如,一个举弓环节,应将躯干、前臂、后臂的技术动作幅度进行细化和精确,突出锁定前肩的重要性,反复练习举弓幅度和速度的一致性等等。将拆分的技术动作做到尽可能的一致,有利于自动化阶段动作的一致性。

(三) 宁缺毋滥,正向强化

徐开才先生讲:"射箭的每一次练习,不是强化一次正确的动作,就是在强化一次错误的动作。"动作的一致性,需要通过大量的练习积累才能形成。因而,每一次的练习都是非常重要的。只有确保每次的正向强化,宁缺毋滥,才能形成良好的一致性。"射多而好,不止不可"讲的也是这个道理。

(四) 所有环节,一致为本

为了提升动作的一致性,所有的技术环节都需要尽可能通过量化的标准来实现可以重复的一致性。例如,站姿环节,通过在地面上画上标志线,来确保每次的脚位是固定一致的;举弓时,身体的朝向,可以通过激光笔的投射来确定位置一致;引弓时,可以通过在箭上做标记,来确保每次拉弓的一致;靠弦练习时,可以通过在脸上贴胶布的方式,来检验和练习靠弦的固定一致。新手练习时,也应该以打出密集度为主要目标。

二、 正身为本

身体姿态的一致和稳定是实现动作一致性的根本前提。只有身体姿态在射箭技术的各个环节中都能够保持良好的一致和稳定,形成正确的位置关系,才能有效地实现最终一致性。身体姿态主要是指整个射箭过程中,头颈的位置关系,肩、肘、腕、手指的位置关系,髋关节的位置关系,两脚的位置关系等。身体位置关系的准确保持,可以为后续的肌肉用力提供合理有效的保障和支撑。

(一) 十字架构,基本形态

开弓前必须规范身体姿势。《清代射艺丛书》中讲:"步位与身法相连,乃射学入门第一义。"[1]身体姿态的合理与稳定,首先要从站姿开始。两脚分开是为了更好地获得身体重心的稳定。身体重心的投影点在两脚中间,是为了保持身体的最佳平衡。身体重心前压可以保持腿部肌肉的持续用力,从而获得更好的下肢稳定性。平行站位可以在前后左右四个方向上均获得最佳的支撑面。站姿固定后,身体保持正直的状态不变,在后续的用力过程中,保持身体中轴线的正直与稳定是肌肉实现直线对称用力的有力保障。开弓、固势阶段,两肩中点移动的幅度与成绩有很大关系,为保证动作一致性较高,两肩中点移动幅度的一致性也要较强。这就是我们所说的十字架构的纵轴。

站姿形成后,身体自然放松,两肩下沉。两肩的连线形成身体十字架构的横轴,见图

---

① 唐豪. 清代射艺丛书[M]. 太原: 山西科学技术出版社,2011.

4-1-1。开弓之前,横轴的水平较易实现,但是从用力阶段开始,尤其是撒放的关键时刻,这条横轴的水平保持和稳定,尤为重要。从引弓入彀开始,保持两肩的水平下沉,有利于实现前臂的骨骼支撑和后背肌肉的对称用力。两肩连线所形成的横轴与身体中轴线所形成的纵轴,共同构成十字架构的身体基本形态。这种身体姿态应展现出均衡、从容、自然的感觉。身体姿态的基本架构对后期射箭技术动作的定型与成绩的提高有很大帮助。

图4-1-1

(二)三角支撑,理想构型

身体十字架构形成以后,就像一座大楼的地基和框架已经打好。引弓入彀之后,要建立稳定的技术动作,还需要做好躯干、两肩与两臂形成的身体支撑面,用以对抗弓内合的力。理论上讲,身体支撑面与射箭面完全重合,是最佳的支撑状态,但这是不可能的。理想的支撑面,俯视看,应该是一个尽可能大的钝角三角形,见图4-1-2。即推弓点、前腕、前肘、前肩和后肩形成一条直线,后肩与后肘形成一条直线,推弓点、钩弦点与后肘形成一条直线作为三角形的底边。这个尽可能大的钝角三角形,是射箭支撑的最理想构型。

图4-1-2

实践中,应根据射手的身体条件进行调整,最合适的支撑位置关系才是最佳的。在三角支撑的构型中,前肩是重点。前肩在保持下沉的前提下,在不打臂的情况下,进入推弓点与后肩之前的连线是该技术环节的关键。如果前肩无法进入该连线,则会形成梯形的支撑面,虽然不是最理想的,但也可以接受,不可强求。不管哪种支撑构型,前肩的锁定直接关系到最终的撒放效果。

三角支撑可以充分利用骨骼进行支撑,更为稳定和省力。俯视看,后肘位于箭的延长线上,有利于形成直线用力,对后续干净的撒放有重要作用。

(三) 直线用力,核心基准

图4-1-3

　　无论是三角支撑,还是梯形支撑,推弓点、钩弦点和后肘尖所形成的一条直线,是保障射箭技术一致性的关键。俯视看,以上三个点必须保证在一条直线上,也就是必须保持在弓、箭与靶心所形成的射箭面之内。这条直线以及围绕这条直线进行的用力是射箭动作的核心技术。所谓引弓入彀,就是通过建立最省力、最稳定的支撑面来形成这条直线力。在撒放过程中,身体仍然能够保持沿着这条直线的前后延长方向去用力。这样才能保证,箭沿着射箭面命中靶心。

　　由于每个人生理结构的不同,以及拉距的不同,因此,推弓点、钩弦点与后肘未必能在水平面上保持一条直线。部分射手的后肘会高于推弓点和钩弦点形成的水平线,但是从俯视看,这三点必须要在一条直线上。

(四) 对称平衡,有效保障

　　为了保障推弓点、钩弦点和后肘尖这条直线的建立,前推力和后拉力应保持对称,各占 50%。见图4-1-4。推弓手和勾弦手应保持形成一个大小相等、方向相反的作用力,才能形成对称平衡,保障直线力的形成。所谓瞄准审固,就是在瞄准的过程中,找到完美的对称平衡用力,形成撒放时机。在撒放的一瞬间,这个对称力仍然保持平衡,才能形成完美的出箭效果。因此,古人称"前撒后放",意在表达前后手要实现对称平衡的用力。

图4-1-4

　　对称用力的实现,关键在于后背肌肉的对称用力,而非推弓手与拉弓手的用力。以脊柱为中心,前撑力主要由前肩骨骼支撑形成,属于刚性力;后拉力主要靠后背肌肉用力形成,属于柔性力。一刚一柔的用力控制,是射箭技术的难点。完全平衡的对称用力,在撒放的一瞬间很难实现,推弓手或者钩弦手的任何一点紧张用力,都会导致破坏对称平衡,从而影响出箭。因此,前后手手指手腕的放松也是非常重要的。

三、用力为基

身体姿态的保持，是通过肌肉用力的控制来实现的。如何控制原动肌，调动协同肌，放松拮抗肌是实现优秀射箭技术动作的根本。射箭技术中肌肉用力主要出现在引弓入彀和瞄准审固两个环节中。在最为关键的审固环节，持续用力中，肌肉收缩的形式主要表现为等长收缩。这种用力方式中，肌肉保持持续的收缩用力，但关节没有位移。

肌肉群在等长收缩的过程中，原动肌与拮抗肌的协调是非常重要的。身体肌肉在用力对抗弓的回弹力时，很容易过度紧张，将不参与用力的肌肉也进行收缩，甚至拮抗肌也紧张用力。这会大大影响开弓的效能，并破坏对称平衡和直线用力。因此，在用力阶段和关键时刻的技术环节中，放松比用力更为重要。学会放松，或者说放松的开弓是射箭技术提升的重要环节。

（一）举弓提臂，最小用力

举弓动作仍属于准备阶段，尚未进入用力阶段。此时，前臂保持伸直，两臂共同上抬，肌肉用力主要用于克服弓和手臂自重，完成举弓动作。见图4-1-5。此阶段，持弓臂三角肌肌电幅值的比例超过70%，即运动员举弓阶段均以持弓臂三角肌为主。[①] 前臂（持弓臂）参与的肌肉还有肩胛提肌及菱形肌的收缩，抵抗肩胛骨的下降趋势；而斜方肌的上束收缩，抵制肩胛骨的下回旋活动。后臂（拉弓臂）参与的肌肉主要是斜方肌上束与前锯肌协同收缩来完成。[②] 举弓过程中，锁骨及肩胛骨相

图4-1-5

对应的肌肉进行加固性收缩，来保持两肩的稳固状态。初学者举弓时，前臂为了获得更大的提升力，会使用斜方肌上束收缩来举弓，这会导致前肩耸肩的错误。

举弓动作的肌肉用力环节，参与肌肉激活顺序的一致性，直接关系到举弓动作的一致性。训练过程中，运动员应建立一种固定的肌肉用力顺序，并保持一致。这种用力顺序的一致性可以提升举弓动作的一致性，举弓动作的一致性直接影响到最终成绩。

（二）引弓力满，放松加力

引弓动作是用力阶段的主要表现，即通过身体肌肉收缩，将弓拉开并保持在固定位置。引弓动作的用力主要表现为前撑力和后拉力。前撑力主要通过肩部肌肉的加固性收缩来建立骨骼的支撑力；后拉力则主要通过后背肌群的收缩用力，牵引后臂后移，从而形成一对方

① 张秀丽，刘卉，刘学贞.射箭技术评价指标的综合研究［J］.体育科学，2008，28（12）：21—38.
② 徐开才主编.中国体育教练员岗位培训教材：射箭［M］.北京：人民体育出版社，2001：13—14.

向相反、力量相等的直线力。引弓用力阶段,身体躯干保持正直,腿部及腰腹相关肌肉会进行加固性收缩。

图4-1-6

引弓阶段,前臂的支撑主要是三角肌的用力逐渐增加。其中,三角肌中束起主要作用,后束由于要对抗弓内合的力量,其作用要大于前束。同时,弓身对手部推弓点的压力顺着前臂作用于肩胛骨,使肩胛骨产生靠近脊柱的趋势,为了固定肩胛骨,前锯肌会进行收缩用力。后臂的拉弓主要是三角肌后束、斜方肌和背阔肌主动收缩来完成,此阶段应同时激活三块主要肌肉完成拉弓的动作,可以起到更好的均匀加力效果。后手屈指肌通过加固性收缩来帮助保持钩弦。

引弓阶段虽然是身体主动用力的主要阶段,但是更需要注意拮抗肌的放松,产生一种放松拉弓的效果。整个引弓阶段的用力是一个先匀加速和再匀减速的过程。

（三）审固保持，躯干加力

引弓入彀之后,以完成靠弦作为该阶段的结束,同时也是审固(继续用力)阶段的开始。审固阶段,肌肉用力跟之前的引弓阶段基本相似。不同的是持弓臂三角肌3个部位的作用略有减小,而拉弓臂三角肌后的作用增加。通过对比发现,国际健将运动员背阔肌与斜方肌用力比例较健将级大,背部用力特征明显,更合理。[①] 审固阶段,主要是保持身体以及弓的稳定性,从而更好地进行瞄准,并获得最佳的撒放时机。此阶段以躯干保持用力为主,同时也有微小的扩张用力。现代反曲弓的扩张用力,可以将响片拉响作为撒放信号。传统弓的扩张用力虽然没有拉响响片的需求,但是至少也需要有扩张用力的趋势。这个扩张用力,更多的是动员背部和胸廓的肌肉来完成,表现为肩胛骨下端向外扩张。

（四）撒放自如，宁松勿紧

撒放动作是整个射箭技术中的关键环节,主要表现为钩弦手手指的放松。钩弦手的用力主要表现为指浅屈肌和指深屈肌的向心收缩,指伸肌没有参与用力。撒放时,钩弦手的指屈肌应进行退让式放松,指伸肌保持放松的状态,让弦从手指中滑出。见图4-1-7。

整个撒放过程中,身体其他的肌肉用力基本保持与

图4-1-7

---

① 张秀丽,刘卉,刘学贞.射箭技术评价指标的综合研究[J].体育科学,2008.28(12)：21—38.

审固时一样的状态。前臂在撒放时，不能同时进行放松，而是应保持加固性用力，一直保持到动作暂留结束。古人也讲"后手撒，而前手不知"。后臂在拉弓时，由于手指放松放弦，应感觉像拉一根绳子被人剪断一样，后肘由于惯性产生向后的位移。此过程中，拉弓臂的斜方肌中部和三角肌后部都保持了用力。

图 4-1-8

撒放动作结束后，身体的用力（尤其是肩背部的肌肉）并不是马上就结束的，而是需要保持一到两秒左右。见图 4-1-8。这种身体用力的延续，可以更好地保证身体的姿态以及箭的运行轨迹，还可以帮助运动员和教练员从中判断撒放动作的质量。

第二节　规律探索

射箭项目的动作技术少，但是精细化程度高。大量的重复练习是产生动作精细化和高一致性的基础。同时，对于射箭运动训练规律的探索，能有效提升训练质量，从而更快地提升竞技水平，更深入地理解这个项目。

一、先选后练

选材是运动训练实践中非常重要的一环。科学的选材可以取得事半功倍的效果。为了提高运动队的比赛成绩，选材是非常重要的前提。对于普通学校的选材而言，与专业竞技的选材有所不同。本小节针对业余学生运动员的选材进行论述。

教练员首先要考虑的是学生的兴趣问题。学生兴趣浓厚，能够坚持下来，可以弥补很多天赋的不足。很多时候，有天赋、无兴趣的同学是很容易流失掉的。毕竟在学校里面这只是学生的业余爱好。当然兴趣也是需要进行培养的。

其次教练员要考察的是学生的学习能力。尤其是对于零基础起步的学生选材而言，学习能力格外重要。学生在学习新事物时能够保持专注，善于领悟要领并能够理解其中的原理，具有较强的模仿能力，这些都是学习能力优异的表现。对于大学生射箭运动训练而言，学习能力既是优势，也是拉开差距的重要一环。

再次是心理素质。主要表现为意志力，能够坚持，不会轻言放弃；专注力，训练比赛时不分心，始终保持对身体技术动作的专注；抗压能力，关键时刻能够保持心率和呼吸的稳定有序。

最后是身体素质。上肢力量充足的学生，容易保持开弓的稳定，便于成绩的提升。部分学生的前臂伸直后，肘关节会外突，容易打臂和干扰出箭。除此之外，身体条件都是可以通过练习和技术改善来达到射箭水平的不断提升。

二、持续不断

持续性规律是指持续地、不间断地进行训练的运动规律。任何一项体育运动想要达到竞技运动的巅峰，都离不开练习的持续性。射艺项目的精细性特点，要求训练更加需要保持持续性，时断时续很难取得良好的训练效果。俗话说"一日不思即疏，三日不射即乱，半月废弃即忘。宁三日不射，无一日不思"[①]。这些话体现出持续进行射艺训练的重要性。

持续性规律主要包括技术练习的持续性和技术思考与模拟的持续性。学生的运动训练，很难做到规律地进行练习，考试或者放假等会导致训练的间断。因此，技术思考与模拟的持续性显得尤为重要。在不能保证规律地进行技术实践练习的情况下，可以保持弹力带模拟练习和表象训练的固定进行。这种模拟与表象训练，不但可以保持持续性训练规律，而且可以更为有效的提升训练成绩。其原理在于，我们每次训练要求强化的是正确技术动作，技术实践练习过程中，很难完全保持理想的技术发挥，而模拟和表象训练由于缺少外在的干扰，更容易做出理想的技术动作，从而持续强化正确的技术定型。

三、周期调控

根据人体生物变化规律、竞技状态形成与发展周期性规律，可将竞技状态发展过程分为形成、保持、消失三个阶段，与此对应的训练周期可分为准备期、比赛期、恢复期三个时期。如"年度训练周期（1—3个大周期）、大周期（准备、比赛、恢复期各一，每个大周期10—30周）、中周期（4—15周）、小周期（10天左右）"。根据这些特征，射艺训练过程也可周期性地组织实施。可根据比赛重要程度安排不同训练周期，在训练周期内根据运动员具体情况安排相应的训练内容，提升训练效果，为运动员在比赛中取得优异成绩奠定坚实的基础。

射艺与其他运动项目一样，需要遵循周期性规律。由于人体机能本体具有的生物节

① 徐开才.射艺[M].桂林：广西师范大学出版社，2015：81.

奏变化规律,因此在组织和安排射艺训练时应尽可能符合这一规律。射艺技能的不断提升,绝不仅仅依靠量化累积,而是依据科学的周期性训练安排,每一个训练周期内容安排应有所不同,每一个全新周期的安排,都不应是上一个训练周期内容的简单重复,周期安排训练内容应在原有基础上体现出螺旋式上升的运动规律,进而使射艺技能达到更高层次水平。校园里的训练周期可以以周为基本单元(小周期),以学期为基本周期进行训练安排。

在合理安排训练的基础上,适当参加比赛也是提升运动员射艺技能水平的重要途径。对于参赛时机的把握,应根据运动员训练水平和心理状态来决定。对于初级队员而言,可以考虑选择一些竞争力稍弱的校内赛事参加,了解赛事流程,初步感受竞赛;对于中高级队员而言,可以选择参加竞争力较强的赛事。参赛时机通常建立在训练水平和训练周期上进行选择。如有重大赛事,需要根据赛事的时间来安排训练周期。通常以三个月,即一学期作为备战周期。训练量呈现波动式增长,在周期中后段达到最高峰,临近赛事的前两周左右开始保持中段水平。周期内可以选择两到三场的训练赛来提升训练强度,但需要注意训练赛之间的时间间隔。

四、 强化基础

射箭训练不管在任何阶段,始终需要强化基础动作的训练。尤其是对于初学者或者初级队员而言,充分利用弹力带或者表象训练,在没有外界压力与干扰的情况下,进行正确技术动作的模拟强化,具有非常重要的意义。同时,运动员不应去刻意的回想之前出现的错误动作,而应该去努力进行表象和回忆规范的、正确的技术动作。正确的技术动作概念时刻浮现在脑海中,相当于进行了正向的强化,始终纠结于寻找错误动作,相当于进行了反向的错误强化,不利于正确动作的定型。

1. "清静无为"的心态不变。
2. 两脚站立的姿势不变。
3. 头部转动后位置不变。
4. 举弓的高低和方向不变。
5. 前手推弓方法和着力点不变。
6. 开弓的路线和速度不变。
7. 开弓预瞄时的位置不变。
8. 五平三靠的定位点不变。
9. 瞄准—撒放的稳定程度不变。
10. 撒放时后手的运动路线和速度不变。
11. 撒放后钩弦手的结束位置不变。
12. 撒放后动作延续和停留的时间不变。

每一支箭的训练,不是强化正确的技术动作,就是强化错误的技术动作。强化基础动作,需要遵循徐开才先生在《射艺》中总结的"十二不变"原则。[①]

---

① 徐开才. 射艺[M]. 桂林:广西师范大学出版社,2015:102.

五、 运动适应

机体各器官系统受到足够大的外来刺激时会产生"转变",在反复施加负荷的条件下则出现"适应",具体表现为机能能力的提高。2000 年,珀尔和梅斯特提出了"竞技潜能元模型",简称为 PerPot 的模型仍然秉承了"应激—适应"理论的核心思想,运用应力输入、应答输出以及二者对竞技能力的影响,三者之间形成的若干交互作用,以各种"元",即不同的系统和功能的形式模拟竞技能力的适应过程。该模型认为,运动能力的改变是机体抵抗外来刺激的结果,该结果具有滞后效应的特点,不仅表现为正面的能力提高,而且也会出现负面的能力下降。

射艺训练应是一种不断适应新的负荷刺激的过程,通过技术、体能、心理等方面的专项训练,达到在一定箭支数的负荷量刺激下,逐渐适应,从而能够承受比赛时规则规定的箭支数量。同样,在一定射箭环境变化(比如距离、准确度、外界关注度以及天气等)的负荷强度刺激下逐渐适应,从而能够承受比赛的刺激强度。

射艺训练过程中,体能的练习需要与技术训练、心理训练配合进行,要想达到正面适应的训练效果,不能仅在射箭训练的箭支数上加量训练,需将其和体能训练相结合。体能训练主要包括核心力量训练、柔韧训练、协调训练、平衡训练、心肺功能训练(主要是有氧练习)。根据想要达到的预期目标,合理制定训练计划和训练内容,使训练中箭支数量的增加与体能训练相结合,进而达到应激—适应的目的,从而提升运动员射艺水平,创造更好的成绩。

六、 致胜要素

体育竞赛的致胜要素有三个方面:己方实力,对方斥力和裁判阻力。射艺竞赛亦然,只是己方实力的主导性更强。射艺竞赛也会受到对方发挥的影响,偶尔也会有裁判判罚的影响。但是真正的主导还是己方的实力与发挥。

己方的实力发挥主要有三个方面:体能基础,技能主导,心理致胜。体能是参与竞争的基础性条件,竞赛后期的体能下降,必然会导致命中率下降。充沛的体能是参与竞技的充分条件。技能是主导,射箭竞技比的是技术水平。合理稳定的技术掌控能力,是一位运动员在射箭竞赛中取得优异成绩的主导核心,尤其是在一个长期的竞赛周期中,技术能力是主导因素。在技术水平相差不大的情况下,心理因素起到致胜性作用。一场比赛的发挥,主要看临场的心理应变和控制能力。及时有效的心理调节,可以帮助射手发挥出最佳的技术水平,决胜赛场。

第三节　训练方法

在探索射箭项目基本训练规律之后,需要通过合理有效的训练方法来实现运动技能提升的目标。训练方式方法的选择要因人而异、因地制宜,不同阶段可以采用不同的训练方法来提升运动水平。

一、循序而进

射艺技术的学习与技能的训练都需要循序而进。训练内容和运动负荷的安排,应由易到难、由简到繁,逐步深化提升,使学生系统地掌握基础知识与技术,不断的提升技能水平。古书讲:"故善射者必先学身势;身势成,次学用力;用力熟,乃学开弓;开弓无弊,便学架箭;调停方学撒放;撒放如法,再学审固。诸法既成,始入圃审的。如此用力,自多成效。不如此用力,自无进益,又何怪乎用力过而成功少耶? 故于诸法备载之后,复有演习之说。同志者从此加工,亦未尝非入门之一助也。"[①]

学习新技术与改进技术动作时,教练员都需要遵循一定的教学顺序。国际箭联出版的 *Coach's Manual* 中使用标准教学流程,逐步实现训练目标。

1. 教练员首先进行正确的讲解示范。

2. 要求学员进行徒手的模拟和模仿练习,模仿练习时通常会采用弹力带或者磅数较轻的弓进行。

3. 进行自我观察的练习,或者在可视化的情况下进行练习。利用镜子进行直接自我观察的练习,无法进行直接自我观察的练习,可以采用拍摄照片或者视频进行可视化反馈。通过视觉的观察反馈,可以帮助建立正确的技术动作记忆。

> 初学之际,轻弓虚张,
> 习其容止,四体周方。
> 渐以重弓,引满日长,
> 久久勿怠,臂力自强。
> 法曰:
> "莫患弓软,服当自远;
> 莫患力赢,引之自胝。"
> ——贯虱心传

4. 强化本体感知觉的练习。通过视觉反馈建立正确的动作记忆之后,需要建立肌肉本体感觉的正确动作记忆。此阶段需要采用闭眼感受,盲射或者进行表象训练都是非常有效的方式。

5. 逐步进入正常练习。逐步进入正常练习包括三个方面:一是弓的磅数逐步增加到正常适合磅数;二是发射距离逐步增加;三是瞄准对象从没有无目标、没有靶纸,到用大的靶

---

① 唐豪. 清代射艺丛书[M]. 太原:山西科学技术出版社,2011.

纸,逐步缩小靶纸。

6. 通过练习建立正确动作,进入自动化阶段之后,采用压力情境下的技术练习。例如,通过增加负荷、报出分数、进行比赛或者在不稳定的平面上发射、单脚站立发射、在高处发射等等。

运动员的技术动作并非是一成不变的,在压力情况下,尤其是大型比赛之后,往往会不自觉的发生一些技术变形。此时需要重复整个或者部分的标准教学流程,来帮助学员重新建立正确的技术定型。

二、辅助训练

射箭训练是以单一技术动作反复练习为主,需要长时间的持续训练才能建立正确的技术定型。射箭训练容易受到场地、天气环境等的影响,对于学校开展的射箭训练而言,还会受到学生上课、考试、放假等影响,导致射箭训练的间断。为了尽可能减少训练间断造成的影响,可以借助于辅助器材,保持训练。较为常用的方法是利用弹力带进行技术动作的练习。学生可以随时随地进行练习,不受环境、场地和时间的限制。

利用弹力带进行辅助训练,还可以更为有效地改进技术动作,保证训练质量。由于没有外在目标的干扰,利用弹力带进行训练,更容易将注意力保持在身体上,从而作为理想的技术动作。为了获得更好的模拟射箭效果,还可以将弹力带绑到上好弦的弓上,一手推弓,一手拉弹力带模拟撒放练习。

图4-3-1

常用的辅助训练方式还有借助于视频录像反馈,或者由教练和队友进行反馈。录像的慢速回放,可以更好地发现技术动作中微小的问题。借助部分视频分析软件,还可以通过画线,观察各种角度的精确度。训练时还可以通过在身上绑上激光笔进行直接动作反馈,帮助观察髋关节、肩关节和头部等朝向和稳定性的问题。运动员站在平衡球、平衡板或者高处进行射箭练习,也是很好的辅助训练方式。

三、节奏训练

射箭动作节奏的一致性对于成绩有重要影响。从走上射位开始,就应该为所有的动作进行编码排序,并在训练中养成习惯。例如,通过弹力带进行练习时,可以将每一秒进行排序,固定下对应的动作环节。第1、2秒,完成转头;第3—6秒,举弓;第7—9秒,引弓;第10秒完成靠弦;第11—13秒进行瞄准;第14秒撒放;第15、16秒动作暂留;第17、18秒收势。每20秒练习一次,一分钟内可以完成三次。

实射练习时,也可以将自己的动作,固定为四个八拍。

第一个八拍,完成取箭:1,手指碰到箭杆;2,抽出箭;3,箭搭入前手;4,后手向后捋箭身;5,将平羽毛;6,正筈(主羽朝外);7,向前送箭;8,搭箭。

第二个八拍,完成推弓钩弦:1,正扳指;2,钩弦;3,前手找位置;4,前手推弓放下;5,转头;6,两肩放松;7,调整呼吸;8,前臂伸直,准备举弓。

第三个八拍,完成举弓、引弓:1—2,缓缓举弓到眉毛的高度;3—4,预拉,锁住前肩,确保沉肩和两手放松;5—6,后肘带动向后,将弓匀加速拉开;7—8,匀减速找到靠位,完成靠弦动作。

第四个八拍,完成撒放、动作暂留和收势:1,瞄点大致在黄心上(允许轻微的晃动);2—3,保持身体扩张用力,寻找撒放时机;4,撒放;5—6,动作暂留,感受躯干,尤其是后背的用力保持,感受两手放松;7,转头回正中位、收弓、后手打开同时进行;8,两手画圆回到胸口,完成收势。

四、 呼吸训练

射箭运动员的呼吸是非常重要的环节,但是却非常容易被人忽视。原因在于,我们很难意识到我们的呼吸。呼吸训练,首先需要记录每个动作对应的呼吸规律。通常情况下,当我们开始做一个动作时,会采用吸气;当我们专注完成这个动作时,会屏气;当这个动作结束时,会呼气。例如穿针动作,开始时,吸气;穿针时,屏气,穿好之后,呼气。

对于射箭运动也是一样。我们需要为每一个动作进行编序。吸气进入起射线;两脚分开时,屏气;站定之后,呼气。吸气,取出箭;搭箭时,屏气;搭好箭,呼气。吸气,举弓;预拉时,屏气;完成预拉,呼气。吸气,引弓;瞄准时,屏气;撒放后,呼气。吸气,动作暂留;完成收势动作时,屏气;复位之后,呼气。

射箭呼吸时应注意:吸气时,肺部有空气,但不应被填满;屏气时并非憋气,虽然屏住呼吸,但是还是保持呼吸道的顺畅;呼气时,也是缓慢的突出空气。在瞄准时,也可以是非常缓慢的进行吐气。撒放的一瞬间应尽量保持跟瞄准时相同的呼吸运动。自然放松的呼吸是最佳的状态,不要刻意去进行屏气。

五、 放松训练

训练结束后,及时进行放松可以帮助队员缓解疲劳,更好、更快地投入第二天的训练。

竞赛时,学会放松是保证技术发挥、取得优异成绩的关键之一。放松训练的方式有很多种,一种比较常用的方式是,通过建立紧张感,来体会放松。美国生理学家设计的渐进放松训练便是一种非常有效的方式。人的肌肉放松与心理紧张和焦虑是对抗的过程,两者不能相容,一种状态的出现必然会对另一种状态起抑制作用,被称为交互抑制。[①] 因此渐进放松练习,主要是先将局部的肌肉紧张用力,然后放松,通过这种紧与松的反差对比,体会放松的感觉。可以先从左手开始,然后右手、左臂、右臂、颈部、左肩、右肩、躯干、腹部、左腿、右腿、左脚、右脚。熟练之后,可以合并左右一起进行,然后逐步合并身体部位进行先紧后松的练习,直到可以熟练地快速进行整个身体的紧张与放松,从而达到快速放松的目标。

放松训练还有以下几种方式:首先是呼吸的调节,人在紧张的时候会显得呼吸短促,影响射箭状态。深呼吸可以有效地缓解紧张。其次,在较为舒适安静的环境下,通过闭眼想象某种放松的情景,来进行表象放松;选择听舒缓的音乐也可以进行有效的自我放松。最后,训练结束后,尤其是体能训练结束后,通过按摩或者穴位按压,也可以进行有效的身体放松。

六、 抗压训练

射箭竞赛时的心理状态是决定竞赛成绩的重要影响因素。压力状态下的技术发挥是竞技能力的重要指标。为了保证在大赛中能够打出好成绩,在参赛之前需要进行有针对性的抗压训练,让运动员学会或者习惯在压力下进行射箭。抗压训练主要有模拟竞赛环境,以及竞赛中可能出现的状况。例如教练制造外界干扰,模拟比赛中可能出现的来自观众、对手、裁判的影响和压力;特殊天气时进行训练,感受大风大雨中的竞赛;设置比赛中领先或者落后的情景,帮助运动员学会及时的心理调适等。周期性的参加比赛也是非常有效的训练方式。对于学生运动员来讲,参加竞赛可以大大提高学习与训练的积极性。

队内训练赛可以进行特殊赛制的抗压训练赛。排位赛时,在每番开始前,在计分表上写下"预期"得分,每一番结束后计算"实际"得分。如"实际"小于"预期",则以 0 分计算;如"实际"大于等于"预期",则以"预期"得分计算。最终三个距离上九番的总得分作为个人排名赛成绩。这种设计方式,增加了每一番的压力,大大提升了单组箭的训练强度。

淘汰赛则采用"晋级制"。男女各前八名选手按排名前后,自右向左依次排开,每两人一个靶位。例如:第一、二名在一号靶……依次排序,第七、八名在四号靶。按单番定胜负的方式进行晋级,四矢得分高者胜,打平附加赛(金箭)决胜。胜者向右移动一个靶位,负者向左移动一个靶位。一号靶位的胜者和四号靶位的负者不进行移动。打满六番,比赛结束。淘

---

① 徐开才主编.中国体育教练员岗位培训教材:射箭[M].北京:人民体育出版社,2001:73.

汰赛名次按最终靶位分布排名。这种方式,每番都会面对不同的对手,如逆水行舟,不进则退。每番的压力都很大。

七、竞赛准备

参加大型比赛,首先需要制定合理的训练计划,通过训练周期的调控,实现最佳的竞赛状态。通过制定详细的训练计划,帮助运动员在竞赛时做好心理、技能、体能方面的准备和调控。

心理上要做好参赛准备,抛除杂念,创造轻松的备赛、参赛氛围;要对自己的技术和能力有信心,不要背上思想包袱;制定合理的预期目标,切忌将目标定得过高或过低。赛前进行有针对性的抗压训练。

训练量和强度要通过不同的组合进行调控,保证竞赛时有充沛的体力和精力。赛前训练需要注意节奏感的强化和身体用力感觉的保持,强度不能太大,但需要有持续性。通过不断转变的训练方式,调控运动员的兴奋性,使之处于中间水平。

器材准备充分,通常至少提前四到六周适应比赛器材,准备好同一型号、性能的备用弓、箭、护具等,并在练习时交替使用。赛前需要再次进行检查,尤其确保要带有足够的箭,以免赛场上意外损坏,导致影响参赛。根据赛事时间的气候特点,提前准备好参赛服装,并在训练时进行适应。

做好赛前的饮食、休息、行程等方面的生活准备。如果参加国际性赛事,还需要提前控制饮食,避免产生兴奋剂的问题。

第四节 体能训练

射箭运动虽属技能主导类项目,但基础体能,尤其是专项力量的储备对于技术能力的发挥起到重要保障作用。体能训练的目标应是提升运动员的心肺功能、保持静态姿势的能力、专项肌肉力量和更好的身体平衡性。

体能训练的基本原则:一、应该遵循体能训练中运动员对体能训练形式的多样性以及强度的适应性。二、依据运动训练周期性的变化适时进行训练内容的交替。三、尽可能多地采用不同的形式,以更加接近射箭技术的需求进行体能训练,避免刻板、单一的锻炼形式。体能训练增加负荷时,可以从增加重量、增加重复次数、减少休息时间、增加负荷时间四个方面进行控制。

一、 有氧训练

射箭运动对于射手的心肺功能要求较高,主要表现为单支箭的呼吸控制能力和参赛时,长时间大量箭支数的有氧能力。射箭竞赛时,排位赛和淘汰赛有时需要在一天内完成,当进行到淘汰赛最后阶段时,对于选手的体能消耗较大,此时有氧能力的储备,会对选手的竞赛成绩产生较大影响。

射箭运动心肺功能的训练多采用长跑,长距离游泳等方法锻炼有氧耐力。基本的训练可以通过慢跑、快走开始,时间从10分钟跑慢慢增至30—40分钟,也可以采用变速跑、间歇跑,或者是球类比赛等多样性的方式进行训练。

二、 核心力量

射箭技术动作中的用力阶段,要求身体始终保持中正位,此时主要依靠身体躯干腰腹的核心肌肉用力来维持。腰腹肌肉力量的训练方式有很多,常规的训练方式如仰卧起坐、仰卧双脚屈膝前伸、仰卧直腿上举等,都是非常有效的锻炼方式。本节将针对射箭项目的特点,通过静态姿势和不平衡静态姿势三种情况,来介绍射箭项目腰腹核心力量的训练方式方法。

(一) 利用地面,静态支撑

射箭身体姿态,更多的是需要静态的支撑平衡与稳定。因此,在静态下的稳定性肌肉训练,更有针对性。根据此特点,下面选取部分简单易行的方式进行介绍。如图4-4-1至图4-4-6所示,平板支撑、俯卧支撑、仰卧举腿撑、仰卧平板撑、肘侧撑都能够对腹直肌、腹外和腹内斜肌进行锻炼。不仅可以有效锻炼腹肌,更有利于射箭中身体姿态的平衡与稳定。

肘侧撑是平板支撑的变形,更接近射箭姿势,能够更有效地帮助维持脊柱正直,抵抗侧屈,提升身体的稳定能力。

图4-4-1 平板支撑

图4-4-2 俯卧支撑

图4-4-3 仰卧举腿撑

图4-4-4 仰卧平板撑

图4-4-5 肘侧撑（侧面）

图4-4-6 肘侧撑（正面）

不平衡状态下的力量训练，能够更有效地帮助射手建立良好的身体控制能力。因此，在以上的静态支撑练习中，可以通过改变支撑点的方式，达到更好的训练效果。此种练习方式可以是非常丰富多样的，以下仅举三例：单手俯卧支撑、平板俯卧举腿撑、对侧伸展支撑。支撑时间可以以 15 秒为单位，逐渐增加到 60 秒，再逐渐减少到 15 秒。

图4-4-7 单手俯卧支撑

图4-4-8 平板俯卧举腿

图4-4-9 对侧伸展支撑

静态支撑务必保持脚踝、膝、臀部、肩部和头部一条直线。这些练习方式,不仅可以有效地锻炼腰腹核心力量,还可以锻炼上肢、下肢的身体力量和身体整体的平衡稳定能力。

(二)增加难度,动态平衡

图4-4-10 瑜伽球坐式平衡

为了更好地强化静态姿势的保持能力,需要在不稳定状态下,进行身体核心力量的稳定性训练。因此,不稳定状态下的静态姿势保持训练,是非常有效的方式。

不稳定支撑可以在地面静止动作的基础上,加大躯干对身体的控制难度。主要利用瑜伽球、平衡球或者平衡板来加大地面各种支撑的难度。练习方式是多种多样的,以下仅选择几种进行举例(见图4-4-10至图4-4-14):瑜伽球坐式平衡、瑜伽球俯卧式平衡、平衡球平板支撑、瑜伽球直臂撑等。此环节可以变换各种不同形式。

图4-4-11 瑜伽球俯卧式平衡

图4-4-12 平衡球平板支撑

图4-4-13 瑜伽球直臂撑

图4-4-14 瑜伽球、平衡球直臂撑

辅助器材的动态支撑,对身体的稳定性、手臂的支撑力量以及腰腹力量要求较高,需要加强上下肢力量练习以后才能进行训练,以免受伤。不稳定状态下的练习方式,对运动员自身肌肉控制能力要求较高,可以更好地练习运动员的核心力量与稳定性。

三、 肩背力量

　　射箭对于上肢力量要求较高,主要是指需要较强的肩背部力量。运动员肩背部肌肉力量的强弱也决定着所使用弓的磅数大小。肩背力量不足以控制所使用的弓,会造成弓欺人的现象,这是大忌。因此,射箭选手的肩背力量训练是尤为重要的。

(一) 简易器械,单人练习

　　弹力带不仅可以用于技术动作的练习,也是非常方便的体能训练方式。弹力带用于体能训练不受场地器材的限制,可随时随地开展。列举几种简便的方式(见图4-4-15至图4-4-17):用脚踩弹力带进行侧平举练习,也可以单侧进行;弹力带扩胸运动练习;将弹力带绑在固定物上,曲肘胸前向后牵拉。还可以将弹力带绑到固定物上,直臂从高、中、低不同角度向后牵拉。整个牵拉过程中,要慢慢还原至原位,再开始下一次练习。

图4-4-15　弹力带侧平举

图4-4-16　弹力带曲肘胸前后拉

图4-4-17　弹力带扩胸运动

　　除了弹力带之外,还可以利用一些小的健身器材进行肩背肌肉力量的训练。例如,利用小哑铃做两臂侧平举的练习,提升三角肌的力量;利用直臂提壶铃,提升背部肌肉的力量。还可以采用举重物行走的方式,锻炼肩背以及整体的身体力量。举重物行走时支撑肌肉全部参与,从脚到下肢,再到臀部、背部、腹部以及颈部。

（二）负重器械，强化练习

利用器械进行一般性的身体力量训练是较为常见和有效的方式。健身房里用于加强肩背部肌肉训练的器械都是射箭训练非常有效的练习器具。使用器械是为了克服较大的外在阻力，通过超量恢复，更有效地实现运动员肌肉力量的增强。主要通过在一定的强度下，保持尽可能长的时间或重复尽可能多的次数。练习三角肌的方式有：坐姿器械推肩、反式蝶机展肩、哑铃侧平举、前平举、上举等。练习背部肌肉的方式有：器械高位下拉、坐姿划船、哑铃俯卧飞鸟、哑铃俯身单臂划船等。

图 4-4-18　坐姿推肩器　　　图 4-4-19　反式蝴蝶机　　　图 4-4-20　坐姿划船机　　　图 4-4-21　高位下拉器

（三）两人对抗，等长练习

体能训练相对枯燥，单人练习难以坚持，可以采用双人对抗的方式，增加练习的趣味性。尤其是在肩背力量等长练习过程中，两人的对抗练习，可以更好地发展、维持稳定的力量。两人手臂伸直靠拢，一人用力向外展，一人用力对抗向内收，均保持位置不变，持续用力对抗。两人手臂可以伸平或者偏高、偏低，可以锻炼不同局部的持续性力量。这种练习方式，同时可以锻炼腰腹核心肌肉力量，更加符合射箭项目静力性的特点。两人对抗练习，可以变换出很多不同的形式。可以一人双臂同时向外展，另外一人内收，然后交换；或者两人都是一内一外，然后交换手臂用力方向；也可以在身后展臂练习，锻炼不同的身体部位；还可以加上腿部的对抗练习，增加难度和强度，达到更为全面的体能练习效果。

图 4-4-22　单臂对抗等长练习

图 4-4-23　双臂对抗等长练习　　　　　　　　图 4-4-24　身后展臂练习

四、身体平衡

　　射箭技术环节中,对于身体中正位的要求较高,在引弓用力阶段,需要保持身体的平衡,以便实现对称用力的特点。因此,身体的平衡性对于射箭运动员而言,尤为重要。身体平衡的训练方式较多,根据是否借助器材和外在环境,大致可以分为两类。

(一) 单侧支撑,闭眼调控

　　训练平衡能力,最佳的训练方式是在不平衡和闭眼的情况下,进行身体平衡调节的训练。练习可以由简到难,逐步增加难度和强度。首先可以采用"一字站立式",或者"弓步式",使得两脚前后一条直线,然后闭上眼睛保持平衡。进而可以采用"金鸡独立式"的单脚站立,然后闭上眼睛保持平衡。最后可以采用难度更高的"燕式平衡"和"反向燕式平衡",达到一定的熟练程度以后,在保证安全的情况下可以尝试进行闭眼的训练。平衡训练以每次保持一定的时间作为训练单元,例如从每次保持 30 秒开始,逐次增加 5 秒,直到能够保持一分钟。

图 4-4-25　一字站立式　　　　　图 4-4-26　弓步式　　　　　图 4-4-27　金鸡独立式

图4-4-28　燕式平衡　　　　　　　　　图4-4-29　反向燕式平衡

（二）利用器械，增加难度

平衡性训练的开展可以充分利用周边地形，只要有矮台阶的地方都可以充分的进行。利用台阶进行平衡训练，可以采用双脚脚跟悬空、双脚脚前掌悬空，或者两脚前后站，侧脚掌悬空，见图4-4-30至图4-4-32。能够实现稳定站立后，再尝试进行闭眼训练。进一步提升难度可以采用单脚站台阶脚跟或者脚掌悬空，单脚站立稳定后，可以采用闭眼的方式提高难度。还可以进行单脚侧脚掌悬空练习，两个方向可以交替进行。在台阶上进行不同方向的站立练习，有助于射箭时身体姿态的保持。

图4-4-30　两脚侧悬空练习　　　图4-4-31　脚跟悬空练习　　图4-4-32　单脚侧悬空练习

更高难度的平衡训练，可以采用站在平衡球或者平衡板上进行训练，见图4-4-33、图4-4-34。平衡球通过前后、左右不稳定的因素使运动员有更强的身体控制能力，从而获得更稳定的站姿。可以采用单脚和增加闭眼的方式，提高训练难度。

图 4-4-33　双脚平衡球练习　　　图 4-4-34　单脚平衡球练习

　　射箭专项的平衡训练,可以采用单脚站姿进行发射练习。这种方式既可以检验运动员站姿是否对称平衡,也可以训练运动员的专项身体平衡能力。

五、专项训练

　　专项体能训练能够更有针对性地改善射箭运动所需要的专项体能,也是射箭体能训练最重要的练习方式。射箭属于静力性项目,运动员在完成技术动作时,需要进行持续稳定的支撑。专项体能训练跟技术动作的实施更为接近,参与动员的肌肉更为一致。因此,在专项训练过程中,要有针对性地对持弓臂、拉弓臂以及控弓保持能力进行训练,以下从这三个方面分别进行举例。

(一) 单臂支撑,专项模仿

　　单臂撑是射箭专项体能训练中,较为常见的方式,主要用于训练运动前臂支撑能力。要求运动员单臂撑地,手臂与躯干保持 90 度的夹角,身体侧对地面,另一臂做开弓的动作,强化射箭十字构架的基本姿态,脚、膝、髋、头整体呈一条直线,见图 4-4-35。此动作练习除强化前臂支撑外,还可以很好地强化腰腹力量,建立更好的身体稳定姿势。

图 4-4-35　单臂撑

(二) 增加负荷,反复开弓

　　增强拉弓能力是射箭专项力量中第二个需要重点强化的方面。为了完成远距离竞赛的需要,运动员需要具备拉开一定磅数弓的能力。训练时,可以用比平时使用的弓磅数更大一些的弓来进行体能训练。通常可以比平时用的弓增加三到五磅进行反复的开弓训练。也可以在弓上面绑上一根弹力带,增加负荷,见图4-4-36。每次拉开保持三至五秒,然后再重复进行开弓训练。拉弓时,要按照规范的技术动作进行,切忌蛮力开弓,破坏动作。

图4-4-36 增加负荷开弓练习

(三) 延长时间,控弓练习

射箭专项体能练习中,除了增加前撑力和后拉力之外,主要就是需要提升运动员的控弓能力,也就是能够保持足够长时间的稳定控弓,从而寻找最佳的撒放时机。这在射箭运动中是极为重要的专项体能。控弓练习就是将弓拉开后,保持不要撒放,同时用力保持稳定的状态。这种练习通过增加保持时间来达到控弓稳定性的目的。可以保持开满弓姿势10秒,然后休息10秒,重复十次;保持开满弓姿势20秒,然后休息20秒,重复三次;最后保持开满弓

图4-4-37 控弓练习

姿势30秒,休息一分钟,作为一组训练。训练时也可用拉力器代替拉弓,根据不同选手的能力,选拔不同负荷的拉力器进行训练。

控弓体能训练可以跟射箭训练结合进行。例如:运动员进行发射练习,第一组每支箭控弓8秒,然后发射,练习5支箭;第二组每支箭控弓12秒,练习4支箭;第三组每支箭控弓16秒,练习3支箭;第四组每支箭控弓20秒,练习2支箭;第五组每支箭控弓25秒,练习1支箭;第六组每支箭控弓20秒,练习2支箭;第七组每支箭控弓16秒,练习3支箭;第八组每支箭控弓12秒,练习4支箭;第九组每支箭控弓8秒,练习5支箭。这种专项的控弓训练,还能够有效地解决"黄心病"的问题。

第五节　心理训练

心理训练是指有目的、有计划地对运动员的心理过程和心理状态施加一定影响的过程。心理训练对任何一项竞技体育运动项目而言，都有很重要的作用。心理训练可以使运动员在训练和比赛中学会如何调节和控制自己内在心理状态，进而调整和控制自身外在行为过程。特别是射箭项目，运动员的心理素质对运动成绩有直接的影响。

随着射艺项目的推广发展，现在的竞赛竞争已经非常激烈，在一定技术水平的情况下，心理状态已经成为决定竞赛成绩的重要环节。因此，一定要加强有针对性的射艺心理训练。良好的心理训练可以有效促进射手心理过程的自我完善和稳定发展，形成射艺运动项目所需要的良好个性心理特征，也为射手在赛场上保持良好竞技状态和创造优异成绩奠定了心理基础。

我国从先秦时期就注重射艺对人心理教育的价值。第一章第四节中经典解读部分，提到"不射之射"讲的就是心理素质方面。西周出现的"礼射"，突出了射艺的过程性价值，实际上也是对射手心理层面目标设置的合理定位。中国传统文化"由术而道"的精神追求是更高层面的心理调节与疏导。只有超越于最终的结果性价值，才能真正发挥出射手最佳的心理潜能，取得最佳的结果。

一、注意训练

（一）何谓注意，有何特点

注意是对一件事物的指向和集中。人的注意在方向上有外部和内部之分，在范围上有广阔和狭窄之分。注意训练是指有目的的通过各种方法，提高运动员对事物注意的集中度和稳定性的强化过程。训练内容主要有集中注意训练、注意力转移训练和抗干扰训练。

对于射艺项目而言，特别注重对其注意力集中的训练，尤其是"注意的稳定性和注意范围的控制能力"[1]，是其心理训练的核心内容。射艺需要狭窄的内部注意。比赛时，注意力放在当前的运动步骤上面，把注意力稳定地集中在目标范围内，阻止和回避外界有意或无意的刺激和干扰，有助于运动员在训练和比赛中取得优异成绩。

---

① 俞继英. 奥林匹克射箭[M]. 北京：人民体育出版社，2004：86.

（二）视觉守点，听觉计数

为了训练运动员的专注能力，可以在墙壁上贴一张射艺比赛所用侯靶（由内向外颜色分别为黄、红、黑、白，大小6厘米、20厘米、40厘米、80厘米，称为的、正、鹄、侯）。让运动员集中注意力凝视这张侯靶一定时间，然后闭上眼睛，在脑海中把侯靶的整个颜色、大小、称谓，由内向外依次还原出来，直至侯靶在头脑中清晰完整地再现为止。

或者在相对嘈杂的环境中，让运动员集中注意力，仔细听石英表秒针走动时的滴答声音，并在规定时间内，记录下秒针走动的次数，持续时间越长效果越好，通常3—5分钟为宜。这种训练方式，可以帮助运动员建立更好的狭窄注意，增强抗干扰能力。

（三）注意转移，调控自如

能够将注意力迅速从一个方面，转移到另一个方面，也是注意能力的一个重要方面。射箭比赛时，需要运动员具备这种能力。走上射位时，需要注意靶位、风向等等；上射位后，需要注意呼吸节奏，放松等；瞄准时，需要注意自身的技术动作，同时还要进行瞄准，保持用力等等；撒放后，还有继续注意到身体肌肉的用力和动作暂留等。这些技术环节都需要注意力的迅速转换，然后集中，然后再转换，再集中。运动员需要具备随心所欲地控制自己注意力的能力。

（四）模拟竞赛，制造干扰

抗干扰能力，是竞赛中注意力集中的基本表现形式。练习可以分为两种情况。在日常训练过程中，可人为制造赛场中可能出现的嘈杂环境，进行有针对性的预防训练。如站在运动员背后大声言语、低声细语议论某运动员动作细节；或者在突然间开口大声、制造大的声响；或者在运动员身旁放置大分贝音箱，播放各种风格、节奏的音乐等，模拟各种可能在赛场上出现的不利环境，以提高射手在各种恶劣环境下的抗干扰能力。

二、表象训练

（一）何谓表象，有何功用

表象是指事物不在面前时，人们在大脑中形成的关于事物的形象。主要有记忆表象和想象表象。表象是人人天生具有的能力，但个体差异较大，通过训练可以进行有效的提升。表象训练也称意念训练、念动训练、想象训练，是指在暗示语的引导下，运动员有意识地利用头脑中已形成的动作表象或运动情景，充分利用想象进行一次完美动作的练习方法。表象训练可以帮助学习运动技能、改进技术动作、帮助放松等，具有事半功倍的效果。

将表象训练与平时训练和比赛紧密结合，有利于运动员深化动作记忆、强化正确动作结构,巩固正确动作的动力定型。这种利用表象的心理训练方法,不受时间、空间、场地等外界因素的限制,也是对常规技术动作练习的补充和完善,对射手整体技术水平的快速提升起到了重要推动作用。

(二) 头脑想象,完成任务

常规的表象训练方式有很多,主要原理在于通过闭眼的大脑活动,根据一定指令,进行想象强化。下面列举两个经典的训练方法。请运动员闭眼,想象一块六个面都被涂成红色的正方形木块。用刀将它横切,一分为二,有几个红面,几个木面?再用刀将它纵切,二分为四,这时有几个红面,几个木面?继续进行,当四分为八时,有几个红面,几个木面?八分为十六时,有几个红面,几个木面?注意,提醒大家不要用数学方法推导。

第二个方法是准备一个五角形,五个角分别涂上黑、红、黄、绿、蓝,分别对应数字1到5,作为基本位置。然后请运动员认真观察记忆。然后闭眼回答问题。如果黑角指向2,红角指向几?如果黑角指向3,黄角指向几?如果红角指向3,黄角指向几?如果红角指向4,蓝角指向几?以此类推,可以逐渐增加难度。最后根据完成时间和准确率,了解运动员的表象能力,并加以强化训练。

(三) 语言提示,专项表象

当运动员表象一次正确的射箭技术时,可以强化已经建立的神经联系,巩固技术动作。教练进行语言提示,运动员闭眼,根据口令在脑海中进行对应的动作练习。首先"准备、就位、起射",紧接着"搭箭、转头、举弓、引弬、靠位、瞄准(口令:一、二、三)、撒放、动作暂留",而后"退射位",最后"验靶"。整个过程射手根据教练员语言提示,按照流程在脑海中把射箭流程完整清晰地想象一遍(如同"过电影"一般)。尤其需要注意的是,运动一定要表象出将一支箭完美地射出,并且一箭中"的"的场景。

(四) 分解表象,改进技术

表象训练不仅可以完整地进行,也可根据实际情况,把单个技术动作分解进行意念强化。尤其是在运动技术需要改进的时候,表象训练尤为重要。如射手的"撒放"环节不是很稳定,即可以利用表象训练,持续、反复强化"撒放"动作环节,以便强化动作规范、巩固动作定型。在此过程中,应注意表象训练的速度,如果是想象技术动作细节时,应缓慢进行;如果是想象技术动作的整体步骤时,应快速进行。

三、 放松训练

(一) 何谓放松,为何放松

放松训练是指通过一定方式(呼吸、暗示、表象、音乐等)使肌肉得到充分放松,从而调节中枢神经系统兴奋性的过程。[①] 对于射箭运动而言,运动员整体的压力激活水平是较低的,跟球类运动相比需要更低的压力激活水平,或者叫更为放松。

放松训练是心理训练的基础训练,是控制情绪和调节紧张的有效方法。有助于运动员及时消除肌肉僵硬、缓解紧张情绪和降低心理压力的作用,并有效促进运动员身心得到放松,加速疲劳恢复,为运动员提升训练效果和创造优异成绩奠定了心理基础。

(二) 深吸长呼,配合音乐

呼吸是最为简单有效的放松方法。采用深吸气,长呼气的方式来调整心理状态,从而达到身心稳定、肌肉放松的目的。人体在紧张时,会伴随肌肉僵硬、呼吸短促的现象。此时可以闭上双眼,采用降低呼吸频率、加大呼吸量的深度呼吸方法。配合一些舒缓的音乐,也是非常有效的放松方式。舒缓的音乐,不仅可以消除大脑所产生的紧张情绪,还可以帮助运动员尽快集中注意力,是一种有效的自我调节方法。或者可以采取"默唱"的方式,使其跟随自己所喜欢的乐感,让自己身心得到放松。

(三) 自我暗示,表象放松

通过自我想象舒适的放松环境,也可以达到放松身心的目的。读者不妨尝试一下,请闭上眼睛,配合呼吸,设想自己正处于一片安静的树林中,环境舒适,头顶有明媚的阳光透过树叶之间的缝隙散落到自己的身上,身旁有一条小溪慢慢流淌,静听溪水流淌的声音。

除了表象放松的环境之外,还可以通过自我暗示,进行身体局部到整体的表象放松。例如在伴随深呼吸的同时,根据自我暗示语的引导,感觉有一股暖流从头部开始,通达到颈部,然后流淌到左臂、左手,然后在流淌到右臂、右手,经过躯干,流淌到左腿、左脚,再到右腿、右脚,这股暖流经过的各个身体部位,随之放松,也可以达到身体放松的目的。

四、 目标设置

(一) 目标设置,如何定位

人们做任何事情,往往会自觉不自觉的设置一个目标。一个明确、合理的目标设置,往往是做事成功的开始。一旦有了一个明确、合理的目标,也更加能够调动人的积极性,去努力追寻这个目标。目标能够将人的需求转化为动力,将自身的行为与既定的目标相对照,并及时进行调整。目标有短期和长期之分,需要综合考量。短期目标应可以量化,最好是可以测量的目标,要符合当前的状态,通过努力可以实现。长期目标要明确具体,是具有吸引力的、令人向往的,需要具有一定的高度。

---

① 张力为. 运动心理学[M]. 上海:华东师范大学出版社,2003:255.

参加竞赛时,目标设置尤为重要。合理的目标定位,可以降级压力激活水平,更有利于发挥正常的技术水平。通常情况下,过高的自我预期,会影响运动员的技术发挥。参赛目标设置时,应尽可能的将目标设置为参赛的过程目标,不要过多考虑结果目标。重过程,轻结果是最佳的参赛心理状态,也是最难以做到的心理状态。重过程、重结果是比较常见的心理状态,应进行正确的调整。最可怕的是轻过程,重结果。这种情况下容易患得患失,打好了,心态波动大;打不好,心态波动更大。

(二) 树立自信,正向激励

自信是对自身能力和所能达到的目标的一种认同和确信。自信心是运动员参加竞赛的基本心理条件。没有自信,关键时刻就会影响发挥。只有自信才能在关键时刻挺住压力,正常发挥。自信心的建立,首先需要客观的认识自身的运动水平,然后设置正确的目标定位,最后坚信自己能够完成。自信心的构建是一个长期的过程,跟目标的设置有直接的关系。参加竞赛时,可以设置一个比平时训练略低的成绩,通过实现目标来构建自信。随着成功经验的增加,可以逐步建立自信,达到一种相对稳定的发挥水准。

参加竞赛时,自信心的建立,需要积极的自我暗示。可以自己在心中默念:"我能行!""我可以的!"这些暗示语。自我暗示和与教练、队友的相互激励是非常重要的,所使用的语言一定应突出过程和乐观两个方面。例如:我只要把动作做好,我就实现目标了;减少结果暗示和悲观观点,例如:我如果射9环,我就会输掉比赛。运动员需要在教练员的帮助下,确定一些针对个体有效的暗示语。不要使用"不要紧张"这类的话,而应使用"要放松"这样的语言进行沟通和激励。

五、 视觉训练

(一) 高度专注,视小如大

视觉训练早已为中华射艺所看重。纪昌学射的故事里面,飞卫就令纪昌先练习不眨眼,后又练习看虱看到像车轮那么大。尽管有些夸张,但这些都是射艺项目的视觉训练。射箭过程中,靶是固定的,因此视线应是静止且集中的,通常所说的"靶实星虚"就是这个道理。视觉注意训练对于属于精准类项目的射箭而言尤为重要。当利用双眼进行瞄准时,将靶看实,更有利于注意力的集中,表现在视觉上,可以描述为将靶子越看越大,也就是飞卫所讲的"视小如大"。

(二) 视线稳定,以眼观心

俗话说眼睛是心理的窗户,此言不虚,人类大概有三亿的神经元,其中一亿分布在眼睛部位。因此,视觉的变化直接反映和影响内心的变化。射箭时,稳定的视线将有助于内心的稳定。训练方法如下：当需要看远处一侧90度位置的靶面时，是先转头去看，还是先斜眼去看。可以尝试先转头，再尝试先斜眼。有何心理感受？然后进行保持眼球在眼窝中间的状态下，去看靶面。后者可以训练视线的稳定。在日常训练中，运动员应养成一个好的习惯，就是不要让视线飘来飘去，尽量集中到当前的动作环节，但凡需要实现移动的情况，尽量保持眼球在眼窝中间，这种方式，眼睛最放松，相应的，内心也会更放松。这也是为什么我们在瞄准时应专注靶心，而非瞄准点（即靶实星虚）的原因。视觉练习注意事项：第一，不应过早瞄准，瞄准只是撒放前最后一个动作；第二，瞄准时间不宜过长；第三，应当专注目标物，而非瞄准设备。

六、压力管理

（一）正确认识，敢于面对

很多优秀运动员具备良好的技术水平，但在参加竞赛时，会因为压力过大而难以正常发挥。压力过大往往是心理素质问题的主要表现形式。正确的认识压力，有助于有效的避免或者缓解过度压力对于竞赛发挥的影响。压力通常是与可能的、未来的关系引起的情绪反应。这是一种人人都会有的正常的心理反应。可能会出现的症状有打呵欠、视觉混乱、颈部紧张、需要上厕所、口渴、手心出汗、腿颤抖、心率加快等，严重一些可能有恐惧、记忆丧失、力量减小、恶心胃痛、发热、心慌头晕、胸腹痛等。

由于压力的产生是对于未来可能发生事情产生的焦虑。因此，将注意力集中到当前任务，可以适度的降低心理活动水平。还可以使用放松的技巧，或者通过呼吸进行调节。压力是一种正常的心理现象，运动员应敢于面对，通过参赛经验的积累，一定能够克服。

（二）如未消除，预先适应

假如有的运动员只要遇到竞赛时，就会产生一些压力过大的反映症状。在不能避免和缓解的情况下，可以尝试提前通过针对性的练习与之相适应。可以制造在这些扰乱性症状中进行特定练习的方法。例如，压力过大时，有的运动员腿开始不自主的颤抖，可以做深蹲动作，然后进行射箭练习，熟悉这种紧张感，然后预先适应。有的运动员会心率会加快，影响稳定性。可以跑步训练，心率提升后，马上进行射箭练习。有的运动员紧张后会力量减少，那就加强力量训练。有的会手心出汗，可以直接涂抹凡士林再去射箭。

第六节　训练计划

校园射艺的开展受到学业等各个方面的影响,合理地安排训练计划,利用课余时间和假期开展训练活动是极为重要的。本节提供集训时单日的训练计划作为示例。

一、周期划分

体育训练与竞赛有其固有的规律。训练计划的制定,是为了参加竞赛做好最充足的准备。就校园的学生射艺而言,结合学生的实际情况,根据运动训练学的基本训练周期规律,大致可分为基础学习期,技术巩固期,专项提升期,备战竞赛期。

学生参加校园射艺的课外运动训练,多数是没有基础的。因此,需要专门安排一个基础学习期,通常从每年的九月份新生入学开始,为期一个学期,大致到12月末结束。经过一个学期的基础性学习,入选的队员大致能够掌握基本的技术动作。

基础学习期之后,由于考试等原因,会有一个两到三周的暂停,因此,需要利用寒假马上进入一个短暂的技术巩固期。技术巩固器也是针对学生学习周期而采用的对应性的训练计划设计,可以利用寒假的两周安排集训,也可以利用开学后的两到三周进行技术强化训练。

技术巩固期之后,部分表现优异的队员,将会进入到专项技术的提升期。大致从三月份到六月份,贯穿第二个学期。此阶段需要教练员有针对性的根据每个人的技术特点,进行个性化的指导。此阶段开始配备个人专属的弓箭等器材,开始进行专项的体能练习,加大射箭技术的训练量,提升单次训练的强度。

技术巩固期之后将是再次的因为考试而中断大概半个月的时间。进入暑假之后,将是最为重要的备战竞赛期。学生运动员平时有较多的课业压力,训练时间很难系统地安排。寒暑假是最为重要的黄金训练期。暑假尤为重要。暑假的训练将以提升竞赛能力为主要目标,并安排练习赛,备战每年进行的全国大学生射箭锦标赛。暑假集训可以分两个阶段,一前一后或者也可以全部安排在后半阶段。集训重点解决个性化的技术问题,开始进行专项的心理训练,并有针对性地选择参赛一些正规的比赛,此阶段一直持续到参加竞赛。

参加竞赛之后，学生的第三个学期的后半段，将作为调整期。进入第四个学期之后，将跟下一批学生合并，一起进入技术巩固期，然后再到专项提升期和备战竞赛期。如此循环。

二、 计划制定

训练计划的制定，首先要确定年度最大赛事的时间，根据训练周期规律，制定出年度的训练计划。年度训练计划的基本内容应包括对过去一年训练情况的总结和对未来一年训练时间、内容和参赛计划的安排。前一年度训练情况的总结主要应包括，运动员对自我技术情况的分析，运动员自我定位的实现情况，教练员针对每个运动员技术能力的总结，参加各级各类比赛的情况，训练工作中的成功经验和存在的主要问题，运动员健康状况及伤病情况。

下一年度的训练计划主要应包括：全年训练的目标和任务，年度训练总量，年度训练日常表；每个运动员技术能力的发展定位，体能指标的标准和要求，心理训练的标准和要求；全年训练周期的划分，各训练时期的任务和各训练时期、阶段的负荷和训练量的安排，各训练周期采用的训练方法与手段，参加比赛的时间安排与具体指标，阶段训练工作的考核安排与要求。

年度和周期的训练计划完成之后，还需要根据总的训练计划，制定单次课的训练计划。课训练计划主要包括三个方面：准备部分、基本部分和结束部分。训练课是由常规性训练内容的基本结构与任务构成的，根据运动员在运动过程中机体状态的变化确定的。准备部分主要指一般性的准备活动，即热身运动，目的在于激发运动员身体大小肌肉群的活性。基本部分根据训练课的任务和所确定内容、方法和手段来决定。主要围绕技术、体能等训练展开，不同的训练阶段，采用的策略不同，如基础学习期以模仿和建立正确技术概念为主，技术巩固期以有正确反馈的技术重复为主，专项提升期以达到技术动作的自动化阶段为主，备战竞赛期以提升竞技状态为主。结束部分就是对于基本部分造成的一些疲劳状态进行恢复和放松。一般情况下，单次课的训练时间安排在一个半小时左右，集训例外。注意严格把控前一个训练内容与后一个训练内容之间的关联性。

三、 集训示例

寒暑假的集训，对于学生运动员来讲，是极为宝贵的系统训练时间。集训的一个主要目的是在短时间内，建立并强化正确的技术动作定型；或者在短时间内，改进和提高技术动作，形成最佳的竞技状态。

下面是集训期间某一天的训练计划，作为示例。

校园射艺集训单日训练计划示例

时间	内容	具体安排	地点	用时	要求
07:30—07:50	早餐		食堂		准时就餐
08:30—11:00	技术练习（室内、外）	射箭专项拉伸	射箭馆	8'	热身准备
		弹力带模仿练习20次	射箭馆	8'	每一秒对应一个动作；固定动作流程习惯
	准备与换场	装弓、器材配备等		10'	
		无瞄点十米撒放练习，两人一组搭档；八支箭一组，两组	射箭场	20'	两组放音乐或喊着节拍，按照节拍做每一个动作，尤其是靠位之后的三秒
		有瞄点男20米，女15米，八支箭一组，两组	射箭场	20'	注意节奏，发挥搭档作用
		侯靶男30米，女20米，八支箭一组，两组	射箭场	20'	技术上有问题就去拉几组弹力带
		侯靶男40米，女30米，八支箭一组，两组	射箭场	20'	认真对待每一支箭
		侯靶男50米，女40米，八支箭一组，两组	射箭场	20'	
		弹力带练习20次	射箭场	8'	想象一次完美的动作
11:20—12:00	午餐		食堂		
12:00—13:30	午休		教室		
13:30—14:00	技术理论学习	《射艺》《武经射学正宗》	教室		研读与讨论
14:00—17:00	技术实践（室内、外）	拉伸	射箭馆	8'	
		弹力带练习20次	射箭馆	8'	每一秒对应一个动作；固定动作流程习惯
		无瞄点十米撒放练习，两人一组搭档；八支箭一组，两组	射箭场	20'	两组放音乐或喊着节拍，按照节拍做每一个动作，尤其是靠位之后的三秒
		有瞄点男20米，女15米，八支箭一组，两组	射箭场	20'	注意节奏，发挥搭档作用
		侯靶男30米，女20米，八支箭一组，三组	射箭场	20'	技术上有问题就去拉几组弹力带

时间	内容	具体安排	地点	用时	要求
		侯靶男 40 米，女 30 米，八支箭一组，三组	射箭场	20′	认真对待每一支箭
		侯靶男 50 米，女 40 米，八支箭一组，两组	射箭场	20′	
		弹力带练习 20 次	射箭场	8′	想象一次完美的动作
17：15—17：30	晚餐		食堂		
18：10—19：10	体能	肩背专项力量	健身房		
		拉伸准备活动		8′	
		瑜伽带肘拉		8′	3 组，每组 10—12 次，保持 5″
		拉力器练习		8′	3 组，每组 10—12 次，保持 5″
		开弓保持		9	
		瑜伽带高后拉		7′	3 组，每组 10—12 次
		俯卧撑平板		10′	15″；30″；45″；30″；15″一组
		放松		10′	自我放松，相互按摩

第五章　竞赛实践

第一节　组织实施

本节参照国际箭联的竞赛规程，以中国大学生射箭（射艺）锦标赛作为案例，主要介绍如何组织一场正式的射艺竞赛，及其实施的各个环节。

一、管理机构

（一）锦标赛的监管

1. 中国大学生体育协会
2. 锦标赛组织委员会

（二）中国大学生体育协会监管职责

1. 监督管理和保证比赛的顺利进行；
2. 履行中国大学生射箭（射艺）竞赛规则；
3. 采取紧急措施确保锦标赛顺利进行和保护中国大学生射艺的声誉；
4. 决定章程和规则以外的任何事宜；
5. 监管各种仪式的组织工作。

二、裁判工作

（一）裁判工作将由裁判委员会负责。锦标赛至少有一名总裁判长、裁判长、发令长、编排长。每6个靶位至少应配备一名裁判。裁判员不得参加比赛。

（二）裁判员将由中国大学生体育协会选派。

（三）第一天比赛开始前最晚20天，中国大学生体育协会将裁判员名单告知组委会。中国大学生体育协会在任命前应收到这些裁判员届时可以参加工作的确认。

（四）裁判员的职责是确保比赛按照章程和规则顺利进行，保证公平公正地对待所有运动员。核实所有赛程和靶场或赛场的布局是否正确，靶纸和箭靶的尺寸，靶纸到地面的距离符合规定，所有箭靶的放置角度一致，检查所有必要的场地器材。

（五）在赛前检查所有运动员的器材，并在赛中随时抽查。

（六）主持发射和记分工作。

（七）就与发射有关的问题咨询发令长和总裁判长。

（八）负责处理所有纠纷和申诉，将申诉提交仲裁委员会。

（九）如遇天气条件不利、停电、发生严重意外或其他事故，裁判员应与发令长取得联系中止比赛，但应力求、尽可能将当天的比赛在当天完成。

（十）考虑领队提出的投诉或请求，并在必要时采取适当行动。

（十一）负责处理与比赛运行或运动员的行为有关的问题。此类问题应及时提交裁判长，且必须在颁奖前提出。裁判或申诉仲裁委员会的裁决为最终裁决。

三、仲裁工作

（一）组委会为中国大学生射艺锦标赛任命一个由三或五名成员组成的仲裁委员会。

（二）仲裁委员会的裁决为最终裁决。

（三）对裁判员裁决结果的申诉必须以书面形式，由领队或在没有领队的情况下由教练员提交。

1. 可能影响运动员进入下一阶段比赛的申诉意向，必须以书面形式表达，并在有关轮次或淘汰赛结束后 5 分钟内提交给总裁判长。

2. 书面申诉必须在有关轮次或比赛结束后 15 分钟内提交给仲裁。

（四）提出申诉需缴纳费用，如果胜诉或仲裁委员会裁定其理由正当，则将退回申诉费。申诉费的金额由锦标赛组委会确定，不少于 500 元，不多于 1 000 元。仲裁委员会收到申诉后，应立即告知相关领队收到申诉的情况及其具体内容。组委会成员或参加锦标赛的人员不适合进入仲裁委员会。锦标赛期间，仲裁必须始终在场，包括正式练习日。

淘汰赛期间，仲裁须到比赛现场。仲裁委员会应将其仲裁决定记录下来，并在下阶段比赛开始前或颁奖前告知申诉人、总裁判长和组委会赛事部负责人。

四、赛事文件

组委会应负责提供下列文件：

（一）注明各项比赛、仪式、活动的举办日期、时间和地点，赛前和比赛中运动员和官员们所需服务的锦标赛秩序册。

（二）在场地提供比赛靶位表、赛中成绩和最终成绩。

（三）赛事结束后，提供详细的比赛成绩册。

五、 报名工作

（一）报名时间

1. 报名参加锦标赛的学校应注意下列事项：

(1)在赛前30天提交报名表；

(2)在报名截止后，赛前15天报名，或人员变更，如果组委会可以接受，则每变更一次或注册一名运动员须支付150元罚款；

(3)赛前15天内，不再接受参赛报名，或人员变更。

2. 组委会可拒绝接受在截止日期后提交的报名表。如果延迟报名是由于无法控制的情况造成的，组委会可以接受。对于在赛前30天报名截止后的报名，如果该报名会导致原赛程变更或其他赛事组织方面的问题，则组委会保留拒绝接受报名的权利。

（二）参赛人数

1. 在中国大学生射艺锦标赛上，各学校每组别的参赛运动员不得超过4名。如果组委会另外有人数要求，则按照组委会的要求执行；

2. 每支混合团体队伍由相同组别的1名男运动员和1名女运动员组成。

（三）团体赛报名

在中国大学生射艺锦标赛中，团体赛要求任何组别的初始报名人数至少需要3名运动员，否则只能参加个人单项比赛。

1. 如果报名参赛的运动员人数和队数，比淘汰赛规定的运动员人数和队数少，应允许轮空。

2. 轮空是指因参赛运动员未达到轮次规定的人数，无法保证每场淘汰赛都有对手而不进行比赛。轮空的运动员和参赛队将直接晋级下一轮比赛。

3. 弃权的比赛是指运动员或参赛队，在比赛开始五分钟后仍未到场，已到场的运动员或参赛队将被宣布为该场比赛的获胜者。参赛双方均未到场，则该场比赛取消。

六、 靶位安排

（一）号码布

组委会应向每名运动员发放一个运动员号码布。运动员须佩戴该号码布，使裁判和观众等其他人能够在比赛中识别他们。运动员号码在整个比赛中保持不变（特殊情况规定的除外）。

（二）靶位抽签

靶位或发射分组的抽签将通过电子方式进行安排。男女运动员及非同类项目的运动员应分别进行抽签。每个靶位上，同一个学校的运动员只有一名。同一支参赛队的运动员可分在相邻的靶位或发射组。

七、器材准备

（一）箭靶

箭靶为方形，靶面的尺寸应明确，以确保射在候以外的箭也可留在箭靶上。箭靶须牢固地安装在靶架上，靶子固定在地上、防止被风吹倒或拔起。

（二）靶号牌

每个箭靶上设一个靶号牌。靶号牌的高度至少为30厘米，颜色为黄底黑字和黑底黄字交替（如1号为黄底黑字，2号为黑底黄字），见图5-1-1。靶号牌应固定在每个箭靶中心的上方或下方，以确保其不遮挡候靶。靶号牌上放一面小旗。

图5-1-1 靶号牌

图5-1-2 靶位牌

（三）靶位牌

每个箭靶对应的射位，需要在起射线前2至3米的位置，放置一块对应的靶位牌。靶位牌的数字和颜色与靶号牌一一对应，见图5-1-2。

（四）靶纸

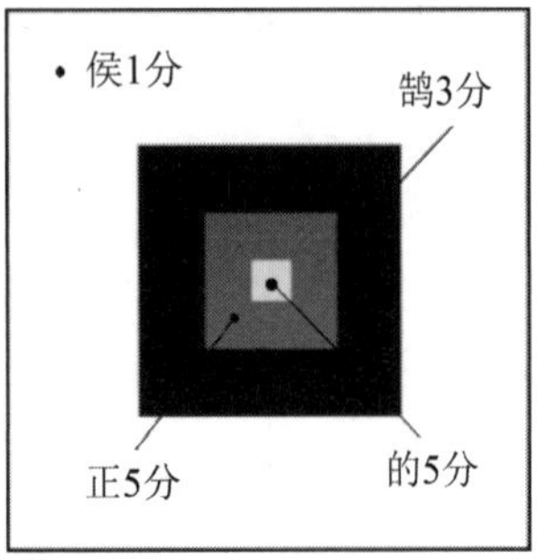

中国大学生射艺竞赛所用靶纸称为"侯"。"侯"的大小为八十厘米的正方框（白色区域）；内有40厘米的正方框（黑色区域），称为"鹄"；"鹄"内有20厘米的正方框（红色区域），称为"正"；"正"内有6厘米的正方框（黄色区域），称为"的"。见图5-1-3。

1. 只有经中国大学生体育协会认证的靶纸才能在中国大学生射艺锦标赛中使用。

2. 用于同一类比赛项目的所有靶纸必须保证颜色和材料统一。

图5-1-3 靶纸

（靶纸示意图中标注：侯1分、鹄3分、正5分、的5分）

（五） 时间控制器材

发令长负责控制时间控制器材,发出听觉和视觉信号。

1. 使用鼓或哨子等听觉指示器控制每次时限的开始和结束。使用鼓或哨子等听觉指示信号时,发令长需配备倒计时装置。

2. 除了上述听觉信号,还可以使用电子数字计时器、信号旗和其他简单的视觉信号装置控制每次时限。

3. 可以使用下列器材:

（1）信号旗

信号旗的颜色为红、黄、绿色。黄色代表准备发射,绿色代表可以发射,红色代表禁止发射。

（2）数字计时器

当使用电子数字计时器时,计时器的数字高度不得低于 20 厘米,并保证可在 100 米远处看清。它应能视需要随时停止和重新设置。数字以倒计时显示时间。

（六） 其他器材

1. 成绩公告牌:公布分值、成绩。

2. 淘汰赛时,每个箭靶下放置两块显示三位数字的翻分牌。

3. 室外比赛使用的风向袋应放置在场地两侧,若场地分成两块则还应在中间放置一个。风向袋距离地面的高度应介于 2.5—3.5 米之间。

4. 一个直起的平台:供发令长使用并备有座椅。

5. 组委会摆放足够数量的座椅、遮阳伞供所有运动员、领队、教练员和其他官员使用。

八、 场地设置

（一）比赛场地必须符合以下条款的规定:

1. 比赛场地的边线呈直角(90 度),每一射程的距离是从侯靶黄心到地面的垂直点起,至起射线外沿止。可以允许的测量误差不超过 15 厘米。

2. 应在起射线后一米处画一条候射线。侯射线后四米处画一条准备线。

（二）箭靶与地面垂直线的夹角应为 10—15 度,所有箭靶均应设置在同一条线上且角度相同。

（三）所有黄心的高度看起来应在一条直线上。

（四）在可能的情况下,每个箭靶应安排二名运动员。如果靶场条件有限,则每个箭靶最多安排六名运动员。

（五）在起射线上正对靶心的地方做一个中心点。在起射线前二至三米的地方放置一个与该箭靶相对的靶位牌。有两名或以上运动员共用一个箭靶时,应在起射线上标出发射位置,须保证每名运动员至少拥有 80 厘米的空间。

（六）比赛场地应分割为包含三或四个箭靶的靶道线,从起射线至靶位线画出的靶道线要与起射线和靶位线呈直角。

（七）必须在场地周围设立适当的隔离栏,以保证观众安全。应在两端至少 10 米处直线设立隔离栏。距离增加,安全区就相应增加。挡箭墙或挡箭布的高度必须能够起到安全防护作用。

（八）在淘汰赛中成对的箭靶应靠近设置。

九、赛前练习

（一）在全国学生射艺锦标赛上,赛前一天应提供不少于两小时的练习时间。练习靶设置在各个射程,运动员可自行选择练习的射程。正式比赛前,每个射程需安排不少于一组的赛前练习。组委会可在充分考虑每天比赛的基础上,决定练习时间的长短。

（二）可在比赛场地的一侧安排一块练习场地（箭靶的方向与比赛场地上箭靶的方向一致）,以便仍在参加比赛的运动员在淘汰赛和决赛期间进行练习。

（三）发令长必须始终对正式练习场地负责。他负责发出开始和停止射箭以及上前取箭的信号。发令长发出停止发射的信号后,所有运动员必须停止发射。违反本规定的运动员将被禁止参加练习。

（四）如需改变已经设置好的箭靶的距离,须事先征得发令长的同意。如有必要,发令长可请运动员帮助移动和重新安放箭靶。

十、奖励办法

（一）各项目（含各个距离）均录取前八名,颁发奖状。

（二）获得比赛前三名的运动员（队）,分别颁发金、银、铜奖牌（杯）。

（三）锦标赛可设优秀组织奖、道德风尚奖若干,另设破纪录奖。

（四）参赛队或运动员不足八人,减一录取。少于二人（含二人）不列为比赛项目。

第二节　竞赛规则

本节参照中国大学生射箭（射艺）锦标赛竞赛规则,介绍射艺竞赛的具体要求和细节,以及竞赛规定等内容。

一、项目设置

（一）个人排名赛

男女个人在三个距离上，三十六支箭的总得分，作为个人排名赛成绩。如得分相同，射中"的"多者排名靠前；中"的"数仍相同，射中"正"多者排名靠前。如仍相同，则抽签决定排名。但如涉及晋级名次或者获奖名次的成绩相同，将进行附加赛。

（二）个人淘汰赛

个人排名赛中全能（三个距离得分总和）成绩排位前六十四名进入淘汰赛。中学组根据报名人数确定进入淘汰赛人数。淘汰赛时，如得分相同，中"的"多者获胜；如仍相同，则采用附加赛。

从半决赛开始，采用番（局）胜制，每番四矢，得分高者得二分，少者得零分，打平各得一分。先得六分者获胜晋级。如打成五比五，则进行附加赛。

（三）团体排名赛

每队成绩最好三人，全能得分之和计为团体成绩，进行排名。如得分相同，射中"的"多者排名靠前，中"的"数仍相同，射中"正"多者排名靠前。如仍相同，则抽签决定排名。但如涉及晋级名次或者获奖名次的成绩相同，将进行附加赛。

（四）团体淘汰赛

团体排名赛中前十六名的队伍进入团体淘汰赛。中学组根据报名人数确定进入淘汰赛人数。淘汰赛时，如得分相同，中"的"多者获胜；如仍相同，则采用附加赛。

从半决赛开始，采用番（局）胜制，每番每人射二矢，双方同时发射，每番时限二百六十秒。得分高者得二分，少者得零分，打平各得一分。先得五分者获胜晋级。如打成四比四，则进行附加赛。

（五）混团淘汰赛

同团体淘汰赛，采用男子淘汰赛的距离。

（六）教工团体赛

1. 所有参赛高校、中学教工随机抽签组队，三人一队（根据报名情况确定赛制和男女是否单独分组）。

2. 距离为二十米。

3. 采用三番射，每番每人射二矢，双方同时发射，每番时限二百四十秒。如得分相同，中"的"多者获胜；如仍相同，则采用附加赛。

4. 具体赛制根据报名人数确定。

二、 竞赛办法

（一）竞赛距离

大学男子组,排名赛距离为四十米、三十米、二十米;淘汰赛距离为三十米。

大学女子组,排名赛距离为三十米、二十米、十五米;淘汰赛距离为二十米。

如果设中学组,男子排名赛距离为三十米、二十米、十五米;淘汰赛距离为二十米。女子排名赛距离为二十米、十五米、十米;淘汰赛距离为十五米。

按先远后近的顺序进行比赛。

（二）竞赛时限

每支箭的发射时限为四十秒。个人赛每番时限为一百六十秒。团体赛每番时限为二百四十秒。附加赛每支箭的发射时限为四十秒。

（三）竞赛轮次与箭数

排名赛和淘汰赛,均采用三番射。个人赛每番射四矢,三番共十二矢。团体赛每番每人射二矢,三人射六矢,三番共十八矢。番胜制采用单独计算方法。

（四）成绩判定方法

最终成绩由靶上成绩和裁判判罚两部分构成。靶上成绩:射中"正"和"的"均计为五分,射中"鹄"计为三分,射中"侯"计为一分。

裁判判罚根据礼仪流程(参见礼仪程序)的完成情况扣分,扣分原则为每番有礼仪缺失一次警告。第二次开始,每缺失一处,扣除最高得分箭一支,扣完为止。

（五）附加赛

附加赛在比赛最后一个距离进行,四十秒内每人射一矢,得分高者获胜,如分数相同,则距离中心点最近者获胜。

三、 礼仪程序

（一）锦标赛流程

1. 领队会议;

2. 器材检查;

3. 正式练习;

4. 开幕式;

5. 比赛;

6. 颁奖仪式；

7. 闭幕式。

（二）礼仪判罚规则

1. 比赛中一共有三个礼，分别是射前礼、射毕礼、礼侯礼。见第二章第十四节。

上射位为射前礼，行执弓礼，表示对习射之事的尊重，比赛开始。

下射位为射毕礼，行藏弓礼，表示对习射之事的尊重，比赛结束。

验靶时为礼侯礼，行藏弓礼或鞠躬礼，表示对计分人员和侯的敬重。

2. 具体流程判罚：①"准备"令后，射手藏弓（弓放于身体一侧）位于候射线后等待；②"就位"令后，由藏弓态转为执弓态并行执弓礼（执弓向前鞠躬行礼），礼毕后执弓进入射位；（如果是淘汰赛，行执弓礼时须将头转向对手）③"起射"令后，方可取箭；④四矢射尽，执弓退至候射线，由执弓态改为藏弓态；⑤行藏弓礼（藏弓于身体一侧向前鞠躬行礼）后等待"验靶"令；⑥"验靶"令后，行至靶前两米处行礼后，方可上前报分。以上六个环节为礼仪扣分点。

（三）团体赛礼仪要求

团体赛时，整个团队可视为一个人，由上耦（第一位队员）完成上射位礼仪，由下耦（最后一位队员）完成下射位礼仪。验靶时由上耦（每队第一人）代表团队前去验靶。

四、发射规定

（一）在开始信号发出之前、停止信号发出之后射出的箭，或在交替发射时不按发射顺序射出的箭，都将导致运动员或队失去本组中最高分值箭的得分。

（二）如运动员在发令长正式宣布练习结束后，或在比赛开始前，或射程与射程之间、番与番之间的间歇期间射出的箭，无论有意还是无意，都将导致该名运动员失去下组比赛中分值最高的箭支。记分员应记录该组二支或四支箭的分值，但应扣除本组分值最高的一支箭。裁判和相关运动员将在记分表上记录签名。

（三）如运动员发生器材故障，经裁判确认，可给出额外时间进行必要的修理、更换发射。发生器材故障时运动员应退出起射线，同时召唤裁判。

（四）在淘汰轮赛中，没有额外的时间用于器材故障，但相关运动员可离开起射线解决问题，并可在时限内返回起射线发射剩余箭支。在团体比赛中，该队的其他成员可在此期间继续发射。

（五）"准备"口令后，在给出发射的信号之前，运动员不得抬起持弓手手臂。

（六）比赛中，运动员必须以立姿、在无外物支持的情况下发射，身体位于起射线上。

（七）在任何情况下，都不得重射。

如果出现下列情况，视为尚未射出箭支：

1. 比赛中，箭从弓上掉落在地上或失手射出，站在起射线上的运动员可将之取回。

2. 靶纸脱离或箭靶倒塌。裁判将采取必要的措施给足够的时间，用于发射相关数量的箭支。如果箭靶只是滑落，应由裁判决定采取相关行动。

（八）运动员站在起射线上时，可接受教练员以非电子方式发出的教导信息，但不得影响其他运动员。

（九）在团体比赛中，无论运动员是否在起射线上，运动员和教练员都可进行口头互助。但在比赛期间，教练员只能站在准备线之后进行指导。

（十）在团体比赛中

1. 各队运动员应按各自选定的发射顺序各射二支箭。

2. 一名运动员站到起射线上时，其他运动员应等候在候射线后。

3. 当运动员前行准备发射时，在站上起射线之前，不得提前抽出箭支。

4. 当前一位运动员双脚都退出候射线之后，下一位运动员才可以进入候射线。

（十一）如果4名运动员在同一箭靶，轮射顺序如下甲乙—丙丁，丙丁—甲乙，甲乙—丙丁等。

（十二）除淘汰赛外，起射线上的靶位可由双方商定，但该靶位上的所有运动员须在一个射程的比赛开始前通知裁判。如果不能就位置达成一致意见，应以如下规定为准：运动员甲或丙站左面、运动员乙或丁站右面。如果三位运动员同时发射，则甲在左面、乙在中间、丙在右面。

五、 记分规定

（一）每个靶位设一位记分员。每支箭的得分由其所属运动员从高到低顺序报出，记分员负责记录。同靶位的其他运动员负责核实报出的每支箭的得分，并监督记分员记分。如有异议，由负责该靶的裁判员做出最终判定。记分表上的成绩，由该靶位所有运动员确认后，方可进行拔箭。在箭尚未拔出之前，发现记分表上的错误可予以改正，裁判员须在记分表上修改处签名确认。一旦箭被拔出，记分表上的成绩将不能进行修改。

（二）每次记分完毕，运动员应标好靶纸上的所有箭孔，然后取箭。箭靶有反弹落地或悬挂在靶上的箭，为反弹箭。反弹落地箭的判定方法，若所有其他箭孔已经标好，只有一个箭孔未标或中靶点可被识别，则将按靶纸上的标记计算得分。

（三）如果出现反弹箭或穿透箭，应按照以下方式记分：

1. 如果同一发射组（同一靶位）的所有运动员认同发生了反弹箭或穿透箭，他们可认定该箭的得分。

2. 一矢射中另一支中靶矢的箭尾并嵌进箭尾，按已中靶的箭的得分计算。

3. 一矢射中另一矢又反弹落地，按射中的靶的得分计算，前提是射坏的箭可被识别。

（四）在淘汰赛时，由运动员自己报出每支箭的分值，对手负责核实，如有异议，由负责该靶的裁判做出最终判定。

（五）以箭杆嵌入靶纸的位置记录分值，如果箭杆触及两种色区或触压线，记录分值高的区域。

（六）在靶上所有箭的分值被记录下之前，不得触动箭支、靶纸和箭靶。

（七）在箭靶周围的地上或本靶发射道上发现超过规定数量的箭，则将记录分值最低的四支或二支箭。发现有运动员或参赛队重复违反本条规则的，可取消其比赛资格。

（八）如有两个以上（含两个）未标箭孔，则按得分最低的箭孔计算得分；如有同一轮中两个人同时出现反弹箭，则两人均按最高的箭孔计算得分；如有悬挂箭，则按照其命中靶纸的位置计得分。

（九）比赛结束后，运动员需在记分表上签字，记分表上缺失的任何信息都将被视为不存在。未签字的记分表上，运动员的成绩可判为无效。

（十）应配备足够的记分员，以确保锦标赛中每靶拥有一名记分员。每靶有一名以上的运动员时，记分员可以由运动员担任。组委会选派的记分员，不能参加比赛，不能参加涉及分值的讨论。

（十一）使用电子记分时，也须使用纸质记分表记录成绩。纸质记分表上记录的分值及信息为官方参考。

六、器材规定

（一）弓必须是裸弓，不包含任何延伸器材、瞄准标记、可以作为瞄准的记号、刮痕或被压过的痕迹，不能安装瞄准器、箭台、可具箭台功能的任何物件、张弓指示器、稳定器等辅助设备。

（二）箭杆必须使用竹、木等天然材料；箭尾必须使用竹、木、角、骨等天然材料，箭头可用金属制作；箭羽必须使用天然材料或天然羽毛。

（三）箭包括一支带箭头的箭杆、箭尾、箭羽和箭标识。每名运动员须在其使用的每支箭的箭杆上标明自己的姓名和参赛单位，可采用首字母标明。在同一场比赛中使用完全相同的箭支，箭羽的样式和颜色、箭尾和箭标识都须相同。

（四）弓弦可采用不同颜色和材质。弓弦中段可缠绕丝线以保护拉弓手指及弓弦并确定箭口位置。不允许安装唇珠或鼻珠。弦上缠线部分在拉满弓时，不得超过运动员本人的鼻尖。不得通过在弓弦上安装窥视孔、做记号或其他方式辅助瞄准。

（五）可使用普通眼镜、射箭眼镜和太阳镜。但不得装有微孔棱镜、微孔眼镜或类似装置，也不能标示有助瞄准的记号。

（六）作为中国传统射箭比赛，中国参赛选手应明确规定用中国传统主流射法，即后手（钩弦手）用拇指钩弦，可以使用板指、手套、护手皮片或胶布带等保护拇指钩弦，用于拉弓和撒放，前提是其不能具有辅助拉弓和撒放的作用。

（七）在比赛开始前一天，组委会应在练习场或邻近区域安排裁判检查每名运动员准备使用的所有器材，包括备用件和附件。

1. 按字母顺序召集各参赛队，所有运动员须由领队陪同。

2. 如果发现器材不符合器材规则，裁判可要求调整或更换器材。

（八）未经裁判员检查过的弓箭器材，比赛时禁止使用。

七、 犯规处罚

（一）如果发现运动员使用不符合传统弓比赛规定的器材，可取消其比赛成绩。如果发现运动员使用不符合传统弓比赛规定的技术动作，可取消其比赛成绩。

（二）不允许存在违反体育道德的行为。运动员本人或被视为协助其他任何人的此类行为会导致该名运动员或上述人员被取消参赛资格，严重者还将追加禁赛处罚或对所属单位的处罚。

（三）任何人篡改、伪造成绩，或故意责成他人篡改或伪造成绩的，都将被取消参赛资格。

（四）如果一名运动员开弓时坚持使用裁判员认为有危险的技术动作，总裁判长或发令长应要求其立即停止比赛，同时取消其参赛资格。

（五）任何运动员未经其他运动员同意，不得触碰其器材。

（六）运动员个人赛只能带四支箭，团体赛只能带两支箭进入起射线。如有运动员射出的箭数，超过规定箭数，则从最高得分区扣除一支箭的得分。

（七）运动员左右空间的最大距离为80厘米，不得做横弓等超过左右空间距离的动作。

（八）裁判根据礼仪流程完成情况扣分，扣分原则为：每番有礼仪环节缺失一次，警告。第二次开始，每缺失一处，扣一分，扣完为止。

（九）赛场内、练习区和热身区均不得吸烟。

八、 竞赛纪律

执行教育部学生体育联合秘书处制定的《全国学生体育竞赛纪律处罚规定》。

（一）对违反资格规定的运动员、运动队，将依据《全国学生体育竞赛纪律处罚规定》的有关规定给予处罚。

（二）严格执行有关规定，遵守体育道德，严禁使用兴奋剂、弄虚作假、营私舞弊等。

（三）参赛运动员若有任何冒名顶替、弄虚作假者将取消该运动员的比赛资格及成绩，并视情节轻重给予1—2年禁赛处分。

（四）无故弃权、报名后未到赛区者，故意延误比赛及比赛罢赛者，将视情节通报并取消其第二年度比赛资格。

（五）关于申诉：各运动队对于有违反资格规定的运动员或对比赛成绩判定有疑义，运动队可以提出申诉。申诉时，须由领队或教练向仲裁委员会提交书面申诉，并交纳申诉费。否则不接受申诉。经审查情况属实，归还申诉费。

（六）工作人员（包括裁判员及仲裁委员）必须模范遵守比赛的各项规定，秉公执裁，如有徇私舞弊行为，一经查实，将进行严肃处理。

（七）关于办理保险规定。参赛运动员、教练员须由各代表团在其当地保险公司办理和购买"人身意外伤害保险"（含往返赛区途中及比赛期间）。

（八）技术代表、仲裁、裁判人员的选派。竞赛裁判员和仲裁委员由主办单位选派。

九、 疑问争议

（一）运动员如对中靶的区域存有疑问，应在拔箭之前提出。

（二）拔箭之前，记分表上的任何错误可予以更正，但该靶的所有运动员必须就更正事宜达成一致。此项更正应由裁判员签字确认。其他任何有关记分表数值的争议必须交由裁判员裁定。

（三）如果赛场器材存在缺陷或者靶纸被严重磨损或存在其他损坏，运动员或领队可向裁判员提出，请求更换或修理缺陷器材。

（四）任何有关比赛进程及运动员行为的问题都必须在下一阶段的比赛开始之前向裁判员提出。

（五）如对已公布的成绩存有异议，应立即向裁判员提出，不得拖延，务必在颁奖之前提出。

第三节 品位等级

射艺品位制度是射艺水平晋级的等级体系。本品位制的研发是校园推广和普及射艺项目的重要举措。本节介绍射艺品位制的管理与考评方案等。

一、管理总则

（一）为推动中华射艺项目在校园中的普及和提高，弘扬中国传统射艺文化，建立规范有序的射艺学习锻炼体系和技术等级评价标准，特制定学生射艺品位晋级制度管理办法，以下简称品位制。

（二）学生射艺品位晋级制度是根据个人习练射艺活动的时限，掌握射艺理论和技术的水平、研究成果、品德修养，以及对中华射艺发展所做出的贡献，全面评价射手水平的等级制度。品位制是开展中华射艺的重要手段，是对习射者进行技术评定和监督管理的有效措施。

（三）学生射艺品位制推广委员会负责制定品位制的管理办法和考评标准。

二、三阶九品

射艺品位晋级制度采用三阶九品制。三阶即初阶、中阶、高阶；九品即自九品至一品，一共九个等级。初阶对应三个等级，即九品、八品、七品；中阶对应三个等级，即六品、五品、四品；高阶对应三个等级，即三品、二品、一品。另设有品前级，分别为三级、二级、一级。每个等级均配有相应颜色的弓弢和腰牌，以示区分。见图5-3-1。

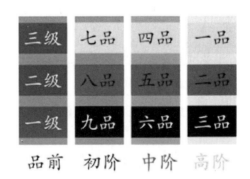

图5-3-1 品位晋级示意图

三、晋品对象

射艺品位晋级制度适用对象为：高等学校及大专院校、中小学从事和参与射艺运动的在校生、毕业生及教职员工，热爱学生射艺事业，自愿申请晋品者。

四、考评申报

（一）申报材料

申请者按照考评单位发布的申报晋品时间和联系人，提交申请书及相应材料（身份证、等级证书的复印件）。考评单位负责核实考生信息，统一上报学生射艺品位制推广委员会留存。

（二）申报条件

申请人应为在校学生、符合条件的毕业生和教职员工，须同时满足下列条件：

1. 身体健康，遵纪守法，愿意遵守《学生射艺行为规范和安全要求》；
2. 符合晋品的时间和等级规定；
3. 技术水平达到相应品位的要求。

（三）考评资格

申请晋品的毕业生，在毕业两年内，可申请参加考评。每报考品位制考试一次，有效时间顺延两年。

品位制考试只能逐级报考，不得越级报考。只有通过了本级品位考试，方可报考下一品位等级考试。不得重复报考已过等级。

五、考评内容

各品位考核内容由文试和武试两部分构成。文试与武试考核均通过方可授予相应品位。

（一）文试考核

文试为理论考核，采用百分制。从本教材或射艺文化题库抽题，考核射艺文化、技法、器物理论知识。采用闭卷考试方式。等级越高试卷难度越大，每个等级的及格线均不同。

（二）武试考核

武试是在不同的距离上，行中华射艺礼仪，用中华射艺技法（拇指勾弦）和器具（裸弓、天然材质的箭），以三番四矢为计数方式，达到相应的标准。武试过程中，如未按照中华射艺礼仪、技法和器具方面的要求进行，则直接不予通过。

武试时，礼仪要求及判罚规则同竞赛要求。具体如下：

①"准备"令后，射手藏弓（弓放于身体一侧）位于候射线后等待；②"就位"令后，由藏弓

态转为执弓态并行执弓礼(执弓向前鞠躬行礼),礼毕后执弓进入射位;(如果是淘汰赛,行执弓礼时须将头转向对手)③"起射"令后,方可取箭;④四矢射尽,执弓退至候射线,由执弓态改为藏弓态;⑤行藏弓礼(藏弓于身体一侧向前鞠躬行礼)后等待"验靶"令;⑥"验靶"令后,行至靶前两米处行礼后,方可上前报分。凡未按此流程行礼者,缺少一处,警告一次,再缺少则取消考评资格。

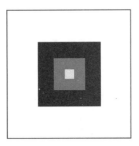

图 5-3-2 侯靶

测试用侯靶,由"侯""鹄""正""的"四个同心正方形区域组成。其中"侯"边长 80 厘米,白色区域;"鹄"边长 40 厘米,黑色区域;"正"边长 20 厘米,红色区域;"的"边长 6 厘米,黄色区域。中"的"和"正"均计五分;中"鹄"计三分;中"侯"计一分。见图 5-3-2。

六、考评标准

(一) 品前级考评要求与标准

品前级是参加品位制考试的必经阶段,根据不同年龄段特点,分为以下三种情况,分别执行相应的考评要求与标准。

1. 申请考评时,年龄满 6 周岁,不超过 13 周岁的学员,须按照品前三级、品前二级、品前一级的顺序,逐级申请考评,要求如下:

接受射艺培训(射艺课、射艺社团训练)8 课时以上。了解中国传统射艺行为规范和安全要求,掌握基本礼仪、技法和器具的使用。

(1) 品前三级

① 文试:可以讲出五个以上与射相关的成语典故或诗词名篇。

② 武试:男女靶距均为 7 米。三番四矢,每番有一支箭可以命中靶子(侯以内)。

(2) 品前二级

① 文试:可以讲出十个以上与射相关的成语典故或诗词名篇。

② 武试:男女靶距均为 7 米。三番四矢,每番有两支箭可以命中靶子(侯以内)。

(3) 品前一级:

① 文试:默写《观德亭记》,正确率达到 80% 以上。

② 武试:男女靶距均为 10 米。三番四矢,十二支箭得 18 分及以上为通过。

须逐级参加考评,不得越级考评。

2. 申请考评时,年龄满 13 周岁,不超过 19 周岁的学员,可直接申请参加品前一级的考评,要求如下:

接受射艺培训(射艺课、射艺社团训练)16 课时以上。熟知中国传统射艺行为规范和安全要求,了解中国传统射艺的文化内涵和特质,熟练掌握基本礼仪、技法和器具的使用。

品前一级

① 文试:默写《观德亭记》,正确率达到 90％以上。

② 武试:男女靶距均为 10 米。三番四矢,十二支箭得 20 分及以上为通过。

3. 申请考评时,年龄满 19 周岁,或为高校在读学生,且接受射艺培训(射艺课、射艺社团训练)32 课时以上。经指导教师推荐,可直接申请参加品位晋级考核。

(二)品位晋级考核标准

各年龄段中,已经通过品前一级考核或达到品前一级要求者,可参加后续品位晋级考核。

1. 初阶九品

(1)文试:不低于 50 分。

(2)武试:男女靶距均为 10 米。三番四矢,十二支箭得 24 分及以上为通过。

2. 初阶八品

(1)文试:不低于 55 分。

(2)女生,靶距 15 米;男生,靶距 20 米。三番四矢,十二支箭得 24 分及以上为通过。

3. 初阶七品

(1)文试:不低于 60 分。

(2)武试:男女各设两个距离。

女生,靶距 15 米;男生,靶距 20 米。三番四矢,十二支箭得 32 分及以上且。

女生,靶距 20 米;男生,靶距 30 米。三番四矢,十二支箭得 22 分及以上为通过。

4. 中阶六品

(1)文试:不低于 65 分。

(2)武试:男女各设两个距离

女生,靶距 15 米;男生,靶距 20 米。三番四矢,十二支箭得 40 分及以上且。

女生,靶距 20 米;男生,靶距 30 米。三番四矢,十二支箭得 30 分及以上且。

女生,靶距 30 米;男生,靶距 40 米。三番四矢,十二支箭得 20 分及以上为通过。

5. 中阶五品

(1)文试:不低于 70 分。

(2)武试:男女各设三个距离

女生,靶距 15 米;男生,靶距 20 米。三番四矢,十二支箭得 48 分及以上且。

女生,靶距 20 米;男生,靶距 30 米。三番四矢,十二支箭得 38 分及以上且。

女生,靶距 30 米;男生,靶距 40 米。三番四矢,十二支箭得 28 分及以上为通过。

6. 中阶四品

(1)文试:不低于 75 分。

(2)武试:男女各设三个距离。

女生,靶距 15 米;男生,靶距 20 米。三番四矢,十二支箭得 56 分及以上且。

女生,靶距 20 米;男生,靶距 30 米。三番四矢,十二支箭得 46 分及以上且。

女生,靶距 30 米;男生,靶距 40 米。三番四矢,十二支箭得 36 分及以上为通过。

7. 高阶三品

(1)文试:不低于 80 分。

(2)武试:男女各设三个距离。

女生,靶距 20 米;男生,靶距 30 米。三番四矢,十二支箭得 50 分及以上且。

女生,靶距 30 米;男生,靶距 40 米。三番四矢,十二支箭得 40 分及以上且。

女生,靶距 40 米;男生,靶距 50 米。三番四矢,十二支箭得 30 分及以上为通过。

8. 高阶二品

(1)文试:不低于 85 分。

(2)武试:男女各设三个距离。

女生,靶距 20 米;男生,靶距 30 米。三番四矢,十二支箭得 52 分及以上且。

女生,靶距 30 米;男生,靶距 40 米。三番四矢,十二支箭得 42 分及以上且。

女生,靶距 40 米;男生,靶距 50 米。三番四矢,十二支箭得 34 分及以上为通过。

9. 高阶一品

(1)文试:不低于 90 分。

(2)武试:男女各设三个距离。

女生,靶距 20 米;男生,靶距 30 米。三番四矢,十二支箭得 54 分及以上且。

女生,靶距 30 米;男生,靶距 40 米。三番四矢,十二支箭得 46 分及以上且。

女生,靶距 40 米;男生,靶距 50 米。三番四矢,十二支箭得 38 分及以上为通过。

申请高阶品位者,须对全国射艺发展做出贡献。须至少具备以下内容中的一项:

1. 在有正式刊号的刊物上发表射艺相关论文一篇;

2. 担任校级学生射艺团体主席、社长、队长一学期;

3. 获得市级以上射艺竞赛个人或团体前三名。

4. 参与市级射艺竞赛、展演等相关活动志愿者两次。

武试测试成绩等级标准评分表

距离 等次	男女 10 米	女 15/男 20 米	女 20/男 30 米	女 30/男 40 米	女 40/男 50 米
九品	24				
八品		24			
七品		32	22		
六品		40	30	20	
五品		48	36	26	
四品		54	42	30	
三品			48	36	26
二品			50	40	30
一品			52	44	34

七、考评管理

（一）管理机构

学生射艺品位制推广委员会是射艺品位晋级制度管理和考评的最高机构,负责射艺品位的培训、监督等各方面的工作,以及各个等级考评的申报核准、资格审查、评审监督、颁发证书、徽饰等。

（二）器材规定

申请晋品者,必须严格遵守考场的各项规定,必须使用学生射艺品位制推广委员会认可的器材。传统弓必须是裸弓,不包含任何延伸器材、瞄准标记、可以作为瞄准的记号、刮痕或被压过的痕迹,不能安装瞄准窗、箭台、张弓指示器、稳定器材等辅助设备。箭杆必须使用竹、木等天然材料;箭尾必须使用竹、木、角、骨等天然材料;箭羽必须使用天然材料或天然羽毛。

（三）考评单位

考评单位采用自愿申请,经学生射艺品位制推广委员会审核批准后,可以在校内组织进行初阶考评(九品、八品、七品)。具备进行初阶考评资格的学校,可以向射艺品位制推广委员会申请承办区域内中阶考评(六品、五品、四品)。具备承担区域内中阶考评资格的学校,可以向射艺品位制推广委员会申请承办高阶考评(三品、二品、一品)。考评结果报射艺品位制推广委员会审核,申请发放品位证书及徽饰。

（四）考评员

考评员需由考评单位推荐,经过学生射艺品位制推广委员会组织的培训考核合格者,可获得考评员资格。考评员必须按照各级考评的执考安排,参加晋品考试,不得私自为学员考品、不得跨级为学员考评。考评员一旦有徇私舞弊等行为,经查实,终身取消其考评资格。

（五）考评组织

初阶考评可由 1 位初阶考评员在所属考评单位进行考评,武试部分成绩可由区县级以上学生竞赛成绩册作为结果认定;中阶考评按片区划分,由 3 位中阶考评员组成考评小组进行考评,武试部分成绩可由省市级以上学生竞赛成绩册作为结果认定;高阶考评至少由 5 位高阶考评员组成考评小组,武试部分成绩可由国家级以上学生锦标赛成绩册作为结果认定。武试部分考评组织,结合品位赛的方式展开。

（六）考评周期

各级品位考评单位原则上可以每年组织两次考评,上下半年各一次。凡举办品位考评活动,须提前一个月向学生射艺品位制推广委员会上报考评时间、地点、报名方式和要求。经批准后,开始接受报名,并在学生射艺品位制推广委员会认可的官方平台发布公告,接受监督。

（七）考评人数

初阶品位考评需满 20 人,中阶品位考评需满 10 人,高阶品位考评需满 5 人方可组织考评。

八、 认定授予

（一）授予机构

学生射艺品位制推广委员会是唯一能够授予品位的机构。各考评单位对申报晋品者的考评结果负责,考评员需在考评结果上签名,上报学生射艺品位制推广委员会进行审核备案。

（二）授予方式

射艺品位制推广委员会对各考评高校报送的考评结果进行审核和认定,审核结果合格者,在网上公布通过名单、考评机构和考评员信息,并授予相应的品位等级证书和徽饰。

九、 证书徽饰

（一）证书

证书由学生射艺品位制推广委员会负责颁发。每张证书都有唯一编号,编号可以体现出参加考评的时间和考评单位。

图 5-3-3 证书

（二）配饰

配饰标志可体现在弓弢，腰牌或其他配饰上，具体为：

品前级弓弢与腰牌主体颜色为白色，品前三级配黑袋或黑穗；品前二级配红袋或红穗；品前一级配黄袋或黄穗。

初阶弓弢与腰牌主体为黑色，配有箭羽作为徽饰。其中九品者配黑袋或黑穗；八品者配红袋或红穗；七品者配黄袋或黄穗。

中阶弓弢与腰牌主体为红色，配有箭作为徽饰。其中六品者配黑袋或黑穗；五品者配红袋或红穗；四品者配黄袋或黄穗。

高阶弓弢与腰牌主体为黄色，配有弓作为徽饰。其中三品者配黑袋或黑穗；二品者配红袋或红穗；一品者配黄袋或黄穗。

（三）标识

初级品位：九品（黑羽）、八品（红羽）、七品（黄羽）。

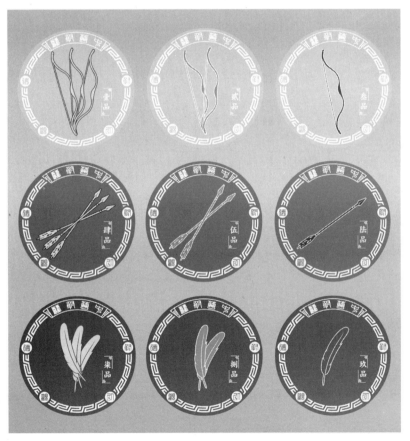

图 5-3-4　三阶九品标识

中级品位：六品(黑箭)、五品(红箭)、四品(黄箭)。

高级品位：三品(黑弓)、二品(红弓)、一品(黄弓)。

十、 违规处罚

（一）获得射艺品位等级者，出现以下情况之一，学生射艺品位制推广委员会将根据其情节给予警告、通报批评、降品和注销其品位资格证书等处罚：

1. 用不正当手段获得证书和更改、伪造证书；

2. 丧失体育道德，利用品位证招摇撞骗，扰乱社会治安；

3. 其他各种有损中国射艺的不良行为或违法乱纪行为。

（二）各级考评机构、考评员，如出现违规考评、徇私舞弊等现象，经学生射艺品位制推广委员会查实，将给予通报批评和取消考评机构、考评员资格。

附：射艺知识库

1. 站立时的第一要务是保持身体处于中正位以保持稳定。

2. 搭箭时，务必使主羽与弓身右侧相垂直。

3. 使用拇指射法在勾弦时最大的优势是内旋用力。

4. 射礼最早出现于我国的商周时期。

5. 拉弓力的连线和方向应该是目标的中心——推弓手——钩弦手。

6. 持弓臂的用力特点属于静力支撑。

7. 瞄准训练时应该做到靶实星虚。

8. 撒放是指前手为"撒"，后手为"放"。

9. 拉弓臂的向后运动是由背部肌群来实现的。

10. 每支箭的结束就是下一支箭的开始。这样多次练习才能形成一致性技术的动力定型，也才能使自己的射箭技术达到巅峰。

11. 在唐朝王琚的《教射经》中有记载"十不可"，其中的"射多而好，不止不可"是唯物辩证法理论在射箭运动中的应用。

12. 古书《列女传》中有记载"怒气开弓，息气放箭"，其中"怒"应理解为果敢、勇健。

13. 传统弓比赛所用侯靶，靶面有四种颜色，由外向内分别为白、黑、红、黄，每种颜色的大小分别为 80 厘米、40 厘米、20 厘米、6 厘米。

14. 弓不空放、箭不对人、齐取齐射是开展射艺运动的基本安全要求。

15. 高开弓时，拉弓臂的高度在眉梢位置。

16. 进射位应行执弓礼。

17. 目前中国出土最早的扳指属于商代。

18. 中国传统角弓制作所需材料为筋、角、木。

19. 中华射艺在保留竞技比赛流程的同时，植入了鲜明的人文精神，其中有：射以观德；内志正，外体直，进退周还必中礼；发而不中，反求诸己；揖让而升，下而饮，其争也君子！

20. 自信是一个好的射者必备的心理条件。为更好地建立自信，射者应当学会正确自我激励、为自己确立合适的目标。

21. 在开弓，持续用力至撒放的过程中，射手应感觉并保持持弓臂、肩关节的舒适和稳定。

22. 对于开弓的过程,我们需要遵循的要求是开弓要稳定、开弓要果断。

23. 持弓臂前撑应做到肩部、手、肘用力在一条直线上。

24. 射箭基本姿势形成之后,从射手前面看推弓点、勾弦点、拉弓臂肘应在一条直线上。

25. 在射箭过程中,撒放非常重要。一个完美的撒放,需做到保持重心稳定、对称平衡的强化、勾弦手沿箭的延伸线正直向后、"胸开背紧"很重要。

26. 滑弦撒放是一种理想的撒放方式,是因为这种脱弦的方式和拉弓的用力完全一致。

27. 射箭技术中被称为关键时刻的技术环节是前撒后放。

28. 候射线、起射线、靶道线、靶位线均属于射艺竞赛中的场地标识线。

29. 中华射艺中"四维育人"的四个维度,分别是指德、礼、艺、体。

30. 正确的瞄准方法要求射手:目光聚焦目标,注意力指向身体内部;眼睛看清目标,但不苛求瞄准精度;比赛紧张程度高时,可适当扩大瞄准区域。

31. 射完一支箭后,应立即无间断、无间歇地把思路理清回到无为状态、准备状态、本源状态,回到"零"的状态。

32. 一个常见的站立错误是身体重量移向脚跟,导致力量内合,破坏直线用力。克服的方法可以有:使自身重心前移,前脚掌抓地以调整重心。

33. 扳指的针对性是非常强的,但材质和形状的差异会对技术动作的发挥带来很大影响。

34. 举弓后,颈部和面部必须非常放松,否则可能产生偏离箭靶的倾向。

35. 肘部在靠弦之前应高于箭杆的延长线,靠弦动作完成后,肘关节应保持相应的高度。

36. 射箭的瞄准应是一定的范围,而非一个精确固定的点,应允许箭头轻巧的、有规律地在目标区内呈圆形晃动。

37. 弓上弦后应检查弓体有无扭偏、弓弦有无错位,然后再开弓使用。

38. 射箭运动的三种基本站位姿势分为平行式、开放式、隐蔽式。

39. 夏商之时的庠序之教中的"序"指的是习射的场所。

40. 举弓后,射手的持弓臂应向前伸展并作内旋用力的动作,这样肘关节的内侧与地面垂直。

41. 开弓的基本要求:举弓稳定后,利用两肩带肌的力量,采用前撑后拉的方法,沿最短距离将弓拉开。

42. 滑弦撒放的具体过程是在对称用力的基础上,利用钩弦手屈指肌退让的方式使弦滑离拇指。

43. "清静无为"是射箭运动的最高心理境界。要把心态调整好,思路整理好,动作理顺后再起射。

44. 射箭运动的用力特点是对称直线用力。

45. 学生射艺品位制度采用三阶九品制。

46. 射艺竞赛中,发令员的口令包含"准备""就位""起射""验靶"四种口令。

47. 杜甫在《前出塞》中写道:"挽弓当挽强,用箭当用长。"

48. 开弓过程中的对称用力体现在拉弓与推弓的用力各占 50％。

49. 中华射艺竞赛的三要素为:传统弓,竹木箭,拇指钩弦。

50. 射箭技术最好的学习过程应该为"学身法——学用力——学开弓——学搭箭——学撒放——学审固——远距练习"。

参考文献

［1］ 班固. 汉书[M]. 北京：中华书局，2007.

［2］ 陈高华点校. 元典章兵二，典章三五《禁断军器弓箭》[M]. 天津：天津古籍出版社，2011.

［3］ 陈广忠译注. 淮南子[M]. 北京：中华书局，2012.

［4］ 陈来. 古代宗教与伦理：儒家思想的根源[M]. 北京：生活·读书·新知三联书店，2009.

［5］ 陈立撰，吴则虞点校. 白虎通疏证[M]. 北京：中华书局，1994.

［6］ 崔乐泉，杨向东主编. 中国体育思想史[M]. 北京：首都师范大学出版社，2008.

［7］ 丁山. 古代神话与民族[M]. 北京：商务印书馆，2005.

［8］ 杜佑. 通典·选举三[M]. 北京：中华书局，1988.

［9］ 范晔. 后汉书[M]. 北京：中华书局，2007.

［10］ 方韬译注. 山海经[M]. 北京：中华书局，2011.

［11］ 格尔茨. 文化的解释[M]. 韩莉译. 南京：译林出版社，2008.

［12］ 葛兆光. 中国思想史导论：思想史的写法[M]. 上海：复旦大学出版社，2009.

［13］ 郭蓓. 射箭项目备战重大比赛的训练理论与方法[M]. 哈尔滨：黑龙江科学技术出版社，2007.

［14］ 国家体育总局文史工作委员会，中国射箭协会. 中国射箭运动史[M]. 武汉：武汉出版社，2006.

［15］ 赫里格尔. 学箭悟禅录[M]. 余觉中译. 合肥：黄山书社，2011.

［16］ 李泽厚. 新版中国古代思想史论[M]. 天津：天津社会科学院出版社，2008.

［17］ 刘丰. 先秦礼学思想与社会的整合[M]. 北京：中国人民出版社，2003.

［18］ 刘金鹏编译. 中华传统射艺文献辑录[M]. 福州：福建科学技术出版社，2019.

［19］ 刘向撰，向宗鲁校正. 说苑校证[M]. 北京：中华书局，1987.

［20］ 罗时铭. 传统射箭史话[M]. 北京：社会科学文献出版社，2016.

［21］ 马廉祯. 武学——中国传统射箭专辑（第二辑）[M]. 广州：广东人民出版社，2016.

［22］ 彭林. 中华传统礼仪读本[M]. 杭州：浙江文艺出版社，2008.

［23］ 彭林，韩冰雪. 礼射初阶[M]. 北京：人民体育出版社，2016.

［24］ 钱穆. 中国历史研究法[M]. 北京：生活·读书·新知三联书店，2001.

［25］ 阮儿校刻. 十三经注疏·论语注疏[M]. 北京：中华书局，2009.

［26］ 阮元校刻. 十三经注疏·春秋谷梁传[M]. 北京：中华书局，2009.

［27］ 阮元校刻. 十三经注疏·春秋左传正义[M]. 北京：中华书局，2009.

［28］ 阮元校刻. 十三经注疏·礼记正义[M]. 北京：中华书局，2009.

［29］ 阮元校刻. 十三经注疏·论语注疏[M]. 北京：中华书局，2009.

［30］ 阮元校刻. 十三经注疏·毛诗正义[M]. 北京：中华书局，2009.

［31］ 阮元校刻. 十三经注疏·孟子注疏[M]. 北京：中华书局，2009.

［32］ 阮元校刻. 十三经注疏·仪礼注疏[M]. 北京：中华书局，2009.

［33］ 阮元校刻. 十三经注疏·周礼注疏[M]. 北京：中华书局，2009.

［34］ 桑弘羊撰，王利器校注. 盐铁论校注[M]. 北京：中华书局，1992.

［35］ 史华慈. 古代中国的思想世界[M]. 程钢，译. 南京：江苏人民出版社，2003.

［36］ 唐豪. 清代射艺丛书[M]. 太原：山西科学技术出版社，2008.

［37］王国维. 观堂集林［M］. 石家庄：河北教育出版社，2003.

［38］王聘珍撰，王文锦点校. 大戴礼记解诂［M］. 北京：中华书局，1983.

［39］王仁裕等撰，丁如明辑校.《开元天宝遗事十种》［M］. 上海：上海古籍出版社，1985.

［40］王守仁著，吴光，钱明，董平等编. 王阳明全集［M］. 上海：上海古籍出版社，2014.

［41］王先谦撰，沈啸寰，王星贤整理. 荀子集解［M］. 北京：中华书局，2012.

［42］王云五主编. 学射录［M］. 太原：山西科学技术出版社，2012.

［43］王锺陵. 中国前期文化—心理研究［M］. 上海：上海古籍出版社，2006.

［44］徐开才. 射礼［M］. 桂林：广西师范大学出版社，2017.

［45］许倬云. 中国古代文化的特质［M］. 北京：新星出版社，2006.

［46］杨宽. 古史新探［M］. 北京：中华书局，1965.

［47］袁俊杰. 两周射礼研究［M］. 北京：科学出版社，2013.

［48］余英时. 中国思想传统的现代诠释［M］. 南京：江苏人民出版社，2003.

［49］俞继英. 奥林匹克射箭［M］. 北京：人民体育出版社，2004.

［50］张德胜. 儒家伦理与社会秩序——社会学诠释［M］. 上海：上海人民出版社，2008.

［51］张洪潭. 体育基本理论研究［M］. 桂林：广西师范大学出版社，2004.

［52］张力为. 运动心理学［M］. 上海：华东师范大学出版社，2003.

［53］张廷玉撰，杨家骆主编. 明史［M］. 台北：鼎文书局，1981.

［54］张惟中. 弓箭学大纲［M］. 南京：南京印刷公司，1934.

［55］中国国家体育总局. 中国体育教练员岗位培训教材——射箭［M］. 北京：人民体育出版社，2001.

［56］中国射箭协会编. 中国青少年射箭训练教学大纲［M］. 北京：北京体育大学出版社，2015.

［57］中国射箭协会审定. 射箭竞赛规则［M］. 北京：北京体育大学出版社，2014.

［58］朱熹撰. 四书章句集注［M］. 北京：中华书局，2012.

［59］庄子. 庄子［M］. 方勇译注. 北京：中华书局，2010.

［60］Adam, Cowming. *Archery Mental Mastery*. London：Let's Tell Your Story Publishing，2013.

［61］Kalym, Ashely. *Archery Fitness：Physical Training for the Modern Archer*. CreateSpace，2015.

［62］Kathleen, Haywood；Catherine, Lewis. *Archery：Steps to Success（Fourth Edition）*. Champaign, IL：Human Kinetics Press，2014.

［63］Ray, Axford. *Archery Anatomy*. Souvenir Press，2019.

［64］Needham, Simon. *Archery：the Art of Repetition*. The Crowood Press，2006.

［65］Steve, Ruis；Mike, Gerard. The Archery Drill Book. Champaign, IL：Human Kinetics，2019.

［66］Teresa, Johnson. *Archery Fundamentals*. Champaign, IL：Human Kinetics，2015.

［67］USA Archery. *Archery*. Champaign, IL：Human Kinetics，2013.

论文类

［1］戴国斌. 从狩猎之射到文化之射［J］. 体育科学，2009，(11).

［2］龚茂富. 由"术"至"道"：中国传统射箭的文化变迁与创造性转化［J］. 成都体育学院学报，44(6).

［3］胡新生. 西周时期三类不同性质的射礼及其演变［J］. 文史哲，2003，274(1).

［4］姜楠. "射礼"源流考［J］. 天津师范大学学报，1993，(6).

［5］刘丹婷. 元明清射箭文化研究［D］. 苏州大学，2015.

［6］李伟. 清代木兰秋狝研究——兼论清前期对蒙古政策［D］. 辽宁师范大学，2012.

［7］马明达. 中国古代的射书［J］. 体育文化导刊，2004(5).

［8］马廉帧. 中国射箭研究综述［J］. 体育文化导刊,2004(10).

［9］沈贵庆. 欧阳修与九射格活动考述［J］. 兰台世界,2011(9).

［10］宋镇豪. 从新出甲骨金文考述晚商射礼［J］. 中国历史文物,2006,(1).

［11］孙会文,澹台丽红. 宋代武举制发展考论［J］. 搏击·武术科学,2010,07(08).

［12］孙熙国,肖雁德. 德的哲学抽象历程与中国古代哲学的发展［J］. 北大中国文化研究,2011,(1).

［13］王银婷. 唐宋时期射箭运动研究［D］. 苏州大学,2014.

［14］贠琰,郝勤. 有的放矢:构建有关"中华射艺"的动态认知与挈领概念［J］. 成都体育学院学报,2018,44(2).

［15］袁俊杰. 两周射礼研究［D］. 河南大学,2010.

［16］张波. 秩序与德性:先秦射箭竞赛的历史文化解读［M］. 西安体育学院学报,2017,34(1).

［17］张波. 大学体育俱乐部课程化管理的育人价值［J］. 体育学刊,2018,25(2).

［18］张波. "以德引争":中国古代体育竞赛的秩序关怀及其当代价值——以射礼为例［J］. 成都体育学院学报,2018,44(5).

［19］张波. 中西体育赛会的文化比较——以古中国射礼赛会与古希腊奥林匹克赛会为例［J］. 上海体育学院学报,2018,42(5).

［20］张波. 中国古代体育竞赛的历史文化研究——以先秦射礼竞赛为例［J］. 体育科学,2014,34(3).

［21］张秀丽,刘卉,刘学贞. 射箭技术评价指标的综合研究［J］. 体育科学,2008.28(12).

［22］周亚婷. 先秦射礼文化的历史演进与变迁［J］. 河北体育学院学报,2015,29(5).